J'ai essayé de décrire certains traits de ce à quoi ressemble la vie morale, sans rien dire de ce à quoi elle doit ressembler. Nos pratiques sont exploratoires, et c'est en vérité seulement par leur exploration que nous en venons à une vision complète de ce que nous pensions, de ce que nous voulions dire.

Cora Diamond, *L'esprit réaliste*

Autorité et aliénation

DANS LA MÊME COLLECTION

Roberto FREGA, *Les sources sociales de la normativité*, 2013.

RICHARD MORAN

Autorité et aliénation

Essai sur la connaissance de soi

Avant-propos de Vincent Descombes
Traduit de l'anglais par Sophie Djigo

La vie morale

VRIN

Directrice de collection :
Sandra Laugier

ISBN 978-2-7116-2497-3
www.vrin.fr

AVANT-PROPOS

Dans ce livre, Richard Moran nous offre cela même que bien des philosophes contemporains tenaient pour impossible à proposer. Son analyse de la connaissance de soi s'inscrit dans un contexte philosophique défini par la pensée de Wittgenstein, et pourtant il n'en propose pas moins une analyse fine et circonstanciée de la subjectivité humaine.

Certes, le temps n'est plus où l'on croyait pouvoir invalider la pensée de Wittgenstein en la qualifiant de positiviste. Néanmoins, il flotte encore autour de son nom une réputation d'ennemi de la pensée moderne dans ce qu'elle est censée avoir de plus précieux, à savoir sa découverte et son exploration du monde de la subjectivité. En rejetant le « mythe de l'intériorité », pour reprendre le nom donné par Bouveresse[1] à l'illusion d'une connaissance privée que le sujet conscient aurait de sa propre vie mentale, Wittgenstein se serait tout simplement privé des moyens de faire droit à la conscience de soi. Dès lors, le fait d'une connaissance de soi *en propre personne* resterait la chasse gardée de philosophies étrangères au tournant linguistique, comme par exemple la phénoménologie herméneutique, ou encore les différentes variétés de psychologie existentielle appliquée à explorer les ambiguïtés de la conscience humaine.

D'où l'importance de cet ouvrage qui montre comment la « philosophie de la psychologie » développée par Wittgenstein

1. J. Bouveresse, *Le Mythe de l'intériorité*, Paris, Minuit, 1976.

dans les *Recherches philosophiques*, loin de conduire à une disqualification de toute notion d'un sujet conscient de soi, permet tout au contraire de comprendre sur quoi repose ce que Richard Moran appelle la « perspective de la première personne », autrement dit ce que, dans d'autres écoles, on invoque sous les noms de *subjectivité* ou d'*ipséité*.

Le titre principal de ce livre peut se traduire en français : *Autorité et aliénation*. Ce titre appelle un commentaire, car les deux termes qui le composent y sont pris dans un sens qui suppose tout un contexte philosophique. Ils définissent une trajectoire de la pensée, dont le point de départ est fourni par l'*épistémologie de la connaissance de soi* tandis que son point d'arrivée est la *psychologie morale* d'un sujet qui peut ressentir ses propres attitudes mentales comme appropriées à soi ou au contraire comme étrangères – comme si elles appartenaient à un autre sujet.

Au point de départ du livre, il y a une réflexion sur l'autorité épistémologique d'un sujet qui exprime ce qu'il sait de lui-même. Par « autorité », il faut entendre ici le privilège attaché à certaines des assertions que quelqu'un peut faire quand il s'exprime à la première personne grammaticale. Ces assertions ont le privilège d'être soustraites à la critique ou à la correction par autrui. Elles bénéficient de ce qu'il est convenu d'appeler l'autorité de la première personne. Ce n'est évidemment pas le cas de tous les énoncés assertifs que chacun peut produire à la première personne : si je dis « Je pèse 70 kg » ou « Je suis né à Paris », ces assertions ne jouissent d'aucun privilège et partagent donc le statut épistémologique des énoncés correspondants que d'autres peuvent faire sur moi à la troisième personne. Seuls sont dotés d'une autorité de la première personne les énoncés qui expriment cette forme de connaissance de soi que les philosophes appellent « conscience de soi ». Savoir combien je pèse, savoir où je suis né, ces savoirs font partie de la connaissance de soi, mais non de la conscience de soi. Mais savoir ce que je pense, savoir ce que j'espère ou ce que je crains, savoir ce que je me propose de faire, ce sont là des formes de conscience de soi.

Quant au point d'arrivée du livre dans la psychologie morale, il est fourni par un phénomène que Moran désigne en anglais comme celui d'un « estrangement ». Il s'agit là d'un vieux mot français passé en anglais. Un dictionnaire français de 1606[1] l'expliquait et le traduisait en latin comme suit :

> Estrangement des autres, quand on se met à part, *Secessio, Alienatio.*

Ce mot, qui a disparu du français moderne, survit avec ce même sens en anglais. Fallait-il essayer de le faire revivre et le reprendre purement et simplement pour traduire le titre de Moran ? Il semble plus naturel de revenir au mot « aliénation », lequel a l'avantage de figurer dans le vocabulaire français de la philosophie moderne. Et cela d'autant plus que Moran n'entend pas par là un changement dont le résultat est de séparer quelqu'un d'avec les autres, mais plutôt le phénomène d'un sujet qui est devenu étranger *à lui-même.*

L'intention ultime du livre est de décrire les deux formes que peut prendre la conscience qu'un sujet a de ses pensées ou de ses attitudes, selon qu'il assume à leur égard la position de première personne qui devrait normalement être la sienne – puisqu'il s'agit de sa propre vie psychique – ou qu'il subit une aliénation de ses propres états mentaux.

Le livre de Moran s'adresse à des lecteurs qui tiennent pour acquise la critique par Wittgenstein du « mythe de l'intériorité ». Mais rejeter ce mythe d'un espace intérieur, espace peuplé d'entités mentales – les « idées » du cartésianisme, les

1. Le Thrésor de la langue française de Jean Nicod.

« impressions » de l'empirisme –, espace auquel le sujet de conscience aurait un accès privilégié par l'organe d'un sens interne, est-ce pour autant disqualifier toute expression d'une subjectivité ? Autrement dit, est-ce renoncer à tenir certaines expressions de soi à la première personne pour privilégiées ? Y a-t-il place pour une autorité de la première personne dans une philosophie qui ne croit plus au sens interne ou à l'aperception ? A ces questions, Moran donne une réponse qui peut surprendre, comme il le reconnaît lui-même à la fin de sa préface : non seulement la critique du modèle traditionnel de la conscience de soi ne met pas fin à l'idée même d'un sujet effectivement conscient de soi et doté comme tel d'une autorité attachée à son statut de sujet, mais c'est seulement après avoir abandonné sans retour ce modèle perceptif de la conscience de soi qu'il est possible de véritablement rendre compte de l'asymétrie entre soi et autrui.

Pour mesurer l'enjeu de ce livre et les perspectives qu'il ouvre à une pensée de la subjectivité, il est nécessaire de rappeler quelques éléments touchant à la philosophie de l'esprit après Wittgenstein.

Moran imagine le dialogue suivant entre un créancier et son débiteur : « Avez-vous l'intention de rembourser l'argent que vous devez ? » – « Pour autant que je sache, oui. » La réponse du débiteur nous frappe par son caractère incongru. Le débiteur répond « oui », ce qui devrait satisfaire son créancier, mais il soumet ce « oui » à une qualification. Par là, il donne à penser qu'il fait une prédiction, comme s'il s'agissait d'annoncer un comportement futur de sa part en se fondant sur un examen de sa propre personne dans son état présent. Mais la question posée par le créancier ne portait pas sur ce que son débiteur pouvait prédire aujourd'hui de ce qui arriverait probablement demain, étant donné son présent état d'esprit. Le créancier invitait son débiteur à déclarer son intention. Or une déclaration d'intention ne comporte aucune place pour une qualification d'ordre épistémique. Je peux être incertain d'avoir les moyens de rembourser la somme dès demain plutôt que la semaine prochaine. Il peut aussi se faire que je sois hésitant, n'ayant pas encore décidé si je rembourserai ou non. Mais je ne peux pas être incertain d'avoir (ou non) l'intention de rembourser ou au contraire l'intention de ne pas rembourser.

Moran cite un autre exemple d'incongruité que donne Wittgenstein :

> On dit : « J'espère que tu viendras », mais non : « Je crois que j'espère que tu viendras » [1].

Pourquoi serais-je surpris si mon ami disait *croire* qu'il espère ma venue au lieu de dire tout simplement qu'il espère me voir venir ? Comme l'explique Moran, ce n'est pas parce que je préférerais qu'il me dise *être certain* de l'espérer plutôt que de simplement le croire. La raison est plutôt que le « je crois » est de trop, car il suggère une attitude épistémique du sujet à l'égard de son espoir, comme si dire « j'espère » était offrir une *description* de son état d'esprit, description qui serait fondée sur un examen introspectif et pourrait dès lors être assortie de qualifications telles que « je crois », « je suis certain », « il me semble bien », etc.

Dans ces exemples, il y a en réalité deux incongruités qui s'ajoutent l'une à l'autre, la première tenant à l'introduction d'une position épistémique du sujet là où c'est hors de propos, l'autre résultant d'une erreur de catégorie psychologique.

Tout d'abord, il est bizarre de présenter son intention ou son espoir avec une clause de réserve épistémique, comme s'il y avait ici place pour un doute possible. Considérer que le doute est

1. Wittgenstein, *Fiches*, § 79, trad. fr. J.-P. Cometti et E. Rigal, Paris, Gallimard, 2008, p. 32.

possible, c'est oublier que nous avons ici des énoncés à la première personne qui jouissent d'un privilège subjectif : si celui qui dit avoir cette intention ou cet espoir est sincère, alors il dit vrai, il a bien cette intention ou cet espoir. Le doute est exclu. Avec Wittgenstein, on pourra dire que les mots « avoir telle intention » ou « espérer » sont des *verbes psychologiques*. Il définit la classe de ces verbes par un trait épistémologique. Sont pour lui des « verbes psychologiques » tous les verbes marqués par une asymétrie entre première personne et troisième personne de l'indicatif présent du point de vue de la justification. Soit par exemple le verbe « espérer ». Parlant d'un candidat aux élections, je dis : « Il espère être élu dès le premier tour ». On peut me demander comment je le sais, car, si j'affirme cela, ce sera sur la base de telle ou telle observation, d'un témoignage, etc. Parlant de ma propre candidature, je dis que j'espère être élu dès le premier tour. Me demander comment je le sais, ce serait supposer que je parviens à la conscience de moi-même et de mon espoir par l'observation de mes faits et gestes, comme s'il n'y avait pas de différence entre appliquer le concept psychologique d'espoir à un autre que soi et se l'appliquer à soi-même. (Bien entendu, cette asymétrie ne vaut qu'à l'indicatif présent. S'il s'agissait de parler de mes espoirs dans le passé, il se pourrait que je ne m'en souvienne pas nettement et que je sois obligé de chercher des documents ou des indices indiquant quel était alors mon état d'esprit.)

Toutefois, ce n'est encore là qu'une première incongruité de ces petits échanges, celle qu'on aurait également si l'énoncé subjectif avait porté sur le vécu présent du sujet, par exemple sur sa sensation de douleur dans le pied gauche. On pourrait en effet imaginer un dialogue également incongru du genre : « J'ai mal au pied gauche – Es-tu certain ? Vérifie si tu as bien cette sensation. » Mais avec les exemples d'une intention (dans l'exemple de Moran) ou d'une attitude affective (dans l'exemple de l'espoir donné par Wittgenstein), nous changeons de catégorie psychologique. Avoir une intention (ou encore un espoir) n'est pas un *état de conscience* sur lequel le sujet pourrait concentrer son attention pour en apprécier le degré de présence et l'examiner dans ses propriétés phénoménologiques. Il n'y a pas de phénoménologie de l'intention, pas plus qu'il n'y a une phénoménologie de la pensée. Avoir une intention, espérer quelque chose ne sont pas des actes ou des expériences de la conscience que l'on puisse décrire en disant l'effet que cela fait de passer par de tels états.

Lorsque Moran rappelle, dans son premier chapitre, que la classe des verbes psychologiques ne constitue pas une unique catégorie du mental, il met le doigt sur ce qui oppose la « philosophie de la psychologie » de Wittgenstein à toute la tradition issue de Descartes. Et c'est par là qu'il ouvre la voie à sa propre analyse de la subjectivité, laquelle retient de Descartes l'idée d'une autorité de la première personne, mais refuse d'en rendre compte par une perception interne.

Pour apprécier l'originalité de la position défendue par Moran, il convient de la situer dans le paysage des controverses entourant le concept même de subjectivité. Ces controverses entre philosophes sont autant de façons pour eux de prendre position face aux prétentions élevées par les doctrines du *Cogito*, celle de Descartes et celles de ses héritiers. Dans la tradition issue de Descartes, critiquer l'argument cartésien du *Cogito*, c'est toujours – et ce n'est jamais plus que – essayer de le réviser ou de le reformuler de façon plus rigoureuse. Par exemple, on reprochera à Descartes d'avoir cru pouvoir tirer de son *Cogito* quelque chose qu'en réalité il ne pouvait pas en tirer (l'existence d'un être pensant, chose ou substance pensante, en dehors de l'acte présent de penser). Ou encore, on lui reprochera d'en avoir faussé le sens (en appliquant à l'expérience qu'il faisait de ne pas pouvoir douter de sa propre existence un concept inapproprié d'existence). Autant dire que ces critiques ne remettent pas en question le concept même de *cogitatio* par lequel Descartes décrit l'activité d'un esprit (*mens*). Mais c'est là justement ce que nous devons à la philosophie wittgensteinienne de la psychologie.

Wittgenstein lui-même s'est fort peu exprimé sur Descartes, mais certains de ses disciples ont parfaitement saisi l'application possible de sa philosophie de la psychologie à la définition cartésienne de la *cogitatio*. Moran se contente d'y faire allusion en renvoyant dans son premier chapitre à l'article d'Anthony Kenny (« Cartesian Privacy »). Or il s'agit d'un point capital qui n'est peut-être pas connu du lecteur français. Il convient donc d'en rappeler les points essentiels.

On se souvient que Descartes donne cette définition de la pensée dans les *Principes de la philosophie* :

> Par le mot de *penser*, j'entends tout ce qui se fait en nous de telle sorte que nous l'apercevons immédiatement par nous-mêmes; c'est pourquoi non seulement entendre, vouloir, imaginer, mais aussi sentir, est la même chose ici que penser [1].

Ce que la traduction de l'abbé Picot (revue par Descartes) rend par cette notion d'aperception immédiate est tout simplement le concept de conscience, puisque Descartes écrivait dans son texte latin : « Cogitationis nomine, intelligo illa omnia, quae nobis consciis in nobis fiunt, quatenus eorum in nobis conscientia est » [2]. Une telle définition met en place un modèle de la conscience de soi que Moran appelle « modèle perceptif » ou « modèle théorique » (au sens grec où le mot « théorique » qualifie l'attitude contemplative du *theôrein*, par opposition à une attitude pratique visant à modifier les choses). Si l'on adopte ce modèle, on expliquera l'autorité attachée à la première personne par la proximité

1. Descartes, *Principes de la philosophie*, Ire partie, article 9, A.T., IX, 2, p. 28.
2. A.T., VIII, p. 7.

exceptionnelle dont jouit le sujet connaissant à l'égard de l'objet à connaître.

L'autorité de la première personne sera alors un privilège analogue à celui du témoin direct d'un événement sur ceux qui ne font que rapporter son témoignage. Le témoin a vu ce dont il parle, les autres ne savent ce qui s'est passé qu'indirectement. De même, selon ce modèle perceptif, *Ego* est fondé à dire qu'il *sait* quelle est sa pensée, alors que les autres ne peuvent avancer que des hypothèses plus ou moins solides à son sujet. Ce qui fonde *Ego* à dire avec certitude qu'il a une pensée et quelle pensée il a, c'est qu'il est le sujet de la *cogitatio* en question, et qu'en cette qualité, il est le premier informé de ce qui se passe à l'intérieur de son esprit. Il le sait avant tout le monde et mieux que tout le monde parce que l'événement dont il s'agit se produit dans son propre esprit, et qu'il est dans la nature de ce qui se passe dans l'intériorité du sujet d'être objet de conscience.

Cette définition du mental comme étant le domaine de ce qui est objet d'une perception interne de la part du sujet a une conséquence qu'a soulignée Elizabeth Anscombe dans un article dont le titre – « Events in the Mind [1] » – comporte une référence implicite au « tout ce qui se fait en nous de telle sorte que nous l'apercevons immédiatement par nous-mêmes » de Descartes. Si on appelle *cogitatio* tout événement dont le sujet est informé par la conscience immédiate qu'il en a, alors ce mot veut dire « expérience » plutôt que « pensée ». Ou encore, comme elle l'écrit dans un raccourci énergique : il y a au moins une chose qui n'est pas une *cogitatio* au sens de Descartes, et c'est ce qu'on appelle ordinairement « une pensée ». Non seulement Descartes entend le verbe « penser » dans un sens qui lui permet de dire que sentir une douleur ou avoir

1. G.E.M. Anscombe, « Events in the Mind », in *Metaphysics and the Philosophy of Mind*, Oxford, Blackwell, 1981, p. 57-63.

une expérience visuelle sont des façons de penser, mais le sens qu'il donne à « *cogitare* » est tel que penser, au sens d'avoir une idée qui vous vient, n'est pas un événement cogitatif de type cartésien. En effet, lorsqu'une idée me passe par la tête, je peux dire quelle est cette idée (dès lors qu'elle m'est effectivement venue). Mais dire quelle est cette idée, c'est par exemple dire comment sont les choses (si cette pensée est un jugement), ou peut-être comment elles devraient être (si elle est un souhait) : ce n'est pas du tout décrire un état d'esprit ou une expérience.

Maintenant, la ruine du modèle de l'aperception interne (qui est l'autre nom du mythe de l'intériorité) a-t-elle pour conséquence de disqualifier tout usage subjectif des verbes psychologiques ? Certains lecteurs de Wittgenstein l'ont cru et lui ont attribué cette doctrine : l'autorité de la première personne ne serait qu'une simple convention sociale. Par convention, nous nous interdirions de contester le dire invérifiable d'un individu s'appliquant à lui-même une description psychologique. S'il dit avoir pensé à quelque chose, nous le laissons dire sans le presser de questions sur ses sources d'information, tout comme nous faisons lorsque quelqu'un nous raconte un rêve.

Moran ne croit nullement que l'autorité de la première personne soit un mythe ou une fiction. Il ne croit pas non plus que ce soit là l'idée de Wittgenstein. Et à juste titre. En effet, cette autorité est inscrite dans la grammaire (les règles d'usage) des verbes psychologiques. Si nous voulions employer ces verbes en les privant de leur asymétrie, alors nous ne pourrions plus poser les mêmes questions ou donner les mêmes descriptions. Nous parlerions d'autre chose. C'est ce qui ressort du « paradoxe de Moore », objet de nombreux commentaires dans la philosophie analytique, et sur lequel Wittgenstein est souvent revenu dans des textes que Moran commente de près. Ce paradoxe, on s'en souvient, apparaît lorsque quelqu'un entreprend de faire à la première personne quelque chose qu'il est normal de faire à la troisième personne : après avoir *attribué* une opinion à quelqu'un, *évaluer* cette opinion. A la troisième personne, on peut dire : « Il croit qu'il va pleuvoir, mais il ne va pas pleuvoir ». Cette conjonction des deux assertions ne pose aucun problème puisqu'il s'agit dans la première du sujet de croyance, dans la seconde du temps qu'il fera, et que ce sont là deux choses différentes. Dès lors, comment se fait-il qu'à la première personne, il soit paradoxal de dire : « Je crois qu'il va pleuvoir, mais il ne va pas pleuvoir » ? Un tel énoncé à la première personne est bel et bien paradoxal, puisqu'après m'avoir entendu, vous pouvez vous demander ce que j'ai finalement dit : à supposer que je sois deux fois dans le vrai, sera-t-il conseillé de prendre son parapluie (puisque j'ai dit qu'à mon avis il allait pleuvoir) ou bien sera-ce inutile (puisque j'ai aussi dit qu'il n'allait pas pleuvoir) ?

Ainsi ce paradoxe de Moore, dont Moran offre un commentaire original, repose sur le fait que le verbe « croire » est employé comme verbe psychologique et qu'il prend donc une valeur spéciale quand il est employé à la première personne de l'indicatif présent. Wittgenstein observe que le paradoxe cesserait d'être une contradiction d'ordre logique et deviendrait l'indice d'un désordre personnel si l'on *dépsychologisait* le verbe « croire » et si l'on décidait de l'employer à la première personne exactement comme on le fait à la troisième, ce qui veut dire sur la base d'observations. S'ils étaient « dépsychologisés », les mots « je crois » aurait bien pour fonction de décrire mon état d'esprit, et non d'introduire mon jugement sur un état du monde. Cela reviendrait à échanger « croire » (verbe psychologique) contre « sembler croire » (verbe de comportement). On pourrait dire par exemple : « Il semble que je croie qu'il va pleuvoir (car je m'aperçois que j'ai pris mon parapluie), et pourtant il ne va pas pleuvoir ». Une telle situation serait assurément l'indice d'un désordre de mon esprit, mais elle n'est pas logiquement exclue : je peux observer avec surprise mon comportement et juger qu'il manifeste une croyance de ma part dont je n'avais pas conscience. Il y aurait alors une *division de moi-même* en tant que sujet manifestant mes opinions : mon discours assumé en première personne dirait une chose, mais mon comportement en dirait une autre.

Avec cette observation sur l'usage « dépsychologisé » du verbe « croire », nous passons de l'épistémologie de la connaissance de soi à une réflexion sur la possibilité d'une aliénation subjective. La question de l'autorité personnelle se déplace du terrain cartésien initial sur le terrain de la psychologie morale, puisque nous rencontrons le phénomène de la division du sujet. Du reste, dans quelques textes[1], Wittgenstein fait lui-même le rapprochement avec le diagnostic freudien d'un conflit interne au sujet se traduisant par la concurrence de deux discours, l'un venant du sujet conscient et l'autre de son inconscient.

Nous savons donc maintenant pourquoi la doctrine de la subjectivité héritée de la tradition réflexive cartésienne ne survit pas à la mise au rebut du mythe de l'intériorité. Le sujet de la conscience de soi – autrement dit, l'être qui peut s'appliquer à lui-même un verbe psychologique – n'est *jamais* un observateur de ses propres états. Est-ce à dire qu'il soit impossible de s'observer soi-même et de réfléchir sur soi ? Nullement. L'observation de soi est parfaitement possible, mais c'est alors la sorte d'observation que requiert une enquête biographique, ce qui veut dire que la description reposera sur des critères publics d'attribution. Pour esquisser mon propre portrait, je me demanderai quelles sont mes dispositions, mes capacités, mes lacunes, autrement dit quels sont mes traits de caractère. Tout cela est « psychologique » au sens

1. « Mon Surmoi pourrait dire de mon Moi "Il pleut et le Moi le croit", et il pourrait continuer : "Il est probable que je vais prendre un parapluie". », *Remarques sur la philosophie de la psychologie*, t. I, § 708.

courant, mais non pas au sens cartésien (et donc au sens des verbes asymétriques dont parle Wittgenstein). Dès lors, c'est en racontant divers épisodes de ma vie que je pourrai découvrir qui je suis vraiment. Ce récit à la première personne ne jouira d'aucune autorité particulière.

Maintenant, si nous sommes convaincus tout à la fois que le modèle traditionnel de l'aperception immédiate de soi est erroné et qu'il n'est pourtant pas question de tenir pour illusoire ou fictive l'autorité de la première personne, quel autre modèle pouvons-nous proposer? Proposer un autre modèle – qu'on pourrait qualifier de délibératif –, c'est la tâche que Moran s'est fixée.

Comme on sait, l'idéalisme allemand, et la phénoménologie herméneutique à sa suite, ont développé une philosophie de la conscience de soi qui repose sur un rejet de l'empirisme (et plus généralement un rejet du modèle perceptif). Selon ces écoles, la conscience de soi est bien une connaissance de soi (et non pas une illusion ou une fiction reposant sur des conventions sociales). Toutefois, cette connaissance ne doit pas être conçue sur le modèle de la perception extérieure, laquelle suppose la prise de connaissance par le sujet de l'état d'un objet indépendant de la représentation qu'il s'en fait. La connaissance de soi doit être comprise comme une création de soi ou, comme on dit aussi, une *autoconstitution*.

C'est cette doctrine que discute Moran dans son deuxième chapitre. Elle écarte l'image d'une connaissance de soi fondée sur une réflexion par laquelle le sujet découvrirait l'état dans lequel il se trouve. Analyser ainsi la conscience de soi, ce serait maintenir une opposition entre l'image que je me fais de moi-même et un objet indépendant de mon acte perceptif, objet qu'il s'agirait pour moi de connaître et auquel je devrais chercher à conformer ma représentation. On dira plutôt : lorsque je m'apparais à moi-même dans tel ou tel état mental, la conscience que j'ai d'être dans cet état jouit d'une autorité qui en fait une connaissance certaine parce qu'en réalité cette conscience résulte d'une autoconstitution, et que « se constituer » est un verbe doté à la première personne de toute l'autorité nécessaire. Si quelqu'un dit « Je suis triste », cela est incorrigible par autrui parce que, comme l'écrit Moran, il suffit de le penser pour l'être (*thinking makes it so*).

Est-ce par le modèle herméneutique de l'autoconstitution que l'on rendra compte de l'autorité de la première personne ? Le verbe réfléchi « se constituer » peut-il nous permettre d'interpréter les assertions psychologiques ?

Il convient tout d'abord de concéder à la thèse herméneutique qu'il y a en effet une asymétrie du verbe réfléchi « se constituer ». Il ne revient pas au même de l'employer à la première personne (« Je suis candidat ») ou à la troisième (« Il est candidat »). Si, parlant de quelqu'un d'autre, je dis qu'il est candidat au poste, cela ne peut être de ma part qu'une constatation. En revanche, dire « je suis candidat » dans les circonstances appropriées, cela revient à se porter candidat. Mais, bien sûr, dans le cas d'une candidature électorale, ce sont les conditions conventionnelles qui produisent cette coïncidence d'une déclaration de statut et d'une création à son propre bénéfice du statut en question.

Moran fait à cette solution le reproche d'être « volontariste » : il suffirait de *vouloir* être dans tel ou tel état mental pour que cet état mental soit instauré dans le sujet. Mais cette capacité d'autocréation paraît mythique. En réalité, nous ne pouvons pas croire ou espérer *à volonté*, car ce ne sont pas là des activités auxquelles on pourrait commander à quelqu'un (ou à soi-même) de se livrer.

Je crois pour ma part que, outre qu'elle a en effet ce défaut de « volontarisme », la doctrine de la conscience de soi comme autoconstitution souffre d'une confusion qui résulte de l'interférence entre deux modèles. D'un côté, le philosophe a compris qu'il fallait renoncer à faire de la conscience de soi une perception, et c'est pourquoi il renonce au modèle contemplatif pour adopter un modèle pratique. Mais, d'un autre côté, le philosophe continue à parler d'un sujet qui *s'apparaît à lui-même* tel qu'il est ou qui est donné à lui-même tel qu'il est, ce qui est une façon de conserver une syntaxe opposant l'objet au sujet, et avec elle le modèle perceptif, d'où la possibilité de retomber sur l'équation entre l'*esse* et le *percipi* (comme on le voit par exemple chez Sartre).

Tout l'intérêt de la solution défendue par Moran est qu'elle repose sur une façon non « volontariste » de recourir au modèle d'une réflexion pratique.

C'est en discutant le paradoxe de Moore à propos du verbe « croire » que Moran esquisse une troisième voie, qui lui permet d'échapper à cette fausse alternative d'avoir à fonder l'autorité subjective ou bien sur la qualité de l'observation de soi ou bien sur le prodige d'une création de soi. Il cite une remarque de Wittgenstein dans laquelle ce dernier a construit un équivalent du paradoxe de Moore pour le concept d'intention. Wittgenstein écrit :

> Si on me demande : « Vas-tu agir de cette façon ? » – je réfléchis au *pour* et au *contre* [1].

Je réfléchis aux raisons qui montrent pourquoi ce serait une bonne chose d'agir ainsi, et aussi aux raisons qui montrent pourquoi ce serait une mauvaise chose. Autrement dit, mon enquête est une *délibération pratique* : elle porte sur ce que je vais faire, sur ce qu'il est bon que je fasse. Elle ne porte pas du tout sur un état mental dans lequel je me trouve présentement, ce qui veut dire qu'elle ne vise pas à me décrire dans mon état psychologique. Ce n'est pas une enquête « théorique » (au sens grec) : je cherche

1. Wittgenstein, *Remarques sur la philosophie de la psychologie*, volume I, § 815.

les raisons de juger qu'il faut agir ainsi, et non pas du tout les raisons de juger que j'ai, de fait, l'intention d'agir ainsi.

Nous avons bien ici un analogue du paradoxe de Moore, car il en va ici comme dans le cas où l'on me demande si je crois qu'il va pleuvoir. La question m'est adressée, elle vise certes à ce que je fasse connaître mon opinion en la déclarant, mais elle porte bel et bien sur ce que je crois du temps qu'il fera, et non pas du tout sur ce que je juge être ma croyance à ce sujet. Et c'est pourquoi, dans le cas où je dois réfléchir pour mettre au point ma réponse, je fais porter ma réflexion sur les raisons de juger (et donc de croire) qu'il va pleuvoir, et non pas du tout sur les raisons de juger que je crois qu'il va pleuvoir

Du côté de l'intention, le paradoxe serait de dire : « demain, j'ai l'intention d'aller au marché, et pourtant je n'irai pas au marché » (comme si la première partie de l'énoncé parlait de moi et de mon état présent, non du futur, tandis que la seconde partie de l'énoncé portait, elle, sur les événements à attendre pour demain)

Puisqu'il y a cette analogie entre le rapport du sujet à sa croyance et le rapport du sujet à son intention, explique Moran, il est possible d'étendre au *sujet de croyance* la solution que nous donnons à la question d'un fondement de l'autorité subjective dans le cas d'un *sujet agent d'une action intentionnelle*. Comment se fait-il que je puisse prédire l'événement futur de mon déplacement au marché ? Je le puis parce qu'il m'appartient de décider si un tel événement se produira ou non (cela fait partie des ces futurs contingents qui sont en mon pouvoir). Si je sais – d'une connaissance d'agent – ce que je ferai demain ou ce que je suis déjà en train de faire dès maintenant, c'est parce que j'ai formé une intention à ce sujet. Et si je connais mon intention, c'est parce que je connais les raisons d'agir comme je l'ai fixé, des raisons que je pourrais énoncer dans un raisonnement délibératif si je devais expliquer pourquoi je vais agir ainsi.

De la même façon, il y a selon Moran une délibération derrière l'autorité d'un sujet déclarant ce qu'il croit. Autrement dit, demander à quelqu'un s'il croit que *p*, ce n'est pas lui poser une question de type « théorique ». La question posée est de type pratique. Si c'était une question théorique, elle serait l'équivalent d'une question posée à propos de quelqu'un d'autre. Mais, comme on l'a vu, il y a une asymétrie entre la question portant sur *ma* croyance et la question portant sur la croyance d'un autre que moi. Dans le deuxième cas, après avoir attribué une opinion à quelqu'un d'autre, je peux me demander si je partage cette croyance que j'attribue à autrui. En revanche, à la première personne et s'agissant de ma propre croyance à présent, il n'y a pas lieu de demander si je partage ma propre croyance. Sauf bien sûr à supposer une division pathologique du sujet, la question de savoir si je suis d'accord avec moi-même pour croire ce que je dis croire est une question qui n'offre aucun sens. Qu'une telle division soit concevable est assurément un point important de psychologie morale, mais il est important aussi de noter cette division ne peut être qu'une pathologie de la relation à soi.

Une autre façon de le dire est de faire remarquer que, par définition, une question délibérative est *prospective*, alors qu'une question théorique est toujours *rétrospective*. C'est un point qu'Anscombe avait noté quand elle distinguait le savoir théorique du savoir pratique (ou connaissance d'agent). Elle faisait remarquer que les philosophes ont tendance à n'accorder le titre de « savoir » qu'à la connaissance théorique (ou contemplative), qu'elle caractérise ainsi :

> On trouve certainement dans la philosophie moderne une conception de la connaissance qui est irrémédiablement contemplative. Pour que quelque chose soit une connaissance, il

> faut qu'il soit jugé être tel parce qu'il s'accorde avec les faits. La réalité, les faits sont premiers et dictent ce qu'il faut dire s'il s'agit de connaissance[1].

Le trait propre de la connaissance théorique est donc cette priorité de la réalité à connaître sur la connaissance que nous en prenons. Pour reprendre l'exemple d'Aristote : si je dis vrai en disant que tu es blanc, à supposer que tu le sois – si donc mon discours peut passer pour l'expression d'une connaissance –, c'est parce que tu étais déjà blanc avant même que je ne le dise. Ou encore : c'est parce que tu n'as pas attendu pour être blanc que je le dise, mais que tu le serais (si tu l'es) quand bien même personne n'en aurait dit un mot.

Ce que Anscombe appelle « connaissance pratique » (et que d'autres ont repris sous l'appellation d'une « connaissance d'agent ») est tout à fait différent : c'est un savoir foncièrement prospectif puisqu'il n'est pas dérivé de la chose à connaître (par un canal quelconque de réception), mais qu'il détermine ce que sera cette réalité. La connaissance de la chose à faire comme étant à faire – autrement dit le fait d'avoir l'intention de la faire – n'a pas à se conformer à cette chose (qui n'existe pas encore, du moins à l'état achevé). Ici, la connaissance dicte à la chose ce qu'elle doit être. En somme, c'est comme si le fait que tu sois blanc était précédé par mon acte de dire « tu es blanc ». On notera que c'est justement ce qui arrive dans le cas où un pur *Fiat* ! (« qu'il en soit ainsi ») suffit à produire un état de fait. Anscombe donne l'exemple d'une telle création par un acte de volonté[2]. Supposons que quelqu'un manifeste son admiration pour quelque chose qui m'appartient : il suffit que je dise « c'est à toi » pour que l'objet

1. G.E.M. Anscombe, *L'intention*, § 32, trad. fr. M. Maurice et C. Michon, Paris, Gallimard, p. 108 (traduction modifiée).

2. *Ibid.*, § 45, p. 143.

devienne sa propriété. Une telle efficacité immédiate de la parole, note-t-elle, n'est ici possible que parce que nous sommes dans le domaine de la convention.

On fera peut-être l'objection suivante : que la question portant sur mon intention (que vais-je faire à ce sujet ?) soit délibérative, on l'admettra volontiers. Mais comment parler d'une question délibérative quand le sujet s'interroge non pas sur ce qu'il veut faire, mais sur ses croyances ? Comment pourrais-je avoir à délibérer sur mes croyances, comme si croire ou ne pas croire étaient des actes volontaires soumis à mon libre arbitre ? C'est sur ce point qu'ont porté beaucoup des discussions auxquelles le livre a donné lieu [1]. Peut-on transporter la notion de délibération du terrain pratique (que dois-je décider pour agir au mieux dans les circonstances présentes) sur le terrain des croyances ?

A cette objection, Moran répond en montrant comment l'analogie avec l'intention permet de surmonter le paradoxe de la *division du sujet* attachée à la notion classique de réflexion. Ce paradoxe est connu dans la philosophie française contemporaine comme celui d'une division du *sujet de l'énonciation* (celui qui dit croire quelque chose) d'avec le *sujet de l'énoncé* (celui dont il est dit qu'il a cette croyance). Voici comme il surgit.

Je m'interroge sur ma croyance. Si nous appliquons le modèle traditionnel de la conscience de soi, nous analyserons cette réflexion comme le fait pour un sujet de se tourner vers un objet sur le mode de l'action réfléchie. Je me demande quelle est la croyance que je dois attribuer à un sujet de croyance, lequel n'est

1. Voir en particulier le *Book Symposium* de l'*European Journal of Philosophy*, vol. 11, n° 3, décembre 2003, p. 375-419, textes de L. O'Brien et S. Shoemaker, suivis d'une réponse de l'auteur. Ainsi que les essais réunis dans *Philosophy and Phenomenological Research*, vol. LXIX, n° 2, septembre 2004, p. 423-472, par J. Heal, B. Reginster, G. Wilson, J. Lear, avec les réponses de Richard Moran

autre que moi-même. Et, pourtant, dans le moment où je m'interroge, une division s'opère. En effet, il s'agit de déterminer ce qu'il en est d'un sujet de croyance, donc de donner une description vraie de ce sujet. Dès lors, m'interroger sur ma croyance, c'est jeter un regard rétrospectif sur celui que je suis, ou plutôt sur celui que j'étais jusqu'à cet instant. En effet, il faut ici, comme dans toute enquête théorique, que les faits soient premiers et qu'ils dictent ce que je dois dire de moi-même. Mais, si le regard est rétrospectif, il s'ensuit qu'on peut concevoir une discordance entre le sujet que j'étais jusqu'à cet instant (je croyais qu'il allait pleuvoir) et le sujet qui procède à cette auto-attribution (est-ce que lui aussi le croit ?). La question de savoir si le sujet de l'énonciation est d'accord avec le sujet de l'énoncé devient inévitable. Et cela veut dire que toute conscience de soi comporte en elle-même le principe d'une *aliénation* : dire que je crois quelque chose, ce sera nécessairement le dire d'un autre que moi, car ce sera le dire d'un sujet que j'étais encore il y a un instant, mais que peut-être j'ai cessé d'être. En fin de compte, parler de soi se découvre impossible.

Moran montre comment nous pouvons échapper à cette conséquence paradoxale, dont il fait voir comment elle joue en particulier chez Jean-Paul Sartre. Que la réflexion sur soi devienne une réflexion sur un objet que le sujet considère d'un regard « théorique », ce cas de figure peut se produire. Mais un sujet ainsi rapporté à soi est dans un état pathologique, qui est très exactement un état d'aliénation. Et si l'aliénation était le lot normal de tout être humain en tant qu'être pensant – si l'aliénation était inscrite dans le fait même de la conscience de soi –, il faudrait en conclure que cette pathologie n'en est pas une. Il faudrait admettre qu'il n'y a pas de différence entre le fait d'assumer ses opinions ou ses buts et le fait de les désavouer. La conscience de soi serait porteuse, de par sa structure même, d'une impossibilité pour le sujet de se reconnaître responsable de lui-même.

Ainsi, chose remarquable, la syntaxe du sujet connaissant et de l'objet connu, qui a été reconnue inappropriée quand il s'agissait d'expliquer l'autorité que chacun possède pour assumer ses propres opinions et ses propres fins, retrouve une application pertinente dès que nous voulons décrire la condition misérable d'un être humain qui ne pourrait plus exercer son pouvoir délibératif et faire lui-même ses propres choix. Moran, pourrait-on dire, a trouvé un emploi descriptif pour les paradoxes de la doctrine classique du sujet. Lorsque le sujet en vient à se faire objet pour lui-même, sa vie personnelle prend une forme pathologique, puisqu'il lui semble assister au jeu de ses propres pensées, ayant perdu le pouvoir de se les approprier au terme d'une délibération sur ce qu'il doit penser.

Vincent Descombes

Note du traducteur

La démarche de l'auteur dans *Autorité et aliénation* exige une compréhension précise du concept central de « *avowal* », que Richard Moran s'approprie de manière originale pour en faire la clef de voûte de sa conception « délibérative » de la connaissance de soi. Les lecteurs de Wittgenstein, et plus généralement, de la philosophie du langage, sont familiers de ce terme généralement traduit par « expression ». Mais ici, en dépit de ses affinités déclarées avec Wittgenstein, Richard Moran s'attache précisément à critiquer la catégorie, bien trop générale, de l'expression. Soulignant les insuffisances des deux catégories dans lesquelles nous rangeons d'ordinaire les énoncés en première personne sur notre vie mentale, c'est-à-dire les jugements porteurs d'une connaissance de soi en propre : la description et l'expression, il suggère une troisième voie que le concept de « *avowal* » est justement chargé de désigner.

La traduction de « *avowal* » par reconnaissance permet de comprendre la relation de l'agent envers ses propres attitudes : une relation consciente, active et rationnelle, qui suppose un acte d'adhésion. Reconnaître une attitude revient précisément à cet acte qui m'engage et me rend responsable de mon attitude, que j'ai le pouvoir de conserver ou de révoquer. Ainsi, il ne faudrait pas comprendre la reconnaissance de nos attitudes comme un processus mental de recognition par lequel le sujet identifierait ses états d'esprit. Ce genre de malentendu nous ferait renouer avec le « mythe de l'intériorité » et retomber vers une conception théorique de la connaissance de soi, fondée sur une sorte d'auto-observation de notre vie mentale propre, ce que Richard Moran cherche précisément à éviter. A l'inverse, il ne faudrait pas voir dans la reconnaissance un pur acte d'auto-affirmation, complètement arbitraire. En effet, s'il s'agit bien d'un acte d'adhésion, la reconnaissance est avant tout d'ordre cognitif, elle est, nous dit encore Moran, une « authentique réalisation cognitive ». C'est en cela que la reconnaissance est le véritable porteur d'une connaissance de soi qui ne renonce pas aux exigences de la raison.

RICHARD MORAN

AUTORITÉ ET ALIÉNATION

À mes parents

PRÉFACE

Au cours des dernières années, différents courants de pensée ont prétendu, parfois avec insistance, que l'idée même d'un caractère distinctif de la « perspective en première personne », appartient à une métaphysique dont nous devrions apprendre à nous passer, peut-être en particulier parce que cette idée se concentre sur des questions de connaissance de soi. On la considère tantôt comme l'une des leçons de Wittgenstein, tantôt comme un corollaire du discours sur la Mort du Sujet, tantôt comme la conséquence d'un naturalisme généralisé en philosophie de l'esprit (en particulier dans les stratégies de décomposition de la personne en divers éléments subpersonnels[1]), ou d'un réductionnisme plus direct concernant l'identité personnelle. Bien souvent, il peut sembler que le seul point de convergence entre les diverses factions qui s'affrontent dans les discours contemporains sur l'esprit, est l'accord sur une certaine version de l'idée que le Moi, du moins tel qu'on le connaît désormais, doit disparaître.

Le terme de « cartésianisme » sert souvent à désigner le concept problématique en question, idole à détruire, dont la résistance et la pérennité sont dues en grande partie au fait qu'il regroupe un ensemble complexe de vues combinant une métaphysique du Moi avec une représentation de ses pouvoirs et

1. Voir par exemple Dennett sur le niveau subpersonnel, niveau de la causalité, in *Content and Consciousness*, London, Routledge & Kegan Paul, 1969. [N.D.T.]

de sa place exceptionnels au sein du monde naturel. Ce terme évoque aussi tout un ensemble de préoccupations épistémologiques concernant la possibilité pour le Moi de se connaître et d'être connu par d'autres entités semblables. Ainsi, le cartésianisme demeure une cible particulièrement attrayante de par ses multiples facettes. Et en effet, un philosophe peut parfaitement se retrouver contraint au scepticisme face à une entité décrite comme immatérielle, immortelle, autonome, unique et identique à soi, transparente à elle-même (à la fois infaillible et dotée d'une pleine conscience de soi); sans parler du fait qu'elle est le lieu de la rationalité, de la responsabilité et des valeurs morales et qu'elle confère le sens à un univers qui, autrement, demeurerait confus. Et en même temps, on ne peut s'attendre à ce qu'une chose investie de tels pouvoirs divins disparaisse sans bruit. On s'étonnera donc fort peu que, comme tout geste iconoclaste, la Mort du Sujet perdure indéfiniment.

Certains contextes intellectuels suggèrent qu'au-delà des extravagances métaphysiques de la description cartésienne, c'est l'idée fondamentale de quelque chose de distinctif ou d'irréductible dans la perspective en première personne qui serait inacceptable et superflue – l'idée même que l'accès et la relation de la personne à sa propre vie mentale doivent être différents de ceux de n'importe qui d'autre quant à leurs possibilités et leurs limites. Pour des raisons entre autres philosophiques, cette idée générale de différences incommensurables entre la situation du moi et celle d'autrui semblait à la fois immotivée et inopportune, et ce, bien avant qu'une sorte de « drame égocentrique » ne passe pour une marque de réalisme et une contrainte philosophique. S'il existe bien des personnes, dont on peut connaître et expliquer le vécu et les expériences, poursuit-on en général, alors, comme pour n'importe quel autre objet d'étude, les faits en question devraient être ouverts au lieu d'être prisonniers d'une perspective individuelle.

Sinon, il n'y aurait tout simplement rien à connaître pour qui que ce soit.

Mais tant que l'on conservera tout ce qui a trait à nos concepts de personnes, d'esprits et d'actions, il y aura, semble-t-il, des différences essentielles entre la logique et les conséquences des attitudes en première et en troisième personne. Cet ouvrage cherche à en explorer quelques-unes ; il se concentre avant tout sur les problèmes de la connaissance de soi, et tente à travers eux de mener une réflexion sur quelques-unes des asymétries les plus importantes entre les relations à soi et les relations aux autres. Sur la question spécifique de la connaissance de soi, on peut au moins se débarrasser de *certains* aspects de la représentation, si l'on schématise, cartésienne, et rejeter les prétentions les plus élevées à un parfait accès du sujet à lui-même. Malgré cela reste la question de savoir comment et pourquoi les attitudes envers soi-même (notamment celle de la connaissance) devraient présenter *la moindre* différence systématique avec leurs analogues en troisième personne.

Une différence fondamentale, dont la défense et l'articulation se profilent à travers la discussion qui suit, renvoie au fait suivant : alors que l'on peut découvrir les croyances et les attitudes d'une personne à partir de ce que qu'elle dit et fait, elle peut parvenir à la connaissance de ses propres attitudes d'une manière qui ne se fonde ni sur les faits ni sur l'observation de soi. En ce sens, une personne peut connaître son propre esprit « de manière immédiate », et n'en pas moins déclarer sa croyance avec une autorité absente de la description fournie par autrui et fondée sur l'observation. Dans le langage usuel de la philosophie, on dira qu'une personne ne s'attribue pas seulement une croyance en se fondant sur les mêmes considérations que les autres, mais qu'elle peut connaître sa propre croyance par un *acte de reconnaissance* (*avowing it*). C'est une idée familière dans la discussion philosophique, bien que sujette à controverse, et une thèse étonnante en tant que telle. Mais en même temps, il s'agit d'une prétention considérablement plus modeste que ce que l'on introduit en général dans la traditionnelle Métaphysique du Sujet. Cette idée fondamentale de l'immédiateté ne prétend pas, par exemple, que l'accès de l'esprit à lui-même est infaillible, ni complet, ou qu'il ne peut pas être corrigé par les autres ou par les faits extérieurs. (Elle est totalement compatible, par exemple, avec le récit des divers échecs caractéristiques de la connaissance de soi dans la littérature psychanalytique, et certains chapitres ultérieurs s'attacheront à dire en quoi la restauration de cette *forme* particulière de connaissance de soi – à savoir, la reconnaissance (*avowal*)[1] –, serait importante pour la santé mentale). D'autre part, il ne s'agit pas ici de soutenir que l'on peut accéder à *l'intégralité* de la conscience de notre vie mentale de cette manière « immédiate »; la majeure partie de la connaissance de soi, durement acquise, sera fondée sur les mêmes considérations que celles d'autrui, avec les mêmes possibilités d'erreur et de mauvaises interprétations.

Néanmoins, « l'immédiateté » de la connaissance de soi reste une idée provocatrice, à la fois en tant qu'affirmation d'une capacité particulière que nous possédons (c'est-à-dire, en quoi consiste la possibilité de connaître *n'importe quelle* vie mentale de cette manière?) et comme caractérisation d'une forme de conscience dont l'application est spécialement restreinte (c'est-à-dire, pourquoi est-ce seulement *cette* vie mentale que je peux

1. Le concept d'*avowal* est crucial dans cet ouvrage. Il désigne une forme de connaissance de soi à travers la capacité d'admettre ses propres attitudes. La « reconnaissance » exprime l'adhésion du sujet à la vérité au sujet de cette attitude. D'après Moran, la reconnaissance se distingue de l'auto-attribution d'attitudes, une activité descriptive reposant sur l'inférence à partir d'indices psychologiques, par exemple. Elle implique une relation pratique d'engagement envers ses croyances ou autres attitudes, et non une relation purement théorique, indifférente, comme celle d'un spectateur objectif. [N.D.T.]

connaître de cette manière?). Et bien que cette forme de conscience n'épuise pas le savoir sur soi, bien que son autorité ne soit pas absolue, on soutiendra ici qu'il s'agit d'une forme fondamentale de saisie de soi, d'une remarquable capacité qu'on ne possède pas seulement par hasard, mais en tant que personne, dont le concept suppose de pouvoir parvenir à la connaissance de ses attitudes de cette façon. Il reste à comprendre ces privilèges et ces restrictions, même après que le sujet cartésien ait fait place à quelque chose de moins parfaitement unifié, davantage soumis aux contingences de son insertion dans le monde, et souvent délibérément aveugle à lui-même.

À travers cette description, j'essaye de faire droit à une certaine tension dans notre façon de penser les possibilités de la connaissance de soi et, de manière plus générale, la spécificité de la perspective en première personne. D'un côté, il semble indéniable que nous pouvons entretenir et que nous entretenons une foule d'attitudes et de relations envers nous-mêmes qui ressemblent à la plupart des attitudes que nous avons envers les autres. Après tout, parmi les gens pour lesquels nous éprouvons un certain intérêt et qui occupent nos pensées, on trouvera en particulier cette personne que nous sommes, et la logique n'interdit pas cela, même aux plus altruistes d'entre nous. Mais, d'un autre côté, il est également naturel de penser que, du moins dans de nombreux cas, il ne *saurait* s'agir du même genre d'attitudes. Et dans certains cas, la version en première personne d'une position par ailleurs non problématique n'a pas plus de cohérence que le fait d'être plus grand que soi-même ou de se faire soi-même attendre. « Connaître » relève assurément de ces attitudes dont les tensions se manifestent justement dans les discussions philosophiques. Dans plusieurs contextes, le fait de parler de connaissance de soi, ou de son esprit, est naturel et inévitable. Loin de nous l'idée que, alors que nous parvenons parfois à la connaissance des espoirs et des craintes d'une autre personne, l'idée même d'une telle

« connaissance » n'aurait aucun sens lorsqu'on se l'applique à soi-même. Je suis une personne parmi d'autres dans le monde, et les méthodes particulières grâce auxquelles j'ai une connaissance des *autres* peuvent au moins me fournir un accès comparable à moi-même. Et l'existence d'une telle équité pour nos attitudes en général semble suggérée par le sens commun, ainsi que la recommandation d'objectivité envers soi, (qui inclut le fait de « se voir comme les autres nous voient »).

Mais en même temps, il est tout aussi naturel, et à mon avis, inévitable, de penser que pour tout un ensemble de questions centrales, quoi que puisse être la connaissance de *soi*, elle est une chose bien différente de la connaissance des autres, d'un type et d'un genre catégoriquement différents, avec des conséquences différentes, et avec ses propres possibilités spécifiques et contraignantes de succès et d'échecs. Il n'est pas nécessaire de dire que l'esprit d'une autre personne m'est « essentiellement caché », pour reconnaître que cette personne connaît et en vient à connaître ses propres pensées et expériences par des voies qui sont entièrement différentes des miennes. Parfois, ces différences ont paru si profondément et fondamentalement ancrées dans l'idée même du moi qu'il semblait impossible que, parlant de « connaissance de soi » et de « connaissance des autres », nous parlâmes de la même chose, des mêmes attitudes cognitives, même si, dans les deux cas, il s'agit de la même créature. Ce sentiment de différence augmente encore quand on insiste sur l'impossibilité d'être un « objet » de pensée pour soi-même, ou sur l'impossibilité d'employer l'expression verbale « Je sais » (sauf peut-être en plaisantant) en la rattachant à un jugement de douleur ou d'autre sensations en première personne, ou bien parce que l'acte même par lequel l'esprit se saisit ne peut qu'altérer les faits considérés ou empêcher systématiquement le « Je » de se connaître. Bien qu'on critique ici chacune de ces idées, la discussion se soucie tout autant de comprendre et de prendre au sérieux les considérations qui les ont fait paraître si séduisantes ou inévitables (offrant parfois une manière de justification).

En outre, l'attrait de ces idées est lié à des asymétries plus simples, plus souvent rencontrées en psychologie morale que dans la métaphysique de l'esprit, où une position ordinaire envers les autres prend un sens différent dans sa forme réflexive, ou s'applique de façon paradoxale à soi-même. Le respect de soi et le respect des autres sont essentiellement différents quant à leurs formes et à leurs exigences, pas seulement quant à leurs objets, (pensons au « respect des désirs de quelqu'un » dans les deux cas) ; et, chacun sait que l'auto-apitoiement n'est pas simplement la pitié envers la personne que nous sommes. On sait que se tromper soi-même est à la fois un défaut répandu et une possibilité pas franchement cohérente, alors qu'il est courant de tromper les autres sans que cela ne soit problématique ni en théorie ni en pratique. Dans le cas où l'on se trompe soi-même, comme dans les autres cas, la résolution du problème philosophique de la cohérence de nos descriptions n'annule pas l'asymétrie ni les caractéristiques spécifiques au cas de la première personne. Elle les montre plutôt sous un jour qui amène d'autres questions (par exemple, étant donné que tromper autrui n'est pas nécessairement irrationnel pour le trompeur et que cela n'engendre pas l'irrationalité du trompé, pourquoi faudrait-il que le fait de se tromper soi-même, peu importe en quoi cela consisterait, connote une quelconque irrationalité ?) Comprendre les exigences et les contraintes propres aux attitudes de croyance et de connaissance dans le cas de la première personne, devrait nous aider à comprendre ces asymétries plus larges entre moi et autrui. En outre, il y a une foule d'autres positions et attitudes (peut-être l'excuse et le pardon, la gratitude, la déférence, certaines formes de confiance) qui semblent réservées aux relations avec les autres et ne peuvent être adoptées envers soi-même qu'en usurpant le rôle réservé à autrui. Nous espérons que la compréhension de l'asymétrie paradigmatique

que constitue l'autorité de la première personne nous aidera à comprendre un ensemble de questions moins débattu : pourquoi certaines relations requièrent-elles nécessairement d'être deux, alors que d'autres peuvent admettre un rapport à soi, mais seulement au prix de certains efforts aussi bien conceptuels que psychologiques. Ainsi, le fil de la discussion suit un itinéraire qui va de questions purement épistémologiques portant sur la connaissance de soi et l'autorité de la première personne, à l'intérêt pour certaines pathologies du rapport à soi et plus généralement, aux limites de l'application à soi des relations aux autres.

L'explication de l'autorité de la première personne présentée ici semblera partielle, parfois seulement ébauchée, et incomplète même dans son champ restreint. Et plusieurs questions connexes, dont certaines ont reçu beaucoup d'attention ces dernières années, sont à peine prises en considération. La présente discussion se concentre sur la connaissance que l'on peut avoir de nos propres attitudes : croyances, désirs, intentions, et divers états émotionnels. Il y a, bien entendu, des choses différentes à dire sur ces cas et la façon dont ils entrent en ligne de compte dans la série d'arguments où je tente de les mettre en relief. Mais je n'essaie pas ici de cataloguer de telles différences et ce qui peut être dit du cas de la croyance, ne sera pas généralisé à d'autres attitudes, à d'autres façons de connaître son propre esprit, sans faire d'ajustements plus ou moins importants. De plus, la présente discussion n'évoque qu'incidemment la question du « contenu mental » (et plus précisément, la question de savoir si l'externalisme pose un problème spécifique à l'affirmation qu'en général, une personne sait à quoi elle pense) ou des questions autour de l'idée de « conscience qualitative » ou phénoménale, (et plus précisément, la question de savoir si l'on peut dire d'une personne qu'elle *connaît* ses sensations qualitatives d'une façon essentiellement inaccessible à une autre personne, et dans ce cas, comment comprendre une telle « connaissance »). Ma propre opinion est qu'il y a des choses très différentes à dire sur ces questions, et que les phénomènes variés de connaissance de soi ne se conforment pas à une unique explication; mais défendre cela explicitement ferait dévier la discussion trop loin du genre de questions que je veux poser ici. En bref, de telles questions portent sur les difficultés à trouver le bon ajustement entre le moi en tant qu'agent et le moi en tant que spectateur, étant donné que ces perspectives sont en interaction, parfois en conflit, dans le contexte d'un certain problème concernant la connaissance de soi. Un tel conflit des perspectives s'exprime dans le thème des « maladies de la conscience de soi » (Dostoïevski) tel qu'il apparaît dans la littérature et la philosophie du romantisme, du modernisme et au-delà; dans l'idée selon laquelle, au royaume de la réflexion, se rendre « visible » à soi-même, c'est se séparer de soi-même. Rien ne soutient ici l'idée que la connaissance de soi (les types spécifiques de connaissance de soi qui ont attiré l'attention des philosophes) *est* simplement une forme d'aliénation, mais je souhaite montrer comment les conditions impliquées par l'affirmation de l'autorité de la première personne fournissent aussi les possibilités rémanentes de certaines formes caractéristiques d'aliénation.

La discussion qui suit fait référence de manière récurrente mais sporadique au second Wittgenstein et aux considérations de Sartre sur la conscience de soi et la « mauvaise foi » dans *L'être et le néant*. Cette alliance pourra paraître étrange, et je ne revendique pas non plus son originalité; en outre, la discussion à suivre ne saurait compter comme une lecture approfondie de leurs œuvres. Cependant, je crois fermement que leurs recherches sur la manière d'appréhender la première personne sont complémentaires sur plusieurs aspects qui valent la peine d'être explorés. Je pense qu'ils sont tous deux attachés à un certain sens de la spécificité irréductible de la position en première personne, un sens complexe associé au rejet de la représentation tenace de cette différence en termes de royaumes de l'intérieur et de l'extérieur. D'emblée, cette interprétation me situe elle-même en contradiction avec certains lecteurs de Wittgenstein (et sans doute également, de Sartre), qui considèrent que le rejet de la représentation d'un espace intérieur équivaut au rejet des asymétries moi/autrui elles-mêmes. De plus, je pense que Sartre et Wittgenstein partent tous deux (et à certains égards, y aboutissent) du sentiment que certaines de ces asymétries sont *fondamentales*, et par là, j'entends principalement deux choses. Premièrement, de telles différences entre moi et autrui sont, parce qu'irréductibles, plus fondamentales que les conséquences sceptiques que l'on en tire parfois, et ne leur sont en aucun cas équivalentes. Ainsi, ces différences réclament en elle-mêmes une attention philosophique, indépendamment de ce genre de questions canoniques. Et deuxièmement, ces deux auteurs considèrent que les différences en question sont fondamentales au sens où leur description correcte ne privilégie ni l'une ni l'autre des perspectives en première ou en troisième personne; à partir de là, une description appropriée des spécificités de la position en première personne va révéler que cette position se définit par ses inconvénients distinctifs, revers de son privilège (et il en va de même pour la troisième personne). De plus en plus, je considère que l'importance et la singularité des écrits de Sartre et de Wittgenstein sur le moi transforment ces simples différences en sujet philosophique à part entière. Je ne propose rien qui ressemble à une défense détaillée de cette interprétation de l'un ou l'autre de ces auteurs, je ne sais d'ailleurs pas si j'en serais capable, mais j'espère bien qu'elle apparaîtra convaincante au cours de la lecture de ce livre.

Je voudrais, au préalable, citer trois autres livres, qui ont fortement influencé mon idée que les problèmes philosophiques de la connaissance de soi sont liés à ces questions plus générales. Il s'agit de *Self-Knowledge and Self-Identity* de Sydney Shoemaker, de *Freedom of the Individual* de Stuart Hampshire, et de *Les voix de la raison*[1] de Stanley Cavell. Je n'ai pris connaissance de l'ouvrage de Hampshire qu'une fois bien avancé dans le projet, mais sa pertinence pour l'argumentation (en particulier dans le second chapitre) apparaîtra clairement à tous ceux qui le connaissent. D'autre part, les écrits de Shoemaker et de Cavell ont nourri mon intérêt initial pour les questions philosophiques sur la première personne, et demeurent une source d'inspiration. J'attire ici l'attention sur ces ouvrages parce que leur importance dans la formulation des problèmes que je poursuis est sans commune mesure avec le nombre de leurs mentions explicites dans le texte. Ce ne sont pas les seuls écrits philosophiques qui m'ont aidé à cerner les problèmes au fil des ans, et qui manquent d'être abordés et explicitement discutés dans ces pages. Ces dernières années, il y a eu énormément d'intérêt philosophique pour la première personne, et une bonne partie a contribué à guider la réflexion présentée ici. Dans ce livre, j'ai une histoire assez complexe à raconter, dont je tente de donner un aperçu clair et d'une dimension raisonnable. Mieux vaut ne pas risquer d'obscurcir cet aperçu par d'autres remarques et discussions qui pourraient dévier des problèmes approchés ou être différentes de ceux qui suscitent ici la discussion.

1. S. Cavell, *Les voix de la raison, Wittgenstein, le scepticisme, la moralité et la tragédie*, trad. fr. S. Laugier et N. Balso, Paris, Seuil, 1996.

CHAPITRE PREMIER

L'IMAGE DE LA CONNAISSANCE DE SOI

Les philosophes sont loin d'avoir négligé la question de la nature des relations en première personne ces dernières années. Il n'est sans doute pas surprenant que l'attention se soit concentrée en particulier sur la relation de *connaissance*, et plus précisément, sur le type spécifique de conscience en première personne que nous pensons naturellement avoir de notre propre vie mentale. Ce chapitre s'attache à réorienter une part de notre réflexion sur la connaissance de soi et à situer les questions épistémologiques mieux connues, dans le contexte de plus larges asymétries, qui, si tant est qu'on leur prête attention, sont habituellement discutées en marge des problèmes portant sur la connaissance de soi. Cette tâche étant l'objet du livre dans son ensemble, ce premier chapitre cherche à établir trois points liés entre eux.

Le premier est simplement la caractérisation adéquate de la différence fondamentale entre la façon dont une personne connaîtrait son propre esprit et la façon dont elle connaîtrait l'esprit d'autrui. Sous une forme ou une autre, il s'agit d'une idée bien connue, et pas seulement dans le débat philosophique. Cependant, les services variés qu'on lui a pressé de rendre, en particulier dans l'histoire de l'épistémologie, ont obscurci cette asymétrie fondamentale et ses raisons, et ils ont recouvert cette idée de connaissance de soi d'une multitude d'hypothèses philosophiques qui lui sont étrangères. Pendant longtemps, le problème d'une conscience spécifiquement en première personne a semblé importun aux philosophes, et il faisait bien moins souvent l'objet d'investigation pour lui-même que dans le contexte d'autres problèmes, concernant le fondationalisme et le matérialisme en épistémologie, ou, plus récemment, l'externalisme du contenu mental et le scepticisme vis-à-vis de la signification et de son caractère déterminé. Ceci a contribué non seulement à une vision réduite de l'ampleur et de la variété de la connaissance en première personne, mais aussi à une insistance démesurée sur différentes revendications extrêmes et litigieuses portant sur sa nature et son étendue. On a ainsi détourné l'attention des différences fondamentales entre la connaissance de soi et la connaissance des autres, qui subsistent encore malgré l'abandon de tout ce qui pouvait ressembler à une « infaillibilité introspective ». Cependant, une vision plus large de ces asymétries moi-autrui doit permettre précisément à de telles revendications de l'autorité de la première personne de faire le point, et nous oblige à ancrer la discussion aussi bien dans la psychologie morale que dans l'épistémologie.

Le second point consistera à comprendre pourquoi les descriptions philosophiques de la connaissance de soi échouent souvent à rendre compte d'un phénomène spécifiquement en première personne (ou parfois même à le décrire). On peut dire de manière moins paradoxale que d'importantes descriptions de la connaissance de soi finissent souvent soit par décrire quelque chose qui pourrait tout aussi bien être un phénomène en troisième personne, soit par transposer une situation essentiellement en troisième personne dans une sorte d'intériorité mentale. Le « théâtre intérieur » de Descartes (et aussi de Locke et Hume), et la longue tradition qui traite la conscience de soi comme une espèce de perception intérieure, est probablement l'expression la plus parlante de cette approche. Mais la tendance générale va bien au-delà[1]. On ne saisit rien de spécifique à la première personne en transférant de l'extérieur à l'intérieur la situation d'un spectateur, ni en expliquant que le sujet possède quelque accès théorique, particulièrement favorable, à son propre esprit. Parmi les thèmes qui traversent le livre, on verra que les difficultés à caractériser de façon appropriée la position en première personne ne sont pas purement épistémologiques, et des chapitres ultérieurs rendront compte de relations en première personne qui ne sont pas fondées sur des modèles en troisième personne et impliquent autre chose que des relations d'aliénation envers soi-même.

Le troisième but de ce chapitre est de montrer que l'influence persistante de l'image cartésienne de l'introspection suscite un scepticisme injustifié à l'égard de la possibilité même de la connaissance de soi. Dans cette optique, on peut voir « l'image cartésienne » comme la combinaison d'une prétention épistémologique radicale à l'infaillibilité, et d'une assimilation de ce *mode* de conscience particulier à une sorte de perception interne. D'où l'image de « l'œil intérieur », immunisé contre l'erreur. Chacun des aspects de cette image a fait l'objet de nombreuses critiques au cours du siècle dernier, mais souvent dirigées contre le présupposé d'un accès introspectif spécifique conforme à cette image. Dès lors, on a considéré que le destin du cartésianisme était décisif pour la notion même de conscience en première personne, et de récents travaux en philosophie ont développé de manière très créative des façons de décrire les phénomènes de surface du

1. C'est Sydney Shoemaker qui s'est opposé en général de la façon la plus continue et la plus consistante au modèle perceptuel, d'abord avec *Self-Knowledge and Self-Identity* en 1963, puis dans une série d'articles ces dernières décennies. Je n'ai pas essayé de mettre en rapport de façon détaillée l'histoire que je raconte ici avec le corpus de ses œuvres, mais quiconque en est familier reconnaîtra ce que je lui dois.

discours en première personne, qui ont pour effet délibéré la déflation des prétentions de ce discours à rendre compte d'une quelconque conscience authentique. A l'inverse, je défendrai une conception où la conscience en première personne est substantielle, représentant un authentique accomplissement cognitif, mais qui rompt néanmoins de manière décisive avec l'héritage cartésien et empiriste. Comme le montreront les chapitres ultérieurs, cela n'entraîne pas seulement un rejet de « l'œil intérieur », tel qu'il est appliqué au mécanisme de l'introspection, mais aussi une explication des déformations générales de la position purement théorique, ou position du spectateur, sur le moi (les deux s'expriment à travers les descriptions philosophiques de l'introspection et la vie du moi). Être la personne dont la vie mentale accède à la conscience de soi implique une position d'agent, au-delà du statut d'une sorte de témoin expert. C'est ainsi que la discussion entamée ici va de l'épistémologie de l'introspection à un ensemble de problèmes relevant de la psychologie morale de la première personne.

Fortunes et infortunes de la conscience de soi : Descartes, Freud et les sciences cognitives

L'héritage du cartésianisme a été décisif pour la philosophie de l'esprit, tant par son puissant reniement au XXe siècle que par son influence positive au cours des siècles qui ont immédiatement suivi Descartes. Cela apparaîtra on ne peut plus clairement dans la question de l'accès de l'esprit à lui-même et à ses opérations. D'habitude, la philosophie récente rejette cette image d'un esprit immédiatement transparent à soi, ce qu'elle considère ensuite implicitement comme un rejet de l'idée même d'un accès par introspection, abandonnant ainsi à son interprétation cartésienne le concept même de conscience en première personne. Dans cette première section, je veux tracer certaines des grandes lignes de cette histoire, dans le but de dissocier l'idée fondamentale d'un accès en première personne de sa version cartésienne. Ce qui frappe dans cette histoire, c'est que malgré la domination considérable des hypothèses cartésiennes sur l'accès de l'esprit à lui-même depuis le XVIIe siècle, en épistémologie et en philosophie de l'esprit, ce n'est qu'au XXe siècle que l'on a traité le problème de « l'accès privilégié » du sujet à sa propre vie mentale comme un problème philosophique à part entière. Auparavant, pour les figures majeures de la tradition empiriste aussi bien que rationaliste, il allait de soi que rien dans notre esprit n'échappe à notre conscience, et que notre connaissance de nos propres états mentaux présents est à la fois certaine et infaillible; bref, que l'esprit est « transparent » à lui-même. Dans les siècles qui ont suivi Descartes, l'identification du mental avec la conscience a été davantage traitée comme une hypothèse directrice que comme une thèse positive en philosophie, quelque chose qui n'est formulé explicitement et argumenté que de manière occasionnelle[1]. Et même lorsqu'au XXe siècle, la nature de « l'autorité de la première personne » a été identifiée comme une question philosophique en tant que telle, l'intérêt premier n'était pas tant d'étudier ou de défendre l'hypothèse elle-même que de rendre compte de *la manière* dont un tel accès privilégié était possible, et de trouver des façons d'articuler certaines hypothèses sur l'infaillibilité au sein de la logique du discours en première personne.

Par conséquent, on admet souvent aujourd'hui qu'il faut maintenir la thèse d'une infaillibilité introspective sous une forme

1. Il ne s'agit pas de suggérer que l'accès parfait de l'esprit à lui-même n'aurait pas eu de détracteurs pendant cette période. Pour un rejet explicite de cette revendication, point n'est besoin d'aller plus loin que les objections de Arnauld contre les *Méditations* (Descartes, *Œuvres Complètes*, Ch. Adam et P. Tannery (éd.), Paris, Vrin, 1996, Objections IV, AT, IX, 157 et Haldane and Ross, p. 92). Voir aussi Objections VI, AT, IX, 223 et Haldane and Ross, p. 235.

ou une autre, pour concevoir des différences philosophiquement significatives entre la connaissance de soi et la connaissance des autres. Et ainsi, le rejet actuel de cette thèse a conduit différents philosophes à refuser tout intérêt philosophique à l'idée d'une connaissance de soi comme forme de conscience[1]. La défense de cette attitude en appelle souvent soit à la théorie psychanalytique soit, comme cela est plus courant aujourd'hui, à différents résultats de la psychologie expérimentale et des sciences cognitives contemporaines, qui semblent montrer que les récits des gens sur leur propre processus de raisonnement ne sont pas souvent fiables et que de multiples aspects du traitement de l'information sont en principe inaccessibles à la conscience[2].

Ce développement appartient à son tour à un revirement étrange et radical dont témoigne la réflexion philosophique récente sur l'esprit. Au cours du siècle dernier, les philosophes qui pensaient que l'esprit était totalement ouvert à l'introspection, en sont venus à douter non seulement de la fiabilité, mais de la réalité même de l'introspection. Au début du siècle, par exemple, Freud déplorait souvent l'opposition qu'a rencontrée l'idée même d'un processus mental inconscient, et ce, de la part de philosophes qui se contentaient d'*identifier* « un événement mental » avec

1. Voir l'ouvrage de P.M. Churchland, *Matière et conscience*, trad. fr. G. Chazal, Seyssel, Champ Vallon, 1999. Le chapitre quatre est guidé par cette hypothèse. Voir également R. Rorty, « Contemporary Philosophy of Mind », *Synthese 53*, 1982, à propos de la prétention à ce que « notre connaissance de ce à quoi nous ressemblons à l'intérieur n'est pas plus "directe" ou "intuitive" que notre connaissance de ce à quoi ressemblent les choses dans le "monde extérieur". », p. 300-331.

2. Voir par exemple R.E. Nisbett, T. DeC. Wilson, « Telling More Than We Know: Verbal Reports on Mental Processes », *Psychological Review*, 84, p. 231-59, 1977. Voir aussi R.E. Nisbett, L. Ross, *Human Inference : Strategies and Shortcomings of Social Judgement*, Englewood Cliffs, NJ, Prentice Hall, 1980.

« ce qui est immédiatement présent à la conscience »[1]. Ce genre d'identification a fait longtemps partie du sens commun philosophique des deux côtés de l'Atlantique. Aujourd'hui en revanche, les philosophes sont enclins à douter qu'il y ait rien de psychologiquement important dans la conscience introspective. Daniel Dennett a exprimé naguère cette pensée en ces termes : « Le contrôle des réflexes est subconscient chez l'homme, de même que les stades de l'analyse perceptuelle et en fait, que tout le *traitement* de l'information. Nous ne sommes absolument pas conscients des processus (comme on pourrait, avec les incisions correctes et un miroir, être conscient des processus de digestion)... Comme le dit Lashley, "aucune activité de l'esprit n'est jamais consciente" »[2].

En clair, ce développement représente un *certain* type de réévaluation de l'esprit et de son accès à lui-même, mais prendre pour argent comptant cette opposition apparemment scientifique reviendrait à passer à côté de la spécificité de l'accès en première personne. Il serait donc erroné de prendre ce développement théorique pour une conception unique et stable de l'esprit, comme si les philosophes et les psychologues étaient passés en quelque sorte d'une vision où la totalité des activités de l'esprit lui sont transparentes, à une vision où virtuellement aucune de ses activités n'appartient à la conscience. Un jour, on a pensé l'« événement mental » comme intrinsèquement conscient et on le considère aujourd'hui, en un sens bien différent, comme n'étant pas plus conscient que la décomposition du sucre dans le corps. En particulier, Freud considérait – et ce n'est pas anodin –, que les

1. S. Freud, « L'inconscient » [1915], *Métapsychologie*, trad. fr. J. Laplanche et J.-B. Pontalis, Paris, Gallimard, 1968.

2. D. Dennett, *Content and Consciousness*, London-New York, Routledge and Kegan Paul-Humanities Press, 1969.

pensées inconscientes qu'il avait postulées étaient exactement le genre de choses qui pourraient, en principe, advenir à la conscience : les états mentaux bien connus de la croyance, de l'émotion et du désir. A l'inverse, si l'on s'en tient au niveau de description « subpersonnel » ou « computationnel » des processus psychologiques, nous ne sommes pas même certains de ce qui pourrait *compter* comme une conscience introspective. Pour cette raison, la comparaison de Dennett avec l'observation du processus de digestion *atténue* le fait que, pour le modèle computationnel défendu dans ce passage, les « activités de l'esprit » devraient être « inaccessibles à l'introspection ». Car en ce qui concerne la digestion, nous avons au moins une *idée* de ce à quoi ressemble la scène « à l'intérieur », tandis que les activités décrites de manière subpersonnelle ne fournissent aucune idée de ce genre, et partant, aucune idée non plus de l'*échec* d'un tel accès[1]. Quel que soit l'accès introspectif, nous devrons comprendre qu'il dépend conceptuellement du niveau de description de la psychologie du sens commun. Car l'objet de la conscience en première personne (dans *toutes* les versions qu'on en donne) n'est pas la totalité de la vie psychologique, mais avant tout, les états d'esprit que l'on identifie sous les catégories de ce qu'on appelle parfois la « psychologie populaire » : les espoirs et les craintes, les souffrances et les expériences que l'on se raconte les uns aux autres dans la vie

1. Récemment, John Searle a fait de leur inaccessibilité à la conscience une raison de rejeter le droit de tels états et processus subpersonnels posés par les sciences cognitives, à être considérés comme *psychologiques* de façon sérieuse. Si je suis d'accord sur l'extrême importance de la distinction entre plusieurs niveaux de description, je ne pense pas que notre concept de mental soit défini de manière aussi rigide que ce qu'exige le rejet de Searle. Cela apparaît dans *La redécouverte de l'esprit*, trad. fr. Cl. Tiercelin, Paris, Gallimard, 1995.

quotidienne, et non pas des états ou des processus définis de manière soit neurologique soit computationnelle [1].

Cette différence conceptuelle entre les *types* d'états d'esprit en question (et les niveaux de descriptions qui leur correspondent) dépend étroitement du degré d'*importance* ordinairement attribué à l'accès de divers phénomènes psychologiques à la conscience. Ici, la distance entre Freud et Lashley est aussi considérable qu'entre Freud et ses premiers adversaires philosophiques. Car dans sa pratique, Freud se préoccupait de restituer à la conscience ce qui constituait un attribut ordinaire des gens, quoiqu'incomplet et fragile, quelque chose que l'on considérait comme crucial pour la conduite de la vie. *Ici*, à la différence de ce qui concerne par exemple les faits relatifs au traitement interne des stimuli visuels, ce sont au contraire la cécité ou l'ignorance qui semblent inquiétantes et débilitantes. A l'inverse, l'ignorance du genre de faits psychologiques auquel Dennett fait allusion, est normale pour nous tous, et s'il y a connaissance ici, elle diffère de la manière dont les gens ordinaires croient connaître leurs propres pensées et sentiments. Ainsi, pour comprendre l'accès introspectif, il faut aussi comprendre son importance pour la rationalité ordinaire et la personnalité. Il est naturel de concevoir l'importance normalement accordée à la conscience de soi comme un fait entendu, et de supposer que l'on comprend *ce qu'est* cette importance. Mais cela devrait être moins évident si nous réfléchissons au fait que

1. Christopher Peacocke a mis l'accent sur l'importance de cette distinction pour n'importe quelle approche de la connaissance de soi et dans « Conscious Attitudes and Self-Knowledge », il vise à rejeter « la position de quelqu'un qui dit qu'il n'y a jamais d'explication causale au niveau personnel qui donne la raison pour laquelle un sujet pensant, dans les cas normaux, a la croyance qu'il a une certaine croyance » (*Knowing Our Own Minds*, Oxford, Clarendon Press, 1998, p. 77). Ma propre conception de la relation entre la connaissance de soi, le niveau personnel et le fait de donner une raison sera élaborée dans les chapitres ultérieurs.

les phénomènes mentaux peuvent être identifiés de nombreuses manières différentes (de manière neurologique, computationnelle, dans le langage quotidien) et que de nombreux processus parfaitement rationnels et adaptatifs n'exigent ni ne tolèrent de contrôle conscient pour leur propre fonctionnement. Il est nécessaire de comprendre que l'importance qu'on accorde normalement à la connaissance de soi dans notre vie dépend du niveau de description issu des concepts du discours de la psychologie « populaire » ordinaire.

Pour le sens commun aussi bien que pour la pensée freudienne, la problématique de la connaissance de soi emprunte une conception du mental distincte à la fois de l'image cartésienne et de celle des sciences cognitives contemporaines, si différentes soient-elles. Freud s'est opposé à l'identification philosophique du mental à ce qui se présente immédiatement à la conscience, mais il n'a pas nié qu'il existe quelque chose comme une conscience introspective ordinaire. Et il considérait qu'il était important pour la santé mentale que les croyances d'une personne, etc., lui soient normalement accessibles de cette façon. Ses déclarations sur l'incomplétude et la faillibilité de ce mode de conscience s'opposent ainsi avec plus de force aux déclarations cartésiennes radicales d'un esprit transparent à lui-même, plutôt qu'à la majeure partie de la compréhension commune de la connaissance de soi (un discours qui laisse ici ouverte la possibilité de la *difficulté* et de l'échec, et ne comporte aucun terme tel que « infaillibilité introspective »). Je ne dis pas cela pour suggérer qu'il n'y a *aucun* conflit entre Freud et les visions du mental propres au sens commun, mais il importe de voir que l'image cartésienne se distingue théoriquement de chacune d'entre elles. Car le modèle cartésien assimile un nombre considérable de phénomènes psychologiques à quelque chose qui aurait le statut d'épisodes de conscience [*cogitatio*], classant par là les opérations de la volonté et du jugement aussi bien que les sensations, les images mentales et les pensées passagères[1]. De la sorte, en fondant la catégorie générale du mental sur le paradigme de l'expérience et de l'épisodique, on prête une plausibilité illusoire à la revendication typiquement cartésienne de l'infaillibilité introspective et de l'auto-indication. Parce que, s'il est en effet difficile de concevoir, par exemple, la possibilité d'une douleur intense dont on serait tout à fait inconscient (une possibilité que Freud lui-même, par exemple, n'admet jamais), c'est pour des raisons bien spécifiques au cas particulier de la douleur et qui ne s'étendent pas aux motifs, aux états d'esprit, aux croyances et à tout ce que l'on range communément dans le domaine psychologique. La catégorie cartésienne générale de l'intérieur est quelque chose qui comporte une motivation philosophique particulière, et en fait, une bonne partie de cette motivation réside dans l'effort d'identification d'un fondement épistémologique qui soit justement *immunisé* contre le genre de lacunes et d'erreurs qui affectent nos jugements sur le monde extérieur.

La dépendance de l'image cartésienne à une telle motivation épistémologique spécifique fournit d'autant plus de raisons de ne pas l'identifier avec la problématique générale de la connaissance de soi. Car indépendamment de cette image, il demeure un ensemble d'asymétries fondamentales entre la connaissance de soi et la connaissance des autres, qui ouvre un ensemble différent de

1. Cette revendication d'un caractère distinctif révisé de la catégorie cartésienne de mental et de sa distance par rapport au « sens commun » n'est pas elle-même exempte de controverse ; mais à l'appui d'une telle idée, voir par exemple A. Kenny « Cartesian Privacy », in *Wittgenstein : The Philosophical Investigations*, G. Pitcher (ed.), Notre Dame, University of Notre Dame, p. 352-370, 1968. Une telle assimilation de divers genres psychologiques n'est bien entendu pas exclusive de Descartes. La doctrine des « idées » dans la philosophie moderne ne faisait généralement pas notre distinction contemporaine entre, mettons, les images et les pensées, et c'est ce qui rend plus facile la conception de la totalité de la vie mentale comme présence immédiate à la conscience.

questions philosophiques concernant la façon dont les relations à soi diffèrent nécessairement des relations aux autres. Il y a deux catégories fondamentales d'états psychologiques auxquels on peut appliquer l'hypothèse ordinaire d'un « accès privilégié » : des états ponctuels tels que les sensations et les pensées passagères, et diverses attitudes durables chez la personne, telles que les croyances, les attitudes émotionnelles, et les intentions. (En comparaison avec ces autres sortes d'attitudes, j'aurai relativement peu à dire ici sur le cas des sensations, qui, je crois, soulève des problèmes assez différents pour la connaissance de soi). Le type d'accès que nous pensons habituellement avoir ici se distingue au moins par deux aspects fondamentaux. Premièrement, une personne peut connaître sa croyance ou son sentiment sans observer son comportement, ou en tout cas, sans faire appel à aucun fait. Et deuxièmement, au lieu de mettre en doute la fiabilité de ces témoignages défiant les faits, ces jugements semblent jouir d'un privilège épistémique particulier que n'ont pas les jugements en troisième personne correspondants, qui *eux*, se basent sur des faits. Pour l'instant, nous n'avons pas besoin de nous préoccuper de savoir à quel point ce privilège épistémique est censé être fort, si, par exemple, de tels jugements sont « irréfutables[1] » ou non. Il suffit de dire que l'on considère à première vue qu'ils ont de bonnes chances de prétendre à la vérité, ce qui peut être annulé dans des cas spéciaux. Le point important est qu'on les considère comme des jugements authentiques, qui expriment une connaissance, et que l'on fait sans se baser sur l'observation « extérieure ». Cela mérite explication, même si l'on est enclin à exclure les prétentions plus élevées à l'infaillibilité ou à l'irréfutabilité.

1. L'irréfutabilité signifie ici que personne d'autre que moi ne peut corriger mes jugements d'auto-attributions. [N.D.T.]

Lorsque l'on affirme que la conscience introspective est « immédiate », on veut habituellement dire par là qu'elle n'est pas inférée d'un fait d'observation. Comme l'affirmation porte sur le *mode* de conscience, on veut seulement dire que de tels jugements ne sont pas inférés de quelque chose de plus fondamental sur le plan épistémique. Outre cela, l'immédiateté n'implique rien quant à l'autorité épistémique des jugements. Comparés à d'autres jugements qui peuvent se baser sur l'observation et l'inférence, des jugements aussi immédiats n'ont généralement pas besoin de jouir d'une certitude spéciale. Dans le cas de la connaissance de soi, il est particulièrement clair que les jugements immédiats en ce sens portent sur un sujet (c'est-à-dire la vie mentale d'une certaine personne) que l'on juge aussi par d'autres moyens. Une personne peut se servir de l'introspection pour rendre compte de son propre état émotionnel, tout en reconnaissant que d'autres personnes y parviennent de manières bien différentes. Et à l'occasion, cette personne peut utiliser elle-même de telles données en troisième personne pour cerner son véritable état émotionnel. Ainsi, elle peut juger la même question de manière immédiate ou médiatisée par des données, et d'après tout ce que l'on a dit jusqu'ici, il se pourrait bien que l'immédiateté *per se* ne confère pas une plus grande fiabilité aux jugements, ni une garantie contre l'erreur. Comme pour l'illusion perceptive, il se pourrait que l'accès à la conscience immédiate existe dans un domaine où néanmoins, pour des raisons tout à fait indépendantes, de tels jugements sont susceptibles d'erreurs caractéristiques. Il se pourrait que, pour tout un éventail d'états psychologiques, la conscience introspective immédiate soit un guide, sujet à des erreurs qui lui sont propres, moins fiable que ne le sont les jugements d'autrui basés sur l'observation. L'affirmation de l'immédiateté est donc une affirmation sur le *type* spécifique d'accès en première personne et on devrait ainsi la tenir séparée de toute affirmation épistémique de l'infaillibilité et de la certitude introspective.

De plus, il faut saisir l'immédiateté du mode d'accès en première personne dans sa dimension pleinement négative, à savoir une conscience qui n'est inférée de rien de plus fondamental. Dans l'ensemble, on considère aussi notre conscience perceptive ordinaire (*awareness*) comme immédiate en ce sens, et ce modèle particulier de l'immédiateté, consacré par les connotations étymologiques du mot « introspection » lui-même, a irrésistiblement suggéré à de nombreux philosophes que la conscience introspective est immédiate, parce qu'elle est elle-même une forme de perception, une sorte de « regard à l'intérieur ». Cependant, il est important de noter d'emblée que l'identification de l'introspection à une sorte de perception est une *interprétation* philosophique substantielle de l'immédiateté et non son équivalent. Le concept fondamental de la conscience en première personne que nous essayons de saisir est celui d'une conscience qui n'est pas fondée sur des faits, qu'ils soient comportementaux ou autres. Ce concept fondamental de l'immédiateté portant sur le mode d'accès en première personne reste bien sûr controversé, mais le modèle perceptuel de l'accès « introspectif » ou « en première personne » est une thèse substantielle supplémentaire qui, même si elle ne manque pas de partisans aujourd'hui, a fait, au siècle dernier, l'objet d'une critique nourrie[1]. Ce que l'on identifie comme la véritable vision cartésienne de l'introspection combine la forte prétention épistémique à l'infailli-

1. En plus des articles de Shoemaker mentionnés dans la note 1, on peut trouver des arguments contre l'interprétation de l'introspection comme une forme de perception chez Wittgenstein (*Recherches Philosophiques*, 1956), Sellars (« La philosophie et l'image scientifique de l'homme », 1962, p. 33 et 1956, p. 178), Davidson (« Knowing One's Own Mind », 1987), et Evans (*The Varieties of Reference*, 1982). Ces dernières années, le principal partisan de la conception de la conscience en première personne comme forme de perception interne a été David Armstrong (*A Materialist Theory of the Mind*, 1968; *Consciousness and Causality*, 1984).

bilité et à l'auto-indication (*self-intimation*) avec le modèle perceptuel caractéristique du mode de conscience introspectif[1]. Indépendamment de ce modèle, nous pouvons spécifier un ensemble d'asymétries fondamentales entre la connaissance de soi et la connaissance d'autrui, qui survivent aux tentatives philosophiques de les exclure ou de les expliquer en les considérant comme une conséquence des avantages du point de vue en première personne.

La possibilité de la connaissance de soi: Introspection, perception et déflation

Il demeure alors sous nos yeux une asymétrie fondamentale entre les relations en première personne et en troisième personne. Une personne peut réaliser des auto-attributions psychologiques fiables de manière immédiate, sans passer par l'observation de ce qu'elle dit ou fait. Et cette capacité repose sur la nature même de la position en première personne; on ne peut pas avoir le même

1. Descartes était-il lui-même cartésien au sens que l'on vient de donner? C'est une question assez épineuse. Il y a pour sûr une prépondérance de preuves selon lesquelles il était engagé dans certaines versions à la fois des doctrines de l'infaillibilité et d'auto-indication. Voir par exemple M. Wilson, *Descartes*, London, Routledge and Kegan Paul, 1978, en particulier p. 151. Cependant, Descartes lui-même n'est pas totalement cohérent sur ce point, et il hésite sur l'affirmation de la conscience de soi en particulier. Dans une lettre à Gibieuf, (19 janvier 1642), il écrit: « Mais je ne nie pas pour autant qu'il ne puisse y avoir dans l'âme ou dans le corps plusieurs propriétés dont je n'ai aucunes idées; je nie seulement qu'il y en ait aucune qui répugne aux idées que j'en ai (...) » (Kenny, 1970, p. 125). Et dans *Le discours de la méthode*, il utilise même une version de l'argument des « existences distinctes » contre la conscience de soi, qui est aujourd'hui associé à David Armstrong: « (...) il y a peu de gens qui veuillent dire tout ce qu'ils croient: mais aussi (...) plusieurs l'ignorent eux-mêmes, car l'action de la pensée par laquelle on croit une chose, étant différente de celle par laquelle on connaît qu'on la croit, elles sont souvent l'une sans l'autre. », Descartes, *Discours de la méthode*, Paris, Vrin, 1984, p. 77.

genre d'accès à l'esprit de quelqu'un d'autre. Comparé à la doctrine cartésienne traditionnelle de l'infaillibilité introspective, cela constitue une caractérisation relativement modeste de « l'accès privilégié » d'une personne à sa vie mentale, sans pour autant être anodine sur le plan psychologique ou philosophique. La prétention de l'introspection à être complète ou fiable comporte différents aspects, certes concurrencés par la théorie freudienne de l'inconscient tout autant que par la psychologie cognitive contemporaine. Mais les questions philosophiques portant sur la possibilité même de *l'existence* d'une telle capacité, que ses données soient imparfaites ou non, sont peut-être plus urgentes que la question épistémique de savoir si l'introspection est complète et fiable. Comment est-il possible qu'on ait ici une connaissance d'un certain fait contingent, (par exemple, les faits qui relèvent de ce que je crois ou espère), qui ne soit basée sur aucune sorte d'observation? Et en quel sens cette connaissance est-elle supposée être essentiellement ou exclusivement en première personne?

Pour de nombreux philosophes, ces problèmes ont suggéré qu'on ne pouvait pas interpréter le prétendu jugement introspectif comme la « découverte » authentique de quelque fait psychologique indépendant, et qu'il fallait donner une analyse de la logique de « l'expression » (*avowals*) qui court-circuiterait son interprétation comme expression de *jugements* en première personne. Une telle description « déflationniste » peut prendre un grand nombre de formes différentes, mais je veux avant tout dire quelque chose sur ce qui la motive.

Comme je l'ai suggéré, l'hypothèse pérenne d'un certain modèle perceptuel de la connaissance de soi par introspection jette le doute sur sa possibilité même. On pourrait penser que si ce que nous faisons par introspection implique vraiment la découverte d'un certain état de choses indépendant, alors, cela ne pourrait se faire qu'au moyen d'une sorte de perception. L'application de ce modèle suscite de nombreuses difficultés, mais les philosophes seraient plus enclins à nier la substantialité même de l'introspection qu'à mettre celui-ci à l'épreuve. La première de ces difficultés est l'embarras initial causé par « l'œil intérieur » et la crainte de ne pouvoir en tirer qu'une métaphore fourvoyante. Il n'y a pas d'organe perceptif de l'introspection, en un sens comparable à l'identification d'organes de la vue, de l'ouïe ou du toucher. De plus, l'analyse ne pourrait décomposer quelque chose comme notre sensation de rouge en un objet indépendant, accompagné de l'acte de le percevoir. Les problèmes ontologiques bien connus que pose la réification des *sense data*, et les problèmes de régression posés par l'idée de « l'apparence perçue » mis à part, il semble qu'une croyance ou une sensation *n'ont tout simplement pas* « d'aspect » ou de donnée perceptuelle, qui serait la base empirique d'un jugement quasi-perceptuel, comme, par exemple, « j'ai mal à la tête », ou « je crois que Wagner est mort heureux ». Alors que le « représentationnalisme » est une thèse controversée sur la perception ordinaire des objets du monde, personne ne pense que notre conscience du mal de tête est médiatisée par la perception *du* mal de tête. Et dans le cas d'attitudes comme la croyance, il n'y a, à vrai dire, rien qui ressemble de près ou de loin à une expérience. Cela ne *fait* rien d'avoir la croyance que Wagner est mort heureux ou d'être conscient par introspection qu'il s'agit d'une croyance. L'analogie perceptuelle s'accommode mal de cette différence, même si l'on peut résoudre les problèmes relatifs aux états sensoriels que celle-ci rencontre.

À la lumière de récentes considérations issues de la théorie du contenu mental, cette analogie pose des problèmes assez variés. De nombreux philosophes identifient ce que, dans le langage, on désignerait juste du nom de simple croyance, avec un état de la personne qui remplirait un rôle fonctionnel complexe impliquant une vaste panoplie de modèles d'inférence potentielle, d'attaches conceptuelles et de dispositions comportementales. D'après cette présentation, la simple croyance que Wagner est mort heureux nous engage à une multitude d'inférences portant sur des questions liées (au sujet de Wagner, de la mort, du bonheur, et de beaucoup d'autres choses) et sur la vérité de différentes situations contre-factuelles. Mais alors, se demande-t-on, comment *tout cela* pourrait-il s'offrir à ma perception interne immédiate quand je suis conscient de ce que je crois au sujet de Wagner? Je ne sais même pas *ce qu'est* « tout cela »; en fait, il se peut que j'en sois à peine explicitement conscient, et pourtant, tout cela constitue la croyance dont je suis supposé être conscient (et non pas, par exemple, une sorte d'image mentale que l'on peut saisir). Si une personne est effectivement consciente de sa propre croyance, ce n'est pas parce que, d'une façon ou d'une autre, quelque chose d'aussi complexe se présente à sa perception, car une telle présentation n'existe pas [1].

L'externalisme à propos du contenu mental – à savoir l'affirmation que l'on peut déterminer ce sur quoi porte une pensée ou une croyance, par les relations que la personne entretient avec différents facteurs environnementaux dont elle peut n'avoir aucune connaissance – pose à ce modèle un problème connexe. Pour le fonctionnalisme comme pour l'externalisme, l'identité d'une pensée est ainsi constituée par diverses propriétés relationnelles. Paul Boghossian [2] considère que l'aspect relationnel de ces conceptions offre de prime abord une raison d'être sceptique envers la possibilité même d'avoir une conscience

1. La doctrine connue sous le nom de holisme prend diverses formes, mais il faudrait noter que la difficulté propre au modèle perceptuel offert ici relève seulement d'une affirmation assez modeste au sujet de la constitution complexe d'un état de croyance donné. Bien entendu, que le holisme soit vrai ne ferait qu'empirer les choses pour ce modèle.

2. P. Boghossian, « Content and Self-Knowledge », *Philosophical Topics*, vol. XVII, n°. 1, 1989.

introspective de nos pensées. Dans cette optique, si une certaine forme d'externalisme était vraie, alors, du point de vue de la perspective en première personne, chacun serait dans une position analogue à celui qui inspecte les propriétés intrinsèques d'une pièce de monnaie afin de déterminer sa valeur monétaire, tout en sachant que la valeur de la pièce est entièrement déterminée par, mettons, le lieu où elle a été frappée, et qui n'est pas indiqué sur la face de la pièce (p. 16). Ce sont de tels faits relationnels qui déterminent la valeur de la pièce et ils n'appartiennent pas à ses caractéristiques observables. Tout ce que peut offrir l'introspection, c'est la conscience des propriétés intrinsèques d'un *token*-pensée (*thought-token*), et ainsi, selon l'hypothèse externaliste, une telle conscience ne vaut pas beaucoup mieux que la cécité. Il est clair que Boghossian lui-même ne cherche pas à étayer le scepticisme envers la connaissance de soi, mais il considère néanmoins que les difficultés de la thèse externaliste sont bien réelles.

Je n'ai fait ici qu'esquisser cet argument sceptique, et je ne me préoccuperai pas des multiples problèmes qui peuvent surgir de ce style de raisonnement[1]. Je veux seulement souligner ici que, dans les deux cas (le fonctionnalisme et l'externalisme), l'apparition d'une menace sceptique est liée à l'hypothèse de la justesse du

1. L'article de Boghossian a contribué récemment à une explosion de la littérature sur ce sujet. Un peu avant, T. Burge et D. Davidson ont développé des conceptions visant à réconcilier l'externalisme et la connaissance de soi ordinaire. Récemment, il y a eu deux recueils d'articles : P. Ludlow and N. Martin (eds), *Externalism and Self-Knowledge*, Center for the Study of Language and Information, Stanford University, 1998, et C. Wright, Barry C. Smith and C. Macdonald (eds), *Knowing Our Own Minds*, Oxford, Clarendon Press, 1998. De plus, on pourra voir K. Falvey, J. Owens, « Externalism, selfknowledge, and skepticism », *The Philosophical Review*, 1994, v. 103, n. 1, p. 107(31). Voir également les récents travaux de G. Ebbs, « Can We Take Our Words At Face Value? », *Philosophy and Phenomenological Research* 56, 1996, p. 499-530; *Rule Following and Realism*, Harvard University Press, 1997.

modèle perceptuel de l'introspection. Ceci est particulièrement clair dans l'exposé original de Boghossian, comme on a pu le voir à travers sa comparaison du cas de l'introspection avec l'exemple des pièces de monnaie. Pour que la comparaison fonctionne dans cette argumentation, il faudrait considérer le cas ordinaire de la conscience de notre propre croyance (par exemple, que Wagner est mort heureux) comme un donné quasi-perceptuel, que notre interprétation devra ensuite doter d'un certain contenu de représentation. Mais ceci n'est manifestement pas la relation qu'entretient une personne avec ses propres pensées et croyances, quelle que soit la façon dont le contenu mental est déterminé. Il serait aussi incongru de suggérer que, si je sais que je pense à ma mère, plutôt qu'à ma tante, sa sœur jumelle, c'est parce qu'elles ont une coupe de cheveux différentes. L'idée selon laquelle les propriétés intrinsèques ou phénoménales d'une certaine expérience mentale ne renseignent pas la personne sur l'objet de son expérience est une idée familière au moins depuis Wittgenstein et elle faisait partie de son argumentation initiale contre le modèle perceptuel. Et lorsqu'il demande : « Comment est-ce que je sais que je suis en train d'imaginer King's College en flammes et non pas autre chose qui lui ressemble ? », son propos n'est pas de susciter le doute sur ce qu'il est en train d'imaginer, mais de souligner le fait que les propriétés « visuelles » ne sont pas celles qui déterminent le contenu ni la connaissance que l'on en a[1].

1. Wittgenstein, *Le cahier bleu et le cahier brun*, trad. fr. M. Goldberg et J. Sackur, Paris, Gallimard, 1996, p. 75 et *passim*. En bref, je pense par exemple que Peacocke a raison d'affirmer que « Le fait que nous connaissions le contenu entier, ordinaire, intentionnel individué de façon externe, de nos propres pensées et des expressions des autres gens, sans nous fonder sur des inférences ou des présupposés tirés de quelque chose de plus faible, est un donné, qui est tout ce dont nous serions conscients, en un certain sens supposé plus strict, du point de vue internaliste de l'introspection » (« Conscious Attitudes and Self-Knowledge », *in* C. Wright, Barry C. Smith and

Comment se fait-il qu'une conclusion sceptique à propos de notre connaissance de nos pensées semble inévitable ? En posant les arguments en faveur d'une analyse déflationniste, Boghossian affirme qu'il n'y a que trois options pour comprendre la connaissance de soi : une telle connaissance est fondée soit sur une inférence, soit sur une sorte de regard, soit sur rien (p. 5). En ce qui concerne la connaissance du contenu d'une pensée, et de bien d'autres aspects de la connaissance de soi, il semble que la première possibilité ne puisse être la bonne. Si la conscience introspective est quelque chose, – c'est-à-dire, quelque chose de distinct de la connaissance de la vie mentale des autres –, alors elle devrait être différente d'une connaissance fondée sur l'inférence. Quant à la seconde possibilité, des exemples tels que celui de l'observation des pièces de monnaie sont destinés à montrer que si l'externalisme est vrai, nous ne pouvons pas non plus connaître nos pensées par un « regard » intérieur[1]. Il reste l'option de la connaissance de soi qui n'est « fondée sur rien ». Cela doit alors signifier qu'en fait, on ne peut pas considérer la prétendue connaissance de soi comme un « accomplissement cognitif », et qu'elle ne peut étayer ce qu'il appelle une « épistémologie substantielle ». Rejeter une épistémologie substantielle de la connaissance de soi revient à rejeter sous toutes ses formes l'indépendance de la conscience d'un état de choses. Boghossian discute brièvement quelques exemples de ce qu'il entend par connaissance « non substantielle », comme le jugement fondé sur

C. Macdonald (eds), *Knowing Our Own Minds*, *op. cit.*, p. 79). La référence à « quelque chose de plus faible », à savoir quelque chose qui soit doté en propre de propriétés intrinsèques reconnaissables, est crucial pour le modèle perceptuel.

1. Naturellement, on pourrait aussi rejeter cette conclusion. Par exemple, si l'identité d'une personne est constituée de certains faits causaux historiques à propos de sa naissance, etc., est-ce que cela veut dire que je ne peux pas reconnaître quelqu'un en le regardant ?

l'indexicalité : « Je suis ici maintenant ». Tous ses exemples ont en commun de fonder l'émergence de la connaissance de manière purement logique (ou transcendantale), et par conséquent, la négation de ce genre de jugements impliquerait une sorte de contradiction immédiate. En fait, cela montre qu'il est bien plus urgent d'éviter la conclusion de « non substantialité » que l'article ne le suggère. Car si la connaissance de soi devait prendre une tournure non substantielle en ce sens, ce ne serait pas seulement une déception ou une déflation. (Après tout, les philosophes sont censés être habitués à encaisser de telles déceptions). En revanche, une telle conclusion serait justement incompatible avec le genre d'énoncé qui exprime une connaissance de soi, puisqu'il n'y a en général *aucune* contradiction logique dans la négation d'un énoncé en première personne portant sur une attitude. Ainsi, du point de vue logique ou transcendantal décrit, on ne peut pas dire qu'un énoncé qui semble exprimer une connaissance de soi, comme « Je crois que je suis né au Minnesota », est non substantiel sur le plan cognitif. Ici, on peut douter ou nier que notre propre croyance soit une connaissance, sans qu'il y ait une contradiction comme avec la négation de « Je suis ici maintenant », et en ce sens, on ne peut donc pas dire qu'elle n'est pas « substantielle ».

Cependant, l'argument combine deux significations bien différentes de « l'accomplissement cognitif », afin de susciter un éventuel scepticisme. Si l'on regarde ce qui caractérise les exemples précédents de jugements « non substantiels », il semblerait au contraire qu'un authentique accomplissement cognitif exige d'une manière ou d'une autre des conditions de vérité indépendantes de l'acte de juger (qui ne le sont sans doute *pas* dans un jugement comme « Je suis ici maintenant »). N'importe quelle description de l'introspection comme source de connaissance chercherait à préserver cette forme générale de la cognition. Cependant, le début de cette section de l'article suppose de définir l'« accomplissement cognitif » comme la connaissance d'une proposition contingente, impliquant l'observation ou l'inférence à partir d'une observation (p. 17). Et il s'agit d'un problème bien différent. Car selon ce type de définition, il est clairement impossible de concevoir la connaissance de soi comme « substantielle » sans la conformer à l'image de « l'observation intérieure ». Ainsi, l'argument tiré des trois options présentées dans le but de comprendre le statut de la connaissance de soi présuppose la justesse de cette image et s'appuie sur elle pour susciter la mise à l'épreuve sceptique.

Bien entendu, il y a une autre façon d'envisager la conclusion « non substantielle ». Si tacitement, on ne présuppose *pas* un modèle perceptuel et que l'on considère la connaissance de soi comme « non substantielle » seulement au second sens dégagé, (à savoir « une connaissance contingente qui ne se base pas sur l'observation ou l'inférence »), alors il vaudrait peut-être mieux accepter cette conclusion au lieu de l'éviter. La conclusion ne poserait en elle-même aucune menace sceptique, puisqu'elle signifierait seulement que la conscience introspective est « immédiate », au sens où elle n'est pas inférentielle, et qu'elle n'a pas besoin non plus d'être interprétée comme une forme de perception. Bien sûr, on peut stipuler un tel sens de « non substantiel », mais il nous faut reconnaître ensuite qu'il n'a en soi rien d'incompatible avec le statut pleinement cognitif des jugements en question.

Il reste bien sûr difficile de concevoir la possibilité de jugements évidents qui « ne sont fondés sur rien » au sens évoqué ci-dessus, mais qui continuent à représenter un certain genre d'accomplissement cognitif authentique. Et cette difficulté, combinée avec l'hypothèse du modèle perceptuel, participe vraisemblablement à la confusion des deux sens de « substantiel ». Mais en fait, comme on a pu le voir, plusieurs aspects de la relation que l'on a avec soi-même en tant qu'agent impliquent une conscience qui n'est fondée ni sur une inférence comportementale ni sur une donnée perceptuelle[1]. D'ordinaire, une personne est consciente de ses propres mouvements élémentaires et de la position de son corps sans avoir besoin d'observer quoi que ce soit à l'intérieur ou à l'extérieur. Nul besoin ici d'une sensation interne caractéristique, et même lorsqu'il y en a une, ce n'est pas en se fondant sur elle qu'une personne juge qu'elle est, par exemple, à genoux. Je ne veux pas simplement dire qu'il faut tenir cette idée pour acquise, et le cas de l'action recevra davantage d'attention au chapitre quatre, mais je considère qu'elle montre que les considérations que nous avons discutées ci-dessus ne nous obligent en aucun cas à adopter une conception déflationniste du discours en première personne. Au moins, la charge de la preuve ira à celui qui prétend que nous devons adopter un modèle perceptuel si nous considérons que la connaissance de soi implique le moindre accomplissement cognitif. Dans cette perspective, nous pourrions comparer la conscience de la position de notre corps avec un cas comme celui où l'on juge quelle heure il est[2]. Il s'agit de jugements relatifs à des faits contingents que l'on peut bien sûr faire à partir de l'observation et de données de différentes sortes, (regarder une montre, ou la position du soleil), mais dans la majeure partie des cas, il se peut qu'ils n'impliquent pas la moindre observation de ce type. Vous pourriez fermer les yeux, réfléchir

1. Pour une discussion introductive, voir l'ouvrage d'Anscombe de 1957, en particulier les § 8 et 28 sur la « connaissance sans observation », *L'intention*, trad. fr. M. Maurice et C. Michon, préface de V. Descombes, Paris, Gallimard, 2002. Pour une discussion plus récente de notre conscience de nos mouvements corporels intentionnels, voir le chapitre 5 de G. Wilson, *The Intentionality of Human Action*, édition revue et augmentée, Stanford University Press, 1989, en particulier p. 121-124, et Ch. Peacocke, *A Study of Concepts*, Cambridge, MIT Press, 1992, p. 90-96.

2. Voir la discussion de ce cas développée par Wittgenstein dans les *Recherches Philosophiques* (1956, § 607), *Recherches Philosophiques*, trad. fr. Fr. Dastur, M. Elie, J.-L. Gautero *et al.*, Avant-propos d'E. Rigal, Paris, Gallimard, 2005.

à la question et donner une réponse. Et dans des cas comme ceux-là, de tels jugements partagent exactement les propriétés que Boghossian mentionne plus loin comme marques d'un accomplissement cognitif authentique, qui les distinguent des cas précédents de jugements « non substantiels » ou de jugements qui se vérifient par eux-mêmes (p. 19). Cela signifie que nous dirigeons notre attention sur ces jugements et que leur exactitude dépend normalement de l'exercice d'une telle attention. Certaines personnes seraient en général meilleures que d'autres dans l'exercice d'une telle « capacité de détection », et il n'y a naturellement aucun problème ici pour concevoir la possibilité de l'erreur ou de la façon dont on peut la corriger. Mais néanmoins, ni le jugement que l'on est en train de s'asseoir, ni le jugement qu'en ce moment, il doit être près de midi, ne sont fondés sur des données quasi-perceptuelles. On peut choisir de décrire cela comme une situation où de tels jugements « ne sont fondés sur rien », sans pour autant nier qu'ils sont des accomplissements cognitifs.

Ces considérations ne détruisent pas le modèle perceptuel, bien entendu, mais elles devraient montrer que ce modèle est optionnel, qu'il ne nous est pas imposé par l'hypothèse directrice selon laquelle les jugements en première personne sont l'expression authentique d'une sorte de conscience. L'hypothèse tacite du modèle perceptuel contribue à encourager une sorte de conception déflationniste du discours en première personne, en raison de l'hostilité générale envers « l'œil intérieur » et, comme nous venons de le voir, pour des raisons plus sophistiquées qui ont trait à la théorie du contenu mental[1]. Quoi qu'il en soit, le modèle perceptuel pose des problèmes relativement indépendants de ces

1. A nouveau, la situation dialectique de l'article de Boghossian suggère que la véritable cible est l'externalisme à propos du contenu, plutôt que la réalité de la connaissance de soi elle-même.

questions, et il est crucial de maintenir une distinction claire et de ne pas confondre la substantialité de la connaissance de soi avec un modèle intuitif particulier.

Relations constitutives et détectivisme

Nous recherchons une interprétation de la connaissance de soi qui permettrait de comprendre les succès et les échecs de l'introspection ; c'est-à-dire, qui rendrait compte de la façon dont une personne tente de comprendre quelque chose par introspection, tout en admettant la possibilité de l'erreur et de l'ignorance, et l'indépendance de la conscience par rapport à son objet. On peut penser que les comparaisons mentionnées, concernant les jugements sur le temps et la position du corps, fournissent des modèles de jugements sur des éléments contingents substantiels, qui n'ont pas besoin d'être fondés sur la perception. Ou, s'ils ne fournissent pas de modèles d'accès introspectif, ils peuvent au moins atténuer la crainte de l'impossibilité conceptuelle de cette catégorie de jugements. Mais en même temps, de tels cas suggèrent une connexion purement contingente entre la réalisation des états de choses en question et le fait que nous soyons constitués de façon à en être les détecteurs fiables (sans savoir comment). En ce qui concerne la conscience de notre vie mentale, la situation a toujours semblé tout à fait différente. Il est peu probable que nous venions juste d'être programmés pour être des rapporteurs fiables de nos douleurs, de nos intentions ou de nos sentiments de colère, et il est difficile de concevoir qu'en étant bien le sujet de ces états, nous ne pourrions en devenir conscients qu'à la troisième personne. Par contre, pour de nombreux philosophes, une personne devrait rendre compte de ses propres états d'une manière « immédiate » au sens défini, et avec une certaine autorité supérieure à ce qu'en dit autrui, et cela semble central pour nos propres concepts de ces états. En revanche, pour le concept de temps, peu importe que nous soyons de particulièrement bons détecteurs du temps, et à plus forte raison, de bons détecteurs qui n'ont pas besoin de s'appuyer sur les données de la perception (le cas de la position du corps suscite d'autres questions). Affirmer qu'il est essentiel que l'on accède à une classe d'états mentaux par introspection, ce serait poursuivre l'argument contre la conception de l'introspection comme forme de perception. En effet, dans le cas de la perception externe, il n'y a qu'une connexion contingente entre l'existence des objets et la conscience que l'on en a[1].

En tout cas, il y a fort à parier qu'une exigence *conceptuelle* soit à l'origine de l'autorité de la première personne, et la nature *a priori* d'une telle exigence a suggéré à de nombreux philosophes un autre ordre de raisons de penser que « l'autorité » en question ne peut être ni authentique ni substantielle. D'après nombre de ces conceptions, ce qui semble être une découverte fiable de nos états mentaux n'est en fait que l'ombre projetée par certaines caractéristiques de nos pratiques linguistiques. Étant donné que les chapitres suivants vont développer une conception des asymétries moi/autrui, les considérant comme essentielles à la nature des personnes en général, je veux d'abord explorer la question première de savoir si, en admettant un fondement conceptuel à l'autorité de la première personne, on sape l'hypothèse que le discours en première personne implique un authentique accomplissement cognitif.

Précédemment, nous avons vu comment l'hypothèse tacite selon laquelle l'introspection doit être perceptive pour être substantielle, peut nous conduire, peut-être à contre-cœur, à conclure qu'une conception de type déflationniste est inévitable. Dans les récents travaux de Crispin Wright, nous rencontrons un mouvement symétrique qui *part* d'un rejet de principe de tout modèle

1. C'est un point sur lequel Shoemaker a mis l'accent dans de récents articles.

perceptuel et finit par développer une conception explicitement déflationniste du discours en première personne. Dans ce contexte, « déflation » signifie ou bien que le discours psychologique en première personne n'est absolument pas *informatif*, ou bien que le fondement de « l'autorité » de ces énoncés n'est absolument *pas* cognitif. On pense que c'est la conséquence d'une conception qui évite le modèle perceptuel en accentuant un ensemble de connexions conceptuelles *a priori* entre le mental et l'autorité de la première personne. Dans l'optique qui m'intéresse, il est ainsi crucial de tenir séparées les questions de dépendance conceptuelle et les questions de substantialité de la connaissance de soi. Il est également important de voir comment, dans une telle analyse, y compris dans les termes déflationnistes, on omet les propriétés particulières de la position en première personne.

Dans une série d'articles, Wright a développé une conception du discours psychologique en première personne visant à rendre compte du privilège que l'on accorde habituellement à de tels jugements, sans pour autant reconnaître une vertu proprement épistémique à la position en première personne. D'après cette conception, les concepts de nombre de nos états mentaux impliquent que les jugements en première personne sur ces états « déterminent leur extension », au sens où la meilleure opinion d'une personne au sujet de son intention (c'est l'exemple de Wright) ne détecte pas cet état, ne « suit pas sa trace », mais pour des raisons *a priori*, détermine plutôt son identité. De la sorte, la connexion conceptuelle entre un état mental et les jugements en première personne est très étroite, puisque ces derniers déterminent le premier. Wright commence par élaborer cette conception après avoir discuté différentes objections de Wittgenstein contre l'idée que la connaissance de nos propres intentions (et d'autres états mentaux) implique une sorte de perception intérieure.

> Pour autant que je puisse le constater, une telle explication ne peut prendre qu'une seule direction générale. L'autorité

> impliquée par notre façon de nous attribuer un vouloir dire, une intention et une décision n'est fondée sur aucune sorte d'avantage, d'expertise ou d'accomplissement cognitifs. Il s'agit plutôt, pourrait-on dire, d'une *concession* accordée officieusement à celui que l'on prend sérieusement pour un sujet rationnel. Il s'agit bien, si l'on peut dire, d'un droit du sujet à déclarer ce qu'il veut, ce qu'il voulait et ce qui satisfait ses intentions ; et posséder ce droit consiste à conférer à de telles déclarations, toutes choses égales par ailleurs, un rôle *constitutif* plutôt qu'un rôle descriptif[1].

On comprend le rôle constitutif de la première personne à partir de la distinction entre des concepts déterminant et des concepts reflétant leur extension. La première notion s'explique par la comparaison avec l'analyse bien connue de la couleur comme qualité seconde. On peut exprimer cette notion avec un ensemble de propositions bi-conditionnelles, dont on peut connaître la vérité *a priori* et qui fixent la signification des concepts en question. Ainsi, pour un concept de couleur comme « rouge », par exemple, nous spécifions par exemple un ensemble de sujets percevants normaux et un ensemble de conditions favorables à l'élaboration de jugements de couleur, et ainsi, nous arrivons à un bi-conditionnel de la forme :

> Dans les conditions C : X est rouge si et seulement si des sujets percevants normaux jugent que X est rouge.

Les détails de ces analyses conceptuelles ont fait l'objet de nombreux travaux contemporains sur la compréhension correcte du réalisme et des problèmes qu'il engage, et ne sont pas ici d'un intérêt majeur. Je m'intéresse à la façon dont Wright applique celles-ci au cas de la connaissance de soi et aux conclusions qu'il

1. C. Wright, « On Making Up One's Mind : Wittgenstein on Intention », p. 401.

en tire. Il en fait une application très directe. On peut justifier l'autorité de la première personne vis-à-vis des intentions en considérant que notre concept d'intention est sous la contrainte de bi-conditionnels *a priori* de la forme suivante. En supposant un sujet psychologique normal, et compte tenu des conditions appropriées d'attention, de maîtrise des concepts pertinents, etc. :

> S a l'intention de Φ si et seulement si S juge qu'il a l'intention de Φ.

Wright considère que ces bi-conditionnels expriment nos véritables engagements conceptuels en ce qui concerne les intentions ou autres états psychologiques, et qu'à cause de ce statut *a priori* des bi-conditionnels, on ne peut pas considérer que les jugements en première personne sur l'intention reflètent leur extension plutôt qu'ils la déterminent. Si de tels jugements sur l'intention reflétaient leur extension, c'est-à-dire, s'ils impliquaient la découverte authentique d'un certain état de choses indépendant, alors toute déclaration *a priori* au sujet de leur fiabilité serait injustifiée[1]. Dès lors, affirmer qu'ils déterminent l'extension apparaît comme la meilleure explication de notre attachement conceptuel *a priori* aux bi-conditionnels de la forme décrite.

Ceci est la version abrégée de l'argument de Wright en faveur d'une conception de l'autorité de la première personne en termes de concessions sociales plutôt qu'en termes d'avantage cognitif. Encore une fois, mais d'une manière différente, on dit que la connaissance de soi manque d'une « épistémologie substantielle ». La puissance de cette analyse déflationniste dépend clairement de la manière dont on évite de trivialiser les spécifications des conditions C, de façon à ce qu'elles ne se contentent

1. C. Wright, « Wittgenstein's Later Philosophy of Mind : Sensation, Privacy, and Intention », *Journal of Philosophy*, Novembre 1989.p. 253.

pas d'intégrer « n'importe quelles conditions requises pour la découverte exacte de nos intentions ». Ce problème reçoit beaucoup d'attention chez Wright et dans une partie de la littérature ultérieure[1]. La conclusion de « non substantialité » dépend également de l'argumentation du statut *a priori* du bi-conditionnel, car s'il avait plutôt le statut d'une généralisation empirique correcte, alors évidemment, on ne pourrait pas argumenter contre une véritable *découverte* en première personne de l'intention. De plus, notons la transition surprenante, qui fait passer des affirmations sur le type de dépendance à l'égard du jugement, représenté dans les biconditionnels, aux affirmations, issues du passage cité, contre l'apparition d'un accomplissement cognitif et en faveur d'une analyse en termes de concessions sociales. L'inférence est surprenante : elle implique l'idée originale que l'extension de certains concepts serait déterminée en partie par les jugements de personnes suffisamment bien placées pour appliquer ces concepts. Or, cette idée ne prend véritablement vie que lorsqu'on l'applique aux cas des qualités secondes, telles que les couleurs. Mais il ne découlerait certainement pas d'une telle analyse des concepts de couleur que des jugements particuliers sur la couleur de quelque chose soient une question de concession sociale plutôt que l'expression d'un certain accomplissement cognitif (en fait, perceptuel). Ainsi, même si l'on pouvait spécifier de manière non triviale les bi-conditionnels pertinents pour l'intention, et certifier leur statut *a priori*, cela ne réfuterait pas l'idée que l'autorité de la première personne est fondée sur un véritable avantage cognitif. Et cela ne parviendrait pas davantage à exclure un modèle perceptuel d'introspection, comme le montre l'analogie avec la couleur.

1. *Cf.* en particulier R. Holton, « Intention Detecting », *The Philosophical Quarterly*, vol. 43, n° 172, 1993, p. 298-318.

Cependant, dans notre perspective, la faiblesse principale des analyses de ce type est qu'en fin de compte, elles éclairent bien peu ces *asymétries* familières entre le discours psychologique en première et en troisième personnes. Après tout, dépendre de nos réponses (*response-dependence*), sous une forme ou une autre, est la propriété d'une grande variété de concepts[1]. Il n'y a rien dans l'analyse proposée ici qui explique pourquoi les conditions d'application des concepts psychologiques devraient être différentes dans les contextes en première personne et en troisième personne. En fait, du seul point de vue de l'analyse, une telle différence pourrait même *ne pas exister*. Car nous pourrions spécifier un ensemble similaire de bi-conditionnels qui gouverneraient l'application des concepts psychologiques à *autrui*. C'est-à-dire que nous pourrions spécifier des conditions C, désigner des personnes compétentes, des capacités conceptuelles, et ainsi de suite, de façon à transformer en un problème *a priori* la forte prétention *prima facie* à la vérité de ces attributions. En effet, à voir la façon dont on comprend couramment le genre de « théorie de l'interprétation » associée à Donald Davidson et Daniel Dennett, il en va précisément ainsi pour ce qui est des attributions psychologiques (du sens commun)[2]. L'explication des concepts

1. Il y a maintenant une vaste littérature sur l'idée de « disposition aux réponses » (*response-dispositionality*) comme trait constitutif de certains concepts fondamentaux. Voir par exemple de récents articles de M. Johnston (en particulier « Objectivity Refigured : Pragmatism without Verificationism », *in* J. Haldane and C. Wright (eds), *Realism and Reason*, Oxford, Clarendon, 1991.

2. Il n'est point besoin de suivre jusqu'au bout la direction de l'instrumentalisme de Dennett pour considérer que les concepts psychologiques du sens commun appartiennent à la classe des concepts qui dépendent de nos réponses. Pour une plus ample discussion de la Théorie de l'Interprétation en philosophie de l'esprit, ainsi que la question de savoir s'il faut comprendre le discours psychologique en général comme l'application d'une théorie explicative (la « théorie de la théorie » des termes

déterminant l'extension fait figure d'explication de l'autorité de la première personne, et pourtant, cela ne nous aide pas à comprendre pourquoi les attributions en *première* personne auraient une prétention spéciale à la vérité. Pas plus que cela n'explique pourquoi elles sont systématiquement énoncées indépendamment des faits, contrairement à leurs homologues en troisième personne. Car tout ce que nous disent les bi-conditionnels, c'est que l'on ferait des attributions en première personne en se fondant sur l'examen de faits comportementaux (plus précisément, les nôtres), mais que nos conventions nous dicteraient de toujours privilégier notre propre lecture de ces faits, qui serait la meilleure possible. En fin de compte, une analyse adéquate de la première personne devrait finalement aller au-delà de l'image du « privilège » et des « concessions », et envisager que la présomption de l'autorité de la première personne exprime une *exigence* rationnelle ordinaire, autant qu'elle reflète une certaine déférence envers notre meilleure opinion sur notre état d'esprit. Non seulement nous accordons qu'une personne peut faire un énoncé sans l'aide des faits, mais nous escomptons aussi, parfois avec ardeur, qu'elle pense occuper une position où elle *exprime* ses sentiments et ses convictions, et ne se contente pas de donner sa meilleure opinion à leur sujet. (« Avez-vous l'intention de rembourser l'argent ? » « Pour autant que je puisse le dire, oui ».) Et conformément à la même exigence, non seulement, nous ne souhaitons pas que quelqu'un fonde son énoncé sur un fait, mais en plus, nous pouvons regarder sa déférence envers les faits comportementaux comme une forme d'esquive, ou penser que l'état d'esprit qu'il est en train de décrire n'est pas complètement rationnel.

mentaux »), voir R. Moran, « Interpretation Theory and the First-Person », *Philosophical Quarterly*, April 1994.

Cette aspiration normative, en relation avec la rationalité des croyances en question, soutient assurément qu'un accès en première personne à nos croyances ne serait pas un problème *purement* empirique, une capacité supplémentaire à être conscient d'une certaine classe de faits qui nous arrivent et dont l'absence n'affecterait pas les faits psychologiques en question. Cette suggestion est développée de façon bien plus approfondie dans les chapitres trois et quatre. Mais l'aspect non empirique ou conceptuel du phénomène ne valide ni une reconstruction conventionnaliste de l'autorité de la première personne, ni une analyse déflationniste des prétentions de la connaissance de soi. Que les attributions psychologiques supposent généralement un arrière-plan d'intelligibilité rationnelle est une hypothèse bien établie dans la philosophie contemporaine de l'esprit et elle est largement acceptée aussi bien par les réalistes que par les instrumentalistes en matière de phénomènes psychologiques. La conscience introspective pourrait être parfaitement substantielle, bien que l'hypothèse d'un accès spécial à notre vie mentale ait un fondement partiellement normatif et conceptuel.

« Croyance consciente » : localiser la première personne

On devrait s'étonner que les descriptions de l'autorité de la première personne ne parviennent pas à caractériser ou à rendre compte d'une relation proprement en première personne. Je veux suggérer que cela s'explique en partie parce qu'on s'est concentré sur le parallèle (et aussi l'échec de l'analogie) avec la situation des jugements sur le monde extérieur. Cela encourage un modèle purement théorique de la situation d'introspection, une focalisation sur des questions de croyance et de jugement que l'on applique de façon similaire au royaume statique des faits mentaux. On prête une attention inadéquate à la personne en tant qu'agent épistémique, et il en va de même pour l'interaction mutuelle entre la vie mentale et la conscience en première personne que l'on en a[1]. Nous avons vu ce modèle théorique à l'œuvre dans le cas de l'hypothèse tacite du modèle perceptuel de l'introspection chez Boghossian (que l'on peut voir comme une version expressive de ce que j'appelle le modèle théorique général) et maintenant dans l'analyse conceptuelle de Wright, qui décrit les conditions abstraites pour faire un ensemble de jugements (plus précisément, des attributions psychologiques), mais qui renonce à expliquer en quoi la présomption de vérité devrait être différente ou différemment fondée dans le cas de la première personne. L'analyse n'établit pas non plus de lien entre le privilège accordé aux jugements en première personne et l'une des asymétries plus larges, comprenant la *manière* distinctive dont on les fait. Ce n'est pas parce qu'elles sont particulièrement correctes et fiables que les déclarations en première personne règlent le problème de la connaissance de soi, mais avant tout parce qu'elles impliquent un mode de conscience (*awareness*) distinctif et que la conscience de soi (*self-consciousness*) a des *conséquences* spécifiques pour l'objet de conscience.

Jusqu'ici, je n'ai fait qu'indiquer superficiellement ce que je veux dire par la focalisation sur le théorique, et cela deviendra plus clair en considérant une dernière conception de la conscience de soi, très représentative, qui prête très explicitement allégeance à cette image. On conçoit – c'est un lieu commun dans la discussion de la conscience de soi – la notion visée en termes d'états de second ordre, mais « Conscious Belief » de D.H. Mellor cherche à introduire cette hypothèse dans une description complète du

1. Il y a ici une exception importante : le récent travail de Tyler Burge sur la première personne. Voir en particulier « Our Entitlement to Self-Knowledge », *Proceedings of the Aristotelian Society*, 96, p. 91-116 et « Reason and the First Person », *in* C. Wright, Barry C. Smith and C. Macdonald (eds), « Our Entitlement to Self-Knowledge » (1996) and « Reason and the First Person », (1998).

phénomène en question. Mellor commence par ce qu'il appelle « une théorie actionnelle de la croyance », une conception qu'il n'est pas besoin de discuter ici, étant donné qu'on peut comprendre qu'elle représente l'hypothèse fondamentale liant la notion de croyance (et des états qui lui sont liés), à son rôle dans l'explication du comportement. Cette hypothèse s'oppose plus directement à l'idée que la croyance et autres choses semblables sont des états phénoménaux intrinsèquement identifiables, une conception qui a peu de partisans aujourd'hui [1]. Avec une théorie actionnelle de la croyance, on peut à tout moment décrire une personne en fonction d'une multitude d'états dispositionnels, de croyances tacites, de suppositions tenues pour acquises, aussi bien qu'en fonction de croyances et de désirs explicites, qui contribuent ensemble à sa pensée et à son comportement immédiats. Cela ne deviendra pas (ou en tout cas, ne pourrait pas devenir) conscient chaque fois en totalité; une partie ne le sera jamais. Dès lors, nous avons besoin d'un terme pour décrire « le nouvel état d'esprit dans lequel je rentre lorsque l'une de mes croyances devient consciente » (p. 88). Et Mellor choisit le terme « assentiment ». Il décrit alors sa thèse principale : « donner son assentiment à une proposition, c'est croire qu'on la croit » (p. 90) [2].

Ce qui oriente en partie l'analyse de la croyance consciente dans cette direction, c'est simplement le fait que « être conscient de » est indéniablement une sorte de relation cognitive. C'est une façon de connaître quelque chose ou de l'avoir à disposition pour d'autres pensées. Mais néanmoins, si l'on considère la conscience des phénomènes mentaux, le cas des croyances de second ordre

1. Cela dit, avec l'avènement de la « phénoménologie cognitive », c'est peut-être moins vrai aujourd'hui qu'à l'époque où a été écrit ce livre. [N.D.T.]

2. Sa thèse secondaire est que l'action linguistique – le discours et l'écriture – exige des croyances de second ordre.

est trop large pour saisir le caractère particulier de la conscience réflexive (*conscious awareness*) ou encore le caractère spécifique de la croyance consciente en première personne. Quant au premier point, considérons les phénomènes ordinaires de croyances tacites ou inconscientes. Une croyance tacite peut être quelque chose que l'on admet, sans y avoir réfléchi explicitement. Contrairement à ce que Mellor laisse entendre, un tel état n'est pas seulement une disposition à donner son assentiment à la proposition en question (une disposition que Mellor classerait hors de la classe des croyances authentiques, étant donné qu'elle ne requiert pas la coopération d'un désir pour s'affirmer). Par contre, des croyances tacites peuvent être en interaction avec des désirs correspondants pour provoquer l'action, de la même façon que les croyances explicites. La résolution d'un problème (une action guidée par le désir) requiert souvent d'expliciter certaines hypothèses tacites qui sont un pas vers une solution. L'action d'une personne lorsqu'elle poursuit une ligne de pensée particulièrement malavisée, s'explique parce qu'elle maintient l'hypothèse erronée, et pour expliquer qu'elle poursuit cette fausse piste, il faut lui attribuer cette hypothèse. La croyance tacite est loin d'être une simple disposition à donner *son accord*, car quand elle devient consciente, elle s'accompagne d'un *dés*accord immédiat avec la proposition qui était admise[1]. C'était ainsi une croyance conservée uniquement à condition de ne pas être consciente.

Or, si l'on accorde que les croyances de premier ordre peuvent être inconscientes ou tacites, alors il n'y a aucune raison qu'il n'en aille pas de même des croyances de second ordre. Ainsi, par exemple, quelqu'un peut admettre que son ami, comme la plupart

1. Voir R. Stalnaker, *Inquiry*, Cambridge, MIT Press, 1984, pour une discussion de ces cas et de leurs implications pour la nature de la croyance et de l'attribution de croyance. Voir en particulier p. 69 et *passim*.

des gens, croit que les morts ne racontent pas d'histoires, même si cette pensée sur son ami ne lui est jamais venue à l'esprit. Et bien entendu, il peut tout aussi bien admettre que lui-même n'est pas différent de son ami sur ce point, encore une fois sans que la pensée ne lui vienne à l'esprit. Dans les deux cas, il a ainsi une croyance au sujet de la croyance de quelqu'un sans que cela lui soit jamais venu à la conscience. Et dans le second cas, il ne s'agit pas seulement d'une croyance au sujet de la croyance de quelqu'un, mais c'est une croyance de second ordre en première personne, qui, pour toutes ces raisons, n'est pas encore une croyance consciente. Des considérations similaires s'appliquent au cas des croyances qui ne sont pas tacites, mais inconscientes, pour des raisons peut-être plus intéressantes sur le plan psychologique.

Ainsi, il semblerait que les propriétés particulières de la conscience réflexive de la croyance (ce que Mellor appelle « assentiment ») ne puissent être purement décrites en termes de croyances de second ordre ; ni lorsque ma croyance concerne l'état mental de quelqu'un d'autre, ni même lorsqu'elle me concerne en propre. Cependant, si on échoue à discerner l'idée de conscience explicite dans la description de la croyance consciente, il y a plus grave : c'est de n'avoir aucune idée du type de différence qui distingue spécifiquement la conscience de notre croyance *en première personne*. On peut penser ce problème de la manière suivante. Nous avons vu que je pouvais avoir une croyance de second ordre dont l'objet est la croyance de premier ordre de *quelqu'un d'autre*, sans que cela n'implique le moindre épisode de conscience explicite. Ce que je veux maintenant mettre en relief, c'est qu'on ne sauve pas une analyse comme celle de Mellor en la raffinant pour qu'elle n'exige qu'une conscience explicite épisodique de la croyance. Il manquerait toujours la particularité de la croyance consciente en première personne. Car bien sûr, même si je réfléchissais explicitement, consciemment, à la croyance de mon ami au sujet de la vie sur Mars, ce n'est pas pour autant qu'elle deviendrait une croyance consciente. Et cela ne ferait pas non plus de différence essentielle si je réfléchissais consciemment à *ma* propre croyance, si je me l'attribuais sous un nom ou une description que je ne reconnais pas. Ni même si j'attribuais sciemment la croyance à une personne que je reconnais être moi, employant le pronom de la première personne, mais en faisant cette auto-attribution, disons, uniquement sur la base de la lecture d'une lettre que j'ai écrite la nuit dernière (où j'ai des raisons de croire que j'ai encore cette croyance, bien que je ne puisse maintenant me rappeler pourquoi).

Tout cela laisserait de côté le fait qu'en appelant quelque chose une croyance consciente, on dit quelque chose du *caractère* de la croyance en question. Il ne s'agit pas simplement de dire qu'une personne entretient une certaine relation de conscience envers sa croyance. Si quelqu'un regarde un arbre, ce n'est pas en le désignant comme un « arbre observé » qu'on exprimerait ses qualités d'arbre, et il en irait de même avec la conscience simple, non spécifiée, de la croyance de quelqu'un. A l'inverse, une croyance consciente entre dans différentes relations avec le reste de notre économie mentale et ainsi, elle modifie son caractère. Dans la « croyance consciente », nous parlons de la « conscience » comme de quelque chose qui caractérise et qui qualifie la croyance en question, et pas seulement comme de quelque chose qui spécifie une relation théorique que j'entretiens avec cet état mental. Si j'avais simplement une relation spéciale théorique et immédiate avec cette croyance, alors il n'y aurait en principe aucune raison pour qu'une autre personne ne puisse pas entretenir la même relation avec ma croyance. Mais alors dans un tel cas, *ma* croyance n'acquerrait pas les attributs auxquels nous songeons lorsque nous appliquons le terme « conscient » comme une caractérisation de la croyance elle-même. (Pensons à une attitude inconsciente de ressentiment. Si j'en deviens conscient uniquement parce que je crois pleinement l'interprétation donnée par mon psychanalyste, alors l'attitude ne devient pas une attitude consciente. Il y a encore du travail à faire).

Les raisons pour lesquelles nous appliquons le terme « conscient » à la croyance elle-même sont liées à la question de savoir pourquoi nous pouvons appliquer ce terme à certaines activités de la personne, où ce terme qualifie l'activité par des voies qui ne sont pas accessibles à la conscience d'autrui. Jouer du piano de manière attentive ou bien sans réfléchir, ou délibérément pour ennuyer quelqu'un, cela fait une différence qualitative. Dans des cas comme ceux-ci, les termes cognitifs employés dénotent des modifications adverbiales de l'activité elle-même. De façon similaire, c'est seulement au regard de nos *propres* activités que « conscience » a une telle fonction adverbiale, de telle sorte que, par exemple, marcher en dormant, marcher normalement ou sans réfléchir, et marcher avec une conscience délibérée, sont tous des types distincts d'activité. Dans ce dernier cas, la conscience de notre activité n'est pas quelque chose qui observe cette activité en se tenant à l'extérieur, mais quelque chose qui l'infuse et lui donne forme, ce qui fait une différence descriptible dans le type d'activité. D'une façon connexe, lorsque ce que j'ai supposé – que la personne que l'on vient d'appeler « Sue » n'est pas un garçon – devient une croyance consciente, ce changement modifie les relations de cette croyance avec mes autres croyances, et la confiance que je lui accorde. Ma relation à cette supposition est désormais entièrement différente et la croyance elle-même ne demeure pas longtemps aussi assurée et évidente qu'elle l'était avant. Et dans les deux cas, les différences empiriques et qualitatives, créées par une activité ou une attitude consciente, sont liées aux différences d'autonomie et de responsabilité de la personne. De même qu'il est différent de marcher sur le pied de quelqu'un dans une foule inconsciemment ou en pleine conscience, de même, le fait qu'une attitude soit consciente crée une différence fondamentale dans la relation de la personne envers celle-ci, en plus du simple fait d'être conscient et quelles que soient les différences empiriques que la conscience peut introduire dans le caractère de cette attitude.

On ne peut comprendre les propriétés spéciales de la conscience en première personne si on la considère uniquement comme un accès épistémique (perceptuel ou non) à un royaume spécial où une seule personne a ses entrées. Il nous faut plutôt la penser à partir des responsabilités spéciales que nous avons du fait que la vie mentale en question est *la nôtre*. De même que nous ne pouvons pas considérer simplement nos actions comme quelque chose qui se passe sous nos yeux, de même, nous ne pouvons nous empêcher de voir nos croyances et autres attitudes comme l'expression de nos relations diverses et changeantes à notre environnement, et non comme une pure succession de représentations (dont, pour une raison ou une autre, nous ne serions que les témoins). Et aussi bien dans le cas des actions que des attitudes, la conscience de soi modifie ce que sont nos responsabilités et nos capacités, au regard de notre implication dans leurs développement. C'est le fait de calquer la conscience de soi sur la conscience théorique des objets, qui obscurcit le caractère spécifiquement en première personne du phénomène, que cette perspective théorique prenne ou non la forme spécifique du modèle perceptuel de l'introspection.

Jusqu'à présent, ce que nous avons caractérisé comme le mode de conscience spécifiquement en première personne qui donne à une croyance ou à une autre attitude le qualificatif de « consciente », est une conscience immédiate, sans observation, et qui implique l'auto-référence à travers l'emploi du pronom « Je » plutôt que par l'intermédiaire de quelque description sous laquelle on pourrait échouer à se reconnaître[1]. Mais nous allons avoir besoin d'une caractérisation plus complète pour rendre compte des propriétés spéciales de la conscience en première personne. Car il serait toujours possible qu'une personne ait une conscience immédiate de l'une de ses attitudes, qui serait conforme aux conditions énoncées ci-dessus, mais resterait pour l'essentiel une sorte de point de vue extérieur sur son attitude. C'est-à-dire que les conditions spécifiées jusqu'ici pourraient quand même s'appliquer à un cas où, mettons, j'aurais une conscience immédiate de mon attitude (peut-être de la façon dont on a une conscience immédiate de la disposition de nos membres), mais où il s'agirait d'une attitude que je ne pourrais comprendre ou dont les raisons me seraient opaques. Il pourrait s'agir d'une attitude que je ne peux pas relier à mes autres attitudes, et qui serait imperméable à mes propres critiques et à ma réflexion explicite sur son objet supposé, qui ne sauraient la modifier. Pour ces raisons, il se pourrait que je lui interdise de jouer un rôle explicite dans mes délibérations sur l'objet en question. Ainsi, si l'attitude en question est une croyance, elle serait alors une croyance *dont* je suis conscient, mais elle n'aurait pas la caractéristique de la première personne qui apparaît quand on se réfère à quelque chose comme une croyance consciente. Même si elle est immédiate, ma conscience de cette attitude lui serait tout aussi extérieure que s'il nous arrivait d'avoir la conscience immédiate d'un processus corporel interne. En ce sens, si quelqu'un avait une conscience seulement immédiate, mais aliénée, de ses états mentaux, on ne pourrait pas le considérer comme quelqu'un qui « sait ce qu'il

1. Il existe une littérature abondante à ce sujet. Voir en particulier J. Perry, « Frege on Demonstratives », *Philosophical Review* 86, 1977 et « The Problem of the Essential Indexical », *Nous* 13, 1979 ainsi que S. Shoemaker, « Self-Reference and Self-Awareness », in *Identity, Cause and Mind: Philosophical Essays*, Cambridge University Press, 1968.

veut », au sens usuel de la vie ordinaire. Si une telle personne était privée de la connaissance de soi ordinaire, alors quelque chose manquerait à notre caractérisation initiale de la notion visée.

Pour caractériser de manière plus complète la perspective en première personne, il faudra que l'agent participe plus explicitement à cette image, et en faisant cela, nous allons ancrer la discussion dans une série de problèmes portant sur la perspective de délibération de l'agent et l'auto-interprétation, problèmes qui ont été écartés des récentes discussions sur la connaissance de soi. S'il y a bien un motif d'insatisfaction pour tout modèle perceptuel de la conscience de soi, c'est que la perception est une relation en principe possible avec toute une série de phénomènes d'un certain type. D'après un tel modèle, il ne devrait donc y avoir aucune raison profonde expliquant pourquoi l'on ne pourrait pas entretenir cette relation quasi-perceptuelle avec la vie mentale de quelqu'un d'autre aussi bien qu'avec la sienne. Dans cette perspective, la restriction de ce mode d'accès à la *première* personne est injustifiée, et elle n'est pas essentielle à la première personne[1]. Toutes les formes de

1. Pour certains philosophes, il s'agit précisément du point ou de l'un des points au cœur de la défense du modèle perceptuel. Dans *Consciousness and Causality*, Armstrong, par exemple, défend explicitement la possibilité d'un « accès introspectif » à l'esprit d'une autre personne (p. 113-16). Dans un article plus récent, Crispin Wright, partant de son rejet du modèle perceptuel, insiste sur le caractère « inaliénable » de toute connaissance de soi caractérisée par l'autorité de la première personne : « On ne peut transférer aux autres le type d'autorité que j'ai sur les aspects de ma vie mentale que je peux reconnaître : il n'existe aucune contingence – ou en tout cas aucune dont nous ayons un concept vaguement satisfaisant – dont la suspension pourrait mettre d'autres gens ordinaires en position de confesser de l'extérieur (*avow away*), pour ainsi dire, mon comportement » (1998, p. 24). Une note de bas de page ajoutée à cette phrase nie que « nous ayons le moindre concept satisfaisant de ce que cela serait d'être en contact avec les états mentaux d'autrui *par télépathie* ». Mon accord sur ce point

connaissance de soi ne prétendent pas être « inaliénables », c'est-à-dire passer pour une forme de saisie dont la référence serait essentiellement et exclusivement en première personne. Mais les formes qui nous occupent ici posent la question de savoir pourquoi on devrait restreindre la portée de ce genre de saisie. J'entends essentiellement deux choses par restriction de la portée. Premièrement, on se demande pourquoi il faudrait restreindre le type de saisie caractérisé jusqu'ici à la conscience de notre propre vie mentale. Et cela implique de rendre justice plus que nous ne l'avons fait jusqu'à présent à l'aspect « réflexif » de la conscience en première personne, comprenant la relation de la connaissance de soi à certaines propriétés spéciales de l'auto-interprétation qui ont retenu par ailleurs l'attention en philosophie. Deuxièmement, on a une restriction de la portée non pas à une personne en particulier, mais à une *classe* particulière de faits se rapportant à soi-même, caractéristique de cette forme de conscience. Cela signifie que, quelle que soit « l'autorité » de la première personne, nous voudrions mieux comprendre pourquoi l'on suppose que la personne parle avec une telle autorité (quand on le suppose) des faits de sa vie *psychologique*, et non pas de faits relevant d'autres processus « intérieurs » (physiologique, neurologique, etc.)[1]. Les phénomènes « caractérisés par une intentionnalité » (pas seulement les états d'esprit, mais les actions, les pratiques et les institutions, y compris linguistiques) se distinguent en général parce qu'ils admettent une distinction entre les perspectives de l'inté-

apparaîtra clair, mais le développement de cet aspect de l'autorité de la première personne sera pris en charge plus complètement dans les chapitres 3 et 4.

1. Gareth Evans et d'autres ont soutenu que d'autres sortes de faits, comme les faits qui portent sur notre localisation spatiale ou sur notre nature corporelle, pouvaient être connus de manière « immédiate » et ma formulation vise à rester neutre sur cette question. On ne sait pas clairement si l'on pense que certaines asymétries d'autorité peuvent se produire pour de tels faits.

rieur et de l'extérieur, qui, du point de vue des agents et des participants, contrastent avec les différentes descriptions possibles dans un certain idiome plus purement naturaliste ou extensionnel. Le phénomène de la connaissance de soi participe à cette dualité des perspectives, et c'est seulement sous certaines descriptions et non sous d'autres que notre propre description de notre état se voit accorder une sorte de privilège. Si la connaissance de soi est bien une forme de *connaissance*, alors elle sera constituée par la possibilité d'avoir des pensées sur notre état, et encore plus fondamentalement, par le fait de pouvoir par certains côtés nous *concevoir* nous-mêmes et notre état. Ainsi, plutôt que de comprendre « l'autorité de la première personne » en termes d'accès supérieur, nous souhaiterions comprendre pourquoi, dans certains contextes, on a pensé que la façon dont une personne *conçoit* son état d'esprit jouait un rôle privilégié en façonnant cet état. Les chapitres suivants reprennent différents sens du « privilège », qui passaient pour caractériser la façon dont une personne conçoit sa propre pensée et sa propre action, en particulier dans la mesure où l'on considère que ces différents sens jouent un certain rôle dans la « constitution de soi ». En explorant les fondements et les limites d'un tel rôle, on introduit la perspective de l'agent plus directement au cœur de la discussion de la connaissance de soi, en reliant l'autorité de la première personne au rôle de l'agent qui délibère pour déterminer son état d'esprit. Je voudrais spécifier les conditions d'une conception plus détaillée et plus réaliste des échecs aussi bien que des succès ordinaires de la connaissance de soi, et comprendre en quoi certains de ces échecs emblématiques seraient particulièrement importants pour la santé du sujet.

CHAPITRE 2

PRENDRE UNE DÉCISION : AUTO-INTERPRÉTATION ET CONSTITUTION DE SOI

> On a souvent dit que le regard réflexif altère le fait de conscience sur lequel il se dirige [1].

Nous avons vu combien il est naturel de penser que, si la connaissance de soi est quelque chose de substantiel, elle doit correspondre au moins dans les grandes lignes à son modèle perceptuel. Nous parlons du « royaume » du mental, et cette façon de parler suggère assez innocemment que si nous devons parler de conscience ici, ce doit être au même sens que n'importe quelle autre conscience de n'importe quel autre domaine de phénomènes empiriques. A ce stade de l'argumentation, peu importe que nous pensions que ce domaine comporte des états, des processus, des objets ou quoi que ce soit d'autre. Nous serions prêts à admettre certaines particularités manifestes de l'accès en première personne (telles que le caractère privé, l'autorité, l'immédiateté) ; mais si la connaissance ou la conscience n'est pas un simple simulacre, il nous faut, semble-t-il, concilier d'une manière ou d'une autre ces particularités au sein d'une vision plus familière de la connaissance par observation. D'où l'attrait récurrent de

1. J.-P. Sartre, *L'Être et le Néant. Essai d'ontologie phénoménologique*, Paris, Gallimard, 1943, p. 110.

l'image d'une sorte de pièce close, à laquelle moi seul aie accès (mais que je ne peux pas non plus quitter).

Même le réalisme de la vie mentale le plus modeste semble requérir une certaine version de cette image. Considérons n'importe quelle personne : les pensées, les phénomènes mentaux, sont bien là ; et tandis que la plupart des gens n'y ont qu'un accès de type externe, une seule personne a un accès interne immédiat à ce royaume. Lorsque l'on juge cette image extravagante, il s'agit d'ordinaire de rejeter ou bien la substantialité présumée de la connaissance de soi, ou bien les hypothétiques propriétés spéciales de la position en première personne. Plutôt que de critiquer l'extravagance métaphysique de cette image, j'espère montrer combien elle *euphémise* radicalement les différences entre la connaissance de soi et la connaissance d'autrui. Ce que la conception du Spectateur laisse de côté, c'est le fait que je n'ai pas seulement un *accès* spécial à la vie mentale de quelqu'un, mais qu'il s'agit de *la mienne*, qui exprime ma relation au monde, qui est soumise à mon évaluation, à ma révision, à mes doutes et à mes tensions. Cela veut dire qu'on s'attend à ce que notre conscience de notre vie mentale entraîne des différences dans la constitution de cette vie mentale, différences inexistantes lorsqu'il est question de notre conscience d'autres choses ou d'autres gens. Pour cette raison, il ne faut pas penser l'introspection comme une sorte de lumière jetée sur un royaume d'objets intérieurs, les laissant intacts. Nous avons entrevu un aspect de cette différence avec la notion de « croyance consciente », mais il y en a plusieurs. Différents philosophes ont considéré l'un ou l'autre de ces aspects comme incompatible avec l'hypothèse usuelle d'un réalisme ordinaire à propos de la vie mentale, ou l'idée que les phénomènes de la connaissance de soi impliquent effectivement la conscience ou la découverte d'un certain ensemble de faits. On suppose qu'il faut se débarrasser ou bien du réalisme ou bien de l'épistémologie substantielle. Ce que j'espère montrer, c'est que si nous commençons par une sorte de réalisme du sens commun (ou peut-être naïf) à propos de la vie mentale, alors les différentes façons dont la conscience de soi et la compréhension de soi changent le caractère de notre vie mentale sont exactement ce à quoi nous devrions nous attendre. En examinant plus profondément pourquoi nous devrions nous y attendre, nous serons conduits à nous demander pourquoi il devrait y avoir en premier lieu des particularités manifestes de l'accès en première personne; et pourquoi le langage de « l'accès spécial » nous inflige un idéal des responsabilités de la position en première personne qui est fourvoyant et bien trop purement épistémique.

Auto-interprétation, objectivité et indépendance

La différence introduite par la conscience de soi est liée à une différence corrélative propre à la première personne, qui a reçu moins d'attention au sein de la philosophie de l'esprit que dans certaines formes de la théorie sociale (en particulier de provenance hégélienne). De toute façon, l'idée générale selon laquelle la façon dont une personne conçoit, par exemple, son propre état émotionnel, est en partie constitutive de cet état, est une idée que l'on trouve aussi bien dans la philosophie continentale que dans la philosophie anglo-saxonne. Parallèlement à ce que j'ai affirmé au sujet du changement de nature d'une croyance qui devient consciente, on affirme par exemple, qu'en interprétant sa propre réaction comme, disons, de l'indignation légitime, ou bien de la pure bouderie, on *constitue* son état en le modifiant. L'interprétation en première personne d'un état émotionnel est supposée jouer un rôle dans la constitution de l'identité de cet état, rôle que ne partagent pas les interprétations « de l'extérieur ». Cette affirmation fait souvent partie d'une argumentation plus développée contre l'application des notions ordinaires d'objectivité et de réalisme à certains aspects de la vie psychologique et sociale. Par exemple, Charles Taylor a soutenu dans une série d'articles que la notion ordinaire de représentation ne peut s'appliquer à plusieurs situations importantes de compréhension de soi :

> Selon cette conception, l'idée que les représentations ont des objets indépendants est constitutive de la notion de représentation. J'élabore une représentation de quelque chose qui existe indépendamment de la façon dont je le dépeins, et qui se présente comme une norme de cette description. Mais au regard d'un certain nombre de formulations qui sont cruciales pour la conscience humaine, pour l'expression de nos sentiments humains, nous pouvons voir que cela ne tient pas. Le fait de formuler ce que nous ressentons ou de nous mettre à adopter une nouvelle formulation, peut fréquemment changer ce que nous ressentons. Quand je réalise que mon sentiment de culpabilité était faux, ou que mon sentiment d'amour était trompeur, les émotions elles-mêmes sont différentes... Concernant ces émotions, nous pourrions dire que la manière dont nous les comprenons ou les interprétations que nous acceptons sont constitutives de l'émotion. La compréhension contribue à façonner l'émotion. Et c'est pourquoi on ne peut considérer cette dernière comme un objet totalement indépendant, et la théorie traditionnelle de la conscience comme représentation ne s'applique pas ici [1].

Une question similaire surgit lorsque nous affirmons que l'application du terme « conscient » à une croyance indique une différence dans la nature de l'état lui-même. On a dit qu'ici, la relation n'est pas comme celle d'un objet à son observation. Et une façon bien connue d'expliquer clairement *cette* relation serait de dire que, par exemple, un arbre est une chose réellement indépendante dont l'existence et les qualités ne dépendent pas du fait

1. Ch. Taylor, « The Concept of a Person », [191], in *Human Agency and Language : Philosophical Papers*, vol. 1, Cambridge University Press, 1985, p. 100-101

d'être observées. Il a une existence pleine, réelle, objective. Dès lors, qu'en est-il des faits de notre vie mentale ? Ne sont-ils pas des faits tout aussi réels et objectifs ? Ou faut-il dire que même l'objectivité ordinaire est une aspiration fourvoyante lorsqu'il est question de la connaissance *de soi* ? Contre cette suggestion, nous devrions nous rappeler que la question de ce que croit quelqu'un d'autre nous apparaît généralement comme un problème ordinaire objectif. (Évidemment, nous ne pouvons ici penser « l'objectivité » en termes « d'indépendance vis-à-vis de l'esprit ». Les entités privées d'esprit n'ont pas de croyance, certes ; mais les faits de la vie mentale de quelqu'un n'en sont pas moins réels). La pensée ne procède pas ainsi dans le « monde extérieur » ; il n'en va pas davantage ainsi dans le « monde intérieur ». Dès lors, on pourrait insister : ma vie mentale particulière est à tout moment quelque chose qui ne dépend pas de ce que j'en pense, de la façon dont je l'interprète, ni même que j'en sois le moins du monde conscient. Si nous sommes des réalistes du sens commun en ce qui concerne les roitelets et les bureaux, (par quoi il faut entendre un engagement ordinaire, avec un bagage philosophique minimal), alors nous sommes, ou devrions être, des réalistes du sens commun en ce qui concerne nos croyances et autres attitudes.

De plus, indépendamment des questions de la métaphysique de l'esprit, nous pouvons aussi être soucieux de préserver ici un certain sens de l'objectivité afin de comprendre différentes propriétés de la phénoménologie ordinaire de la connaissance de soi. Nous pouvons penser ici à des qualités telles que *l'effort* impliqué dans la réflexion sur soi, la lutte pour arriver à quelque chose de juste et les risques d'erreur spécifiques. Bien que la conscience introspective ne soit pas fondée sur l'observation du comportement, et même après nous être détournés de l'observation en direction d'une intériorité, le sentiment demeure que notre réflexion doit *tenir compte* des faits de notre vie mentale, que nous sommes exposés aux risques épistémiques normaux de l'erreur, de l'aveuglement et de la confusion. Cela n'implique-t-il pas l'idée d'un « objet complètement indépendant » et la notion de « conscience comme représentation » qui l'accompagne ? Je ne peux rendre compte de mes propres efforts en vue d'une interprétation authentique de moi-même si je considère que mon interprétation est constitutivement capable de s'auto-accomplir, et se rend elle-même vraie.

Contrairement à l'affirmation d'une dépendance conceptuelle que nous avons examinée chez Wright, l'affirmation ici – que notre état d'esprit est, d'une certaine manière, conceptuellement dépendant de la façon dont on l'interprète – se restreint explicitement à un phénomène en première personne. Quand quelqu'un d'autre interprète mon humeur, on ne lui accorde pas ce rôle constitutif ; ainsi, le fait de décrire une certaine asymétrie entre moi et autrui est intrinsèque à l'affirmation elle-même. Mais il s'agit néanmoins d'une idée qui comporte de nombreux aspects, habituellement confondus. Premièrement, il nous faut distinguer le type de phénomène décrit dans la citation de Charles Taylor, qui concerne spécifiquement le rôle des interprétations de soi, d'une autre affirmation bien connue au sujet du rôle des capacités conceptuelles générales. Il est difficile de nier, par exemple dans le cas d'un auto-portrait émotionnel, qu'un vocabulaire superficiel ou indigent participe d'une vie émotionnelle superficielle ; et inversement, des ressources conceptuelles plus riches contribuent à des possibilités de réaction émotionnelle enrichies en proportion. Quelqu'un dont l'univers conceptuel en matière d'émotions se limite aux deux possibilités de se sentir bien ou de ne pas se sentir si bien que ça, ne serait assurément pas susceptible de (et ce n'est pas seulement qu'elle ne *remarquerait* pas) l'éventail de réactions possibles pour quelqu'un qui aurait le vocabulaire émotionnel de Henry James. Non seulement ce sentiment de dépendance conceptuelle est propre à la première personne, mais en plus, il se restreint à la série de phénomènes que nous avons identifiés comme posant des problèmes philosophiques ayant trait à la connaissance de soi ; en gros, les phénomènes psychologiques identifiés par nos concepts psychologiques ordinaires (et non par ce que l'on pourrait décrire comme leurs composants « subpersonnels »). Cela signifie que l'on n'est pas tenté d'invoquer une telle dépendance conceptuelle lorsqu'il est question de connaître d'autres genres de faits se rapportant au sujet. Quelqu'un qui ne sait pas distinguer la honte de l'embarras (ou mieux, quelqu'un qui ne reconnaît en principe aucune de ces distinctions, et qui n'y voit que différentes formes de malaise) ne sera notre meilleur candidat pour aucune des deux émotions, alors que quelqu'un qui ne sait pas distinguer un souffle au cœur de brûlures d'estomac pourrait néanmoins sans ambiguïté avoir la première maladie aussi bien que la seconde[1]. Le fait que je sois dans un certain état de santé (y compris neurologique) ne dépend pas de mes capacités conceptuelles à comprendre mon état. Pourquoi devrait-il en être autrement dans le cas de mon envie ou de ma gratitude ?

L'une des raisons fondamentales de cette différence est que notre envie et notre gratitude sont elles-mêmes des attitudes, des modes de compréhension du monde aussi bien que de soi-même. Nous devrions nous attendre à ce que, à la différence d'un état de santé, un mode particulier de compréhension du monde ne soit accessible qu'à quelqu'un qui possède des ressources conceptuelles particulières. Nous présupposons un arrière-plan de ressources de ce type lorsque nous parlons couramment de quelqu'un exerçant une certaine capacité d'intelligence. Nous

1. Voir B. Williams, *La honte et la nécessité*, trad. fr. J. Lelaidier, Paris, P.U.F., 1997 : « Les émotions éthiques des individus dépendent, dans une large mesure, de l'idée qu'ils s'en font. » (p. 126), où il cite A. Gibbard, (*Sagesse des choix, justesse des sentiments : une théorie du jugement normatif*, trad. fr. S. Laugier, Paris, P.U.F., 1996, en particulier chap. 7).

parlons sans hésiter de l'enfant qui trie les blocs par couleurs. Mais ensuite, nous y regardons de plus près et découvrons que les groupes sont en fait répartis selon ce que nous pourrions appeler des couleurs plus claires et plus sombres. Ainsi, ce ne sont peut-être pas les *couleurs* qui sont triées. Ou bien nous découvrons que l'enfant ne sait pas ou ne veut pas trier quoi que ce soit d'autre à part des blocs (par exemple, pas de bâtons), ou seulement des blocs d'une certaine taille; il ne traite rien d'autre comme ayant une « couleur ». Il se peut qu'en fait, l'enfant soit en train de ne rien trier du tout. Lorsque l'on met en doute l'arrière-plan des capacités conceptuelles, il en va de même pour l'attribution première de l'activité ou de l'attitude qui exprime ces capacités. A l'inverse, alors qu'un ulcère peut parfaitement être le symptôme ou le produit du ressentiment de quelqu'un, nous pouvons identifier la maladie de la paroi de son estomac sans faire aucune hypothèse sur ses capacités conceptuelles. Il en est ainsi parce que l'ulcère en tant que tel n'est pas une attitude ou une manière de voir le monde. (Ceci n'est que l'une des complexités et des ambigüités impliquée par l'idée de « maladie mentale » et tout le modèle médical du trouble émotionnel).

Bien entendu, dire que l'identité de notre état d'esprit dépend de nos ressources descriptives et conceptuelles générales ne revient pas à dire qu'en interprétant cet état, nous le déterminons, ni même que, par exemple, il faut s'imaginer ressentir précisément *de la honte* pour être dans un état de honte. L'idée de cette diversité de dépendances conceptuelles renvoie aux *capacités* conceptuelles et à leurs implications dans la vie émotionnelle d'une personne. En soi, elle n'implique rien quant aux conséquences (causales ou logiques) de telle ou telle interprétation particulière que l'on peut adopter. En ce sens, la thèse sur les ressources conceptuelles ne nous dit pas de considérer n'importe quelle auto-interprétation particulière comme *bonne*, ni même que modifier la conception de cet état aura la moindre conséquence sur son identité. Compte tenu de tout ce que nous avons dit jusqu'ici, il se pourrait que le vocabulaire sophistiqué que quelqu'un emploie pour s'interpréter coexiste avec, ou même, contribue à une illusion chronique envers son état d'esprit actuel (un thème cher à James). Et non seulement ces interprétations de soi échoueraient à être constitutivement auto-accomplissantes, mais en plus, nous pourrions imaginer que ses conceptions changeantes de lui-même ne feraient absolument aucune différence pour l'humeur sous-jacente qu'il tente vraisemblablement de saisir.

L'auto-accomplissement et ses déboires

Si l'on passe à présent au niveau des auto-interprétations, on peut prétendre qu'il faut *nécessairement* avoir une certaine image de soi pour être dans un certain état émotionnel. Et il existe deux versions de cette idée. La plus forte soutient que, pour qu'une personne soit dans un état, disons, d'envie ou d'indignation, il faut que sa vision d'elle-même soit conforme au concept de cette émotion. On envisage cette idée seulement pour les émotions les plus sophistiquées et les plus sociales, et elle ne vient pas à l'esprit pour ce qui est de nombreux états de peur et de rage que nous pensons partager avec ces créatures humaines et autres qui ne prennent pas vraiment part à l'auto-interprétation. Mais même si l'on tient compte de la complexité conceptuelle des réactions d'envie ou de culpabilité, nous pourrions mettre en doute l'affirmation d'une telle nécessité, qui revient à soutenir que l'on ne pourrait pas être dans un état d'envie sans le savoir, ni sans parvenir à une compréhension de soi comme envieux. Dès lors, concernant la nécessité qui règne à ce niveau, on pourrait affirmer plus modestement que, par exemple, pour être envieuse, il faut qu'une personne ait une certaine série de pensées portant sur elle et sur sa situation, qui peut inclure ou non la pensée particulière qu'elle est envieuse. Une telle idée semble incontestable pour au moins une série de cas, et elle n'est pas dénuée d'importance pour la psychologie morale de la compréhension de soi. Ce qui est moins clair, c'est sa relation à l'idée de « constitution de soi » et aux doutes corrélatifs que nous avons rencontrés avec l'idée de « conscience [de soi] comme représentation ». A ce qu'il semble, cette affirmation plus modeste de la nécessité ne devrait pas avoir de telles conséquences épistémiques ou ontologiques.

En revanche, le langage de la « constitution de soi », chez Taylor et d'autres, suggère que la relation logique en question est une relation suffisante et non nécessaire. On pense qu'en adoptant une formulation différente de notre état, on le modifie de manière constitutive, c'est-à-dire que cela suffit pour qu'une nouvelle description s'applique à lui, et il s'agit là d'une différence significative avec nos interprétations des autres gens et des autres choses. On peut aussi envisager cette idée de plus d'une manière : soit comme affirmant que l'auto-interprétation constitue notre état, de manière à ce qu'il soit *conforme* à cette interprétation, qui par là, se rend elle-même vraie; soit plus modestement, comme affirmant qu'adopter une nouvelle interprétation de notre état émotionnel suffit à le constituer comme un état *quelque peu* différent, exigeant désormais qu'on le caractérise différemment. On ne distingue pas toujours ces idées, et il n'est pas évident qu'elles constituent l'une ou l'autre une menace pour les idées ordinaires sur l'honnêteté ou l'objectivité envers nous-mêmes, ou la phénoménologie de la connaissance de soi comme effort de « représentation de quelque chose d'indépendant ». Ici, nous sommes à nouveau en présence d'une tension apparente entre un réalisme de sens commun à propos de la vie mentale (ou une épistémologie « substantielle » de la connaissance de soi) et une certaine propriété spécifique au point de vue en première personne. Taylor et d'autres auteurs, qui poursuivent l'idée de « constitution de soi », ont attiré l'attention sur des asymétries authentiques et importantes entre la compréhension de soi et celle des autres. Mais ils semblent supposer avec leurs adversaires philosophiques que l'idée d'asymétries de ce type est incompatible avec la « substantialité » de la connaissance de soi.

Des deux versions de la « constitution de soi » impliquant une condition logique suffisante, la plus radicale affirme qu'au moins pour une série de cas, il suffit d'interpréter notre état d'une certaine manière pour qu'il soit tel. Selon cette conception, si je m'interprète comme quelqu'un, disons, d'ambivalent, de mal à l'aise ou qui manque de confiance, alors ces mêmes termes me caractérisent correctement. Dans des cas comme ceux-là, on peut avoir l'impression que « penser fait être », parce qu'il n'y a simplement rien à choisir entre, mettons, *considérer* que l'on est mal à l'aise et l'être réellement. Après tout, ces états sont aussi pénibles l'un que l'autre, et peut-être en est-il ainsi parce que l'un est identique à l'autre (ou en est une condition suffisante). Mais qu'est-ce qui rend ces cas possibles et qu'ont-ils de spécial au sein du domaine psychologique dans sa globalité ? Considérez un cas semblable d'auto-accomplissement, mais hors du domaine psychologique. Si quelqu'un estime que son mariage est un échec, nous pourrions très bien penser que le mariage est bien, de ce fait, un certain échec. En disant : « de ce fait », il s'agit d'un échec, on exprime le sentiment que si l'un des époux juge que son mariage est un échec, ce jugement est, pour des raisons logiques, *constitutif* de cet échec, et peut-être de manière décisive. Il ne peut y avoir de mariage heureux ou réussi si l'un des époux le voit comme une erreur ou un piège. Ainsi, il n'est pas possible ici d'avoir *simplement* tort, de seulement se tromper dans la manière d'appréhender la situation. En même temps, d'un point de vue logique, il y aura bien sûr toujours de la place pour l'hystérie et la sur-réaction, et les choses ne sont pas forcément aussi désastreuses que la personne le pense. Mais même la réaction excessive de quelqu'un est une raison de penser que tout ne va pas bien. Et comme cette dépendance conceptuelle est une connaissance commune aux deux personnes, elle engendre ses propres possibilités, déprimantes et fascinantes, de mécontentement. La personne insatisfaite ou blessée de manière chronique ou obsessionnelle, sait qu'ici, elle ne peut pas purement et simplement *avoir tort*, et par conséquent, elle sait que se replier sur cette position est une possibilité permanente qui s'ouvre à elle, et dont on ne peut la ramener par des voies ordinaires (si quelqu'un tente, par exemple, de lui montrer qu'elle se trompe, qu'en réalité, les choses sont bien différentes de la manière dont elle les voit). A partir de là, on peut exploiter le caractère logique d'auto-accomplissement de la croyance pour provoquer des conséquences qui font passer d'une vérité partielle à quelque chose de plus proche de l'authentique vérité (lorsque l'on atteint le point de rupture après un long moment de bouderie, un repli sur soi inatteignable, et l'époux capitule avec un « Très bien ! Tu as entièrement raison ! » En général, les négociations relationnelles fournissent de riches opportunités à l'auto-affirmation constitutive de l'échec)[1].

Naturellement, toute auto-interprétation ne va pas fonctionner de cette manière. Lorsque l'on pense à ce qui rend possible l'auto-accomplissement de telles descriptions, à la fois psychologiques et non psychologiques, on ne peut qu'être frappé par leur caractère « négatif » ou subversif. Si le fait de se considérer comme ambivalent ou manquant de confiance est un élément décisif de l'ambivalence ou du manque de confiance réels, cela doit être parce que les états contraires de total accord avec soi-même et de confiance sont eux-mêmes tacitement définis par *l'absence* de certaines

1. Sa *croyance* ne peut pas être simplement erronée ; à partir de là, le danger est l'hypothèse tacite qu'il doit donc *avoir raison*. Mais l'erreur initiale réside dans la façon de voir cela avant tout comme une question de croyance ou d'incrédulité. Comme nous allons le voir, on rencontre des problèmes similaires dans le cas de la compréhension de soi.

pensées. N'importe quel état ainsi défini peut être miné par la présence de pensées qu'il exclut logiquement (comme dans les paradoxes bien connus de la spontanéité réfléchie ou de l'inconscience de soi). Certaines formes élémentaires de confiance se définissent par l'absence de doutes correspondants. Si j'en viens à douter de ma confiance et que je me conçois « négativement » comme manquant de confiance, ou comme ambivalent, alors *je manque* de confiance ou *je suis* ambivalent, au moins dans la mesure où je suis enclin à de telles pensées. Nous pouvons noter comme un exemple de disparité métaphysique, que les affirmations « positives » inverses ne tiennent pas. Une personne ne sera pas en accord avec elle-même au sujet de son travail juste en vertu du fait qu'elle se voit comme ça, et son mariage ne sera pas non plus réussi juste parce qu'elle l'interprète ainsi. Les possibilités de se tromper soi-même et de se tromper tout court ne sont ici que bien trop connues. Dans certains cas, une telle interprétation « positive » de notre situation pourrait bien être un constituant nécessaire de l'état en question, mais il ne sera jamais suffisant. Ainsi, pour ce qui est de la capacité « de constitution de soi », il sera toujours plus facile de se constituer d'une manière préjudiciable et subversive, que de se constituer comme étant unifié et en accord avec soi-même.

Il y a ici une asymétrie des conséquences : lorsqu'on désigne ses propres états, l'auto-accomplissement ne vaut que pour les états « impurs ». Mais de quelle disparité s'agit-il réellement ici et où devrions-nous jeter le blâme ? Des états comme le plein accord avec soi-même et la confiance en soi sont normalement compris de manière absolue, comme l'absence totale de toute attitude contraire, alors qu'un état comme l'ambivalence est compris comme quelque chose de partiel, c'est une question de degré. (En effet, que voudrait dire une totale ambivalence, parfaitement pure ?) Si nous concevons les deux états opposés de cette façon, alors le fait que l'état absolu est difficile à atteindre et facile à saper, alors que l'état partiel demeure une sorte de possibilité permanente, dans laquelle il est facile de tomber et dont il est difficile de se tirer, constituera une pure question de logique[1]. Si selon mon interprétation, je suis en plein accord avec moi-même, cela ne suffit pas pour que je le sois, parce que le plein accord avec soi-même est un état complet : c'est l'absence de toute ambivalence, qu'elle soit consciente ou non. A l'inverse, si selon mon interprétation, je suis ambivalent, cela suffira à me rendre ambivalent, parce que l'ambivalence est un état partiel, défini par la présence *d'un certain degré* de doute, et qui n'est pas incompatible avec la présence simultanée de pensées contraires. Ajoutez à cela le fait que lorsqu'on pense être ambivalent, cela est en soi une façon de douter de soi, et nous arrivons à la conclusion que c'est seulement envers l'état « impur » que penser fait être. D'un autre côté, il n'existe pas de semblable amélioration de soi dans les états de plein accord avec soi-même ou de confiance que l'on peut associer à un moi meilleur. Pour ce qui est de ce type de « constitution de soi », la seule direction possible est à la baisse.

Mais justement parce que les états comme l'ambivalence ou le manque de confiance *sont* des états partiels ou « mixtes », cette disparité est peut-être plus apparente que réelle (on se l'inflige plutôt à soi-même). Car la question reste ouverte de savoir précisément *dans quelle mesure* nous avons dévié de l'état que nous avons défini comme un état « complet », et aussi dans quelle exacte mesure cela est important. Nous n'en sommes peut-être pas loin du tout; en effet, dans une certaine situation, nous pouvons être juste à la bonne distance, et c'est parfaitement approprié. L'asymétrie dépend entièrement de la définition de l'un des états

1. Voir la *Lady Bracknell* de Oscar Wilde : « J'ai horreur de tout ce qui altère l'ignorance naturelle. L'ignorance est comme un fruit exotique délicat, vous le touchez et le parfum disparait. », *L'importance d'être constant*, Acte I, scène 5.

comme absence totale de pensées concurrentes. Il n'y aurait aucune asymétrie, ni aucune injustice métaphysique, si l'on concevait les deux états à la fois soit de manière absolue, soit de manière partielle. Et cela semble déprimant ou injuste seulement parce que nous oublions que la fragilité de l'un des états et l'inéluctabilité virtuelle de l'autre dépend du fait que l'on considère l'état inéluctable comme un état partiel. Et donc, pour autant qu'on puisse le montrer par un argument *a priori*, cet état peut se rapprocher de manière asymptotique de l'état « positif » fragile, au point de rendre négligeable la différence entre les deux. On prend trop facilement la perte de l'accord avec soi-même pour une question d'auto-accomplissement de l'interprétation, mais cela peut aussi être relativement superficiel. Malgré l'image de contamination ici, la profondeur de notre ambivalence en telle ou telle occasion peut n'être rien de plus que celle d'une pensée passagère.

Si les auto-interprétations de ce genre possèdent, pour ces raisons logiques, une nature auto-accomplissante, nous ne devrions pas nous attendre à l'appliquer à autre chose qu'à une série spéciale de cas. Ceux-ci seraient, en gros, des états « partiels » (comme l'ambivalence), qui sont définis par opposition avec un certain état « absolu », lui-même défini de telle sorte qu'il est incompatible avec le moindre doute pouvant le compromettre. Il ne s'agit pas d'une série triviale de cas, mais en même temps, nous ne concevons certainement pas la majeure partie de notre vie psychologique de cette façon. Pour le reste de la vie mentale, l'idée de « constitution de soi » devra avoir un autre sens, pour pouvoir être appliquée.

États distincts / état global de la personne

J'ai mentionné une version plus modeste de l'idée de constitution de soi : c'est l'idée que si une personne change sa conception de sa propre vie mentale, logiquement cela suffit à modifier significativement la vérité au sujet de son état, sans toutefois que cela ne dispose cette même interprétation à s'auto-accomplir. Une personne peut reconsidérer son état d'esprit de multiples façons, qui réclameront une description modifiée de son état et ce, pour des raisons propres à la première personne et à personne d'autre. En un sens, une telle idée accorde un « privilège spécial » à la façon dont la personne se conçoit elle-même, puisqu'on affirme que seule sa conception de son état, à l'exclusion de toute autre, possède ce caractère logique. Mais ici, l'idée de « privilège » ne devrait pas nous empêcher de voir que ce statut accordé à la manière dont une personne se conçoit ne dépend pas du fait que son interprétation soit *vraie*, encore moins du fait qu'elle soit vraie parce qu'elle est auto-constituante. Il y a à cela une raison simple, c'est que quand une personne a une conception erronée de son état, cela fait partie de la personne que nous voulons précisément comprendre, et ainsi, par exemple, c'est *pertinent* au moins pour comprendre l'émotion en question (« comment doit être réellement son envie si elle tend de la sorte à ne pas la décrire correctement ? ») Même lorsqu'une personne a une méconnaissance vraiment crasse de son désir ou de sa peur, ce sera néanmoins une indication importante de la nature même de son attitude. Mais nous pouvons voir une raison plus importante d'admettre que même les conceptions fausses de soi-même modifient leur objet, une fois que nous avons renoncé à cette illusion de penser qu'une émotion ou une autre attitude ressemble à une particule atomique. Considérons en effet deux personnes qui ressentent toutes deux de la gratitude envers un bienfaiteur. On peut considérer l'une d'elle comme une personne plus naïve étant donné qu'elle voit sa gratitude comme quelque chose de simple et sans ambiguïté, alors que la personne plus sophistiquée ou plus cynique voit sa gratitude, et peut-être toute gratitude, comme liée au ressentiment et à l'agressivité envers le bienfaiteur. Ces deux personnes seraient toutes deux pleines de gratitude, mais elles vont indubitablement sentir, penser et agir de manière différente dans l'expression de leur gratitude, et l'on s'attendrait à ce que leurs émotions suivent des cours différents. Une description de ces personnes qui laisserait de côté les différences dans la manière dont elles conçoivent la (leur) gratitude ne serait pas simplement incomplète, mais serait sérieusement fallacieuse. Admettre tout cela ne doit cependant pas nous empêcher d'imaginer que la personne ait ici sérieusement tort, ou s'égare sur son propre compte. Il y a encore de la place pour l'idée d'exactitude et de véracité dans ce domaine, et pour les risques concomitants d'erreur et d'illusion. Interpréter sa gratitude comme du ressentiment ne la constitue pas comme telle, pas plus que la manière dont la personne naïve se comprend ne rend sa gratitude innocente. (Et si l'on voit comme un auto-accomplissement la manière subversive dont la personne « sophistiquée » comprend sa gratitude, ce sera, je le soupçonne, sous l'influence de la métaphore de la contamination discutée dans la section précédente). Mais dans les deux cas, nous pouvons voir que là où nous conservons la possibilité d'appliquer les notions de l'erreur et de l'exactitude, il reste vrai qu'une description correcte de l'état de la personne, qu'elle soit « de l'intérieur » ou « de l'extérieur », ne peut pas être indifférente à la propre conception qu'elle s'en fait, elle ne peut pas simplement congédier celle-ci comme étant une opinion erronée de plus.

Conserver la possibilité de se tromper ne signifie pas que l'on abandonne ici l'apparition d'une asymétrie moi/autrui. Une conception erronée de notre état peut constituer une modification de sa nature globale, et demeurer fausse à cause de tout cela. Quelqu'un peut voir son orgueil comme un péché, mais s'il n'existe (en réalité) rien de tel que le péché, alors assurément, qu'il conçoive son orgueil de cette manière ne le constitue pas comme tel. Néanmoins, il reste vrai que la présence de l'auto-interprétation suffit à ce que son orgueil soit d'une nature essentiellement différente de l'orgueil de quelqu'un d'autre, ou de son propre orgueil avant qu'il n'en vienne à le considérer de cette manière. Et cela sera vrai pour des raisons spécifiques, qui tiennent au fait qu'il s'agit de *son* interprétation de son orgueil, et non pas de l'interprétation de quelqu'un d'autre. L'une de ces raisons anticipe un point qui sera brièvement développé, concernant la direction, « extérieure » aussi bien qu'« intérieure », du regard de celui qui s'auto-interprète. Pour cette personne, voir son propre orgueil en ces termes signifie qu'elle voit les choses dont elle s'enorgueillit en des termes correspondants. Pour elle, interpréter son orgueil comme un péché revient à voir sa richesse, son pouvoir, sa beauté comme étant essentiellement *indignes* et à voir leurs attraits comme autant de tentations l'attirant vers la faiblesse spirituelle. Plus son évaluation dépréciative de ces choses est ferme et sans ambiguïté, plus nous, en tant qu'interprètes, aurons tendance à donner une description incohérente, si nous persistons avec insouciance à parler de son « orgueil » alors que nous voyons bien que cette attitude a perdu toute connexion avec les exigences ordinaires qui nous font voir l'objet d'orgueil comme ayant de la valeur, comme admirable et distinctif. Les auto-interprétations sont liées aux fondements rationnels-conceptuels des attitudes particulières ; à partir de là, passé un certain point d'apparente irrationalité dans l'état que nous pouvons attribuer à la personne (par exemple, « un orgueil pervers »), c'est le maintien de cette *attribution* de l'orgueil qui deviendra incohérent. Mais bien avant que l'on atteigne ce point, il reste vrai que les termes spécifiques dans lesquels une personne saisit son propre état jouent un rôle en déterminant son type. Dès lors, contrairement à ce que l'on suppose d'ordinaire, accorder un privilège herméneutique aux auto-interprétations (qu'elles soient individuelles ou sociales) ne requiert pas de supposer leur vérité. Un observateur extérieur qui souhaite comprendre ou même décrire l'orgueil de cette personne avec quelque exactitude doit inclure le fait que celle-ci l'interprète en ces termes, qu'elle éprouve et vit cet orgueil suivant ces concepts particuliers.

L'observateur extérieur doit inclure ces faits non seulement par anticipation de leur influence probable sur l'orgueil ou la gratitude de la personne, mais aussi pour une raison logique : l'état qu'il cherche à décrire est un état de la personne tout entière. C'est-à-dire que l'objet même de l'interprétation de l'observateur extérieur inclut les attitudes de second ordre aussi bien que les attitudes de premier ordre de la personne. L'intérêt que l'on prend soi-même, ou une autre personne, à la gratitude de quelqu'un, n'est pas un intérêt pour un état distinct. Il s'agit plutôt d'un intérêt pour l'orientation globale de la personne envers son bienfaiteur. La notion d'un état de gratitude n'aurait pour nous aucun usage, si on pouvait raisonnablement demander si « celui-ci » n'a point changé, alors que la personne elle-même estimerait qu'il est dominé par le ressentiment, sans aucun désir de reconnaissance pour le bienfait reçu, ou qu'il exprimerait une sorte de dépendance névrotique honteuse. L'attribution première d'un état tel que la gratitude vise déjà à prendre en compte ces aspects de l'attitude globale de la personne. L'idée qu'une différence dans l'auto-interprétation d'une attitude engendre une différence au niveau de l'attitude réelle, ou que l'auto-interprétation est « partiellement constitutive » de son objet, a une dimension purement logique. Cela est dû au fait que d'ordinaire, l'état global d'une personne que nous voulons caractériser comprend sa façon de se reconsidérer elle-même.

La croyance et l'activité d'interprétation

Cependant, lorsqu'ils parlent de « constitution de soi », il est clair que Taylor et d'autres ont également en tête tout autre chose que cette affirmation logique. On en illustre souvent l'idée générale en référence à la situation d'une personne exprimant son état émotionnel et on invoque une sorte de langage causal pour décrire le phénomène. On dit qu'adopter une nouvelle description de notre état le *modifie* : « La compréhension contribue à façonner l'émotion », en changeant ce que nous ressentons[1]. Et en effet, l'échec à clarifier la différence entre les aspects causal et logique de la « constitution de soi » contribue à l'apparence de mystère qui entoure le phénomène entier, apparaissant comme un problème de magie des mots ou de « pouvoir du nom ». Les représentations de l'idée du statut spécial des auto-interprétations doivent parfois donner l'impression que l'on reconnait au pur acte de re-décrire quelque chose le pouvoir de transformer cette chose. Non seulement le type de processus dont il s'agit exactement demeurerait mystérieux, mais une telle image possède des implications volontaristes avec lesquelles Taylor lui-même est soucieux de prendre ses distances[2].

Ces implications importunes ne sont pas seulement la conséquence du manque de clarté affectant la combinaison des considérations causales et logiques, mais aussi la conséquence d'une particularité de la description de l'acte cognitif impliqué. Taylor et les autres emploient une multitude de termes pour désigner l'activité auto-interprétative, dont on dit qu'elle est constitutive de nos réactions émotionnelles : nous adoptons des formulations, des vocabulaires ou des langages inédits pour parler de nos émotions ; nous les interprétons ou nous les exprimons

1. « Formuler ce que l'on ressent ou finir par adopter une nouvelle formulation peut fréquemment changer ce que l'on ressent » (C. Taylor, « The Concept of a Person », art. cit., p. 100). La référence à ce qui arrive « fréquemment » suffit elle-même à suggérer que ce ne n'est pas d'un problème logique qu'il est ici question.

2. « (Bien sûr, cela ne revient pas à dire que nous pouvons changer nos émotions arbitrairement, en leur appliquant différents noms. Nous ne sommes pas en train de parler d'un processus que l'on pourrait entreprendre arbitrairement) » (C. Taylor « Self-Interpreting Animals », *op. cit.*, p. 70 ; voir aussi p. 64-65).

différemment; nous les « voyons » de telle ou telle façon. Ce qui est frappant avec cette liste, c'est que, alors même que toutes ces activités sont des activités cognitives, l'idiome fondamental de la « croyance » est systématiquement évité tout au long de la discussion. Et cet évitement met en lumière la préférence rémanente pour les termes (« interpréter », « décrire », etc.) qui se réfèrent tous à de simples *actions* d'un type ou d'un autre, et qui *peuvent* donc être accomplies pour plus d'une raison. La raison pour laquelle on peut entreprendre « arbitrairement » une activité comme « décrire », c'est que l'on peut décrire ou interpréter quelque chose sans que cela suppose de s'engager sur la manière dont les choses sont réellement. Je peux *décrire* le Vermeer face à moi comme si c'était un Rembrandt, peut-être à titre d'exercice que je suis tenu de faire, et dont j'apprends peut-être même quelque chose, sans changer d'avis sur celui qui a fait la peinture. Ou bien je peux *voir* les figures dans un diagramme comme s'éloignant ou comme s'avançant, et passer d'arrière en avant à volonté, sans modifier aucunement mon jugement. Dans cette optique, « décrire », etc., revient à « dire », ce qui n'implique même pas de feindre que l'on exprime sa pensée réelle. A l'inverse, « croire » ne décrit pas une action que l'on peut entreprendre arbitrairement, précisément parce que cela implique un engagement. Une croyance en tant que telle doit répondre d'un ensemble de raisons, raisons qui sont connectées avec sa vérité, et elle n'est pas une action que l'on peut accomplir pour répondre à une requête ni en tant qu'exercice. C'est pourquoi, aussi longtemps que l'idée de constitution de soi est projetée en termes d'activités comme interpréter ou décrire, elle persistera à soulever la question du volontarisme et de l'arbitraire. Car pour ce qui est de la simple description, une personne peut choisir la façon de *décrire* son propre état pour une multitude de raisons différentes. Et si l'on dit que *cette* sorte d'activité-ci a le pouvoir de modifier l'état lui-même, alors il est difficile de la voir autrement que comme une capacité spéciale dont chacun dispose, que l'on peut exercer à volonté.

Ceci ne va pas seulement servir à démystifier cette dernière version de l'idée de constitution de soi, mais aussi à la situer au sein des problèmes ordinaires de la compréhension de soi, pour montrer en quoi le rôle de transformation attribué à l'interprétation de nos états dépend précisément d'une compréhension de « l'interprétation » (et autres choses semblables) qui ne fait *pas* référence à une capacité volontaire. (Et réciproquement, dans la mesure où nous *parlons* d'une capacité active ou arbitraire, il s'agira d'une capacité sans aucun pouvoir spécial de modifier quoi que ce soit). Des verbes tels que « décrire », « interpréter » et autres, sont voués à l'équivoque entre un usage qui exprime notre sentiment authentique de la manière dont les choses sont, avec le même type d'engagement que pour la croyance, et un usage différent, sans engagement, dénotant une activité ordinaire. En comprenant les verbes plutôt en ce second sens, on dramatise l'idée d'une redescription qui me transforme, et on obscurcit son fondement véritable. Pourtant, en même temps, la représentation de cette idée requiert aussi que l'autre sens de ces verbes, pleinement cognitif ou « engagé », joue un rôle tacite. Lorsque, dans le premier passage cité, Taylor parle de « finir par voir que mon sentiment de culpabilité était faux », il parle certainement de changer ses croyances à propos de ce sentiment, de finir par croire qu'il était faux ou sans fondement. Pourtant, une telle croyance à propos de son sentiment de culpabilité exigerait le même type de raisons que pour n'importe quelle autre croyance et il ne s'agit pas de quelque chose que l'on peut accomplir comme on veut.

D'une certaine façon, on s'attendait exactement à cela : que lorsque quelqu'un finit par croire que son sentiment de culpabilité était faux, l'émotion elle-même change. Non seulement sa compréhension du sentiment change (il peut désormais penser qu'il est compulsif ou névrotique), mais ce qu'il ressent change aussi. Il peut maintenant s'admonester pour la culpabilité elle-même et ressentir un mélange de soulagement et d'embarras. Mais dans un tel cas, l'identité de ce qu'il *ressentait* avant de changer d'avis sur sa nature n'est pas constituée ni même affectée par la manière dont il accepte ensuite de la comprendre. Ce changement ne met pas à l'épreuve le statut de l'émotion originelle en tant qu'« objet pleinement indépendant » ; simplement, cet objet a maintenant été remplacé par un autre. Et dans la mesure où nous voulons ici parler « d'objets », il reste vrai qu'aucun objet n'est indépendant au point de demeurer inaltérable sans tenir compte de tout ce qui se passe dans le monde (y compris le « monde intérieur »).

Il *serait* surprenant que de simples croyances au sujet de mes émotions puissent modifier ce que je ressens, si les émotions ellesmêmes n'étaient pas des attitudes polarisées sur quelque chose. Normalement, si je finis par croire que certaines de mes peurs ne sont pas fondées, cela changera mon état émotionnel en remplaçant la peur par quelque chose d'autre, peut-être du soulagement. J'avais peur *de* quelque chose, et cette peur dépendait de mes croyances au sujet de cette chose. Cette dimension cognitive est la raison pour laquelle les états non cognitifs, tels que la douleur physique, sont (et c'est regrettable) considérablement moins sensibles à nos croyances et à la façon dont nous les comprenons. Nul besoin d'affirmer que les émotions *sont simplement* une espèce de croyance pour voir qu'elles ont une dimension cognitive et qu'elles tombent sous le coup de la critique rationnelle. On sait bien que certains états émotionnels ne changent *pas* lorsque les croyances sur lesquelles ils reposent sont démenties en toute sincérité par la personne en question – par exemple, des phobies dont la personne est consciente en tant que telles, et qui survivent même quand elle les reconnaît comme des peurs infondées. (Bien entendu, on sait aussi que nous critiquons souvent de tels états parce qu'ils sont irrationnels).

Ainsi, si nous pouvons penser que la modification de l'interprétation ou de l'expression d'une émotion implique un engagement équivalent à un changement de croyance au sujet de cette émotion, et si nous considérons l'émotion elle-même en tant qu'attitude, nous avons quelque chose qui ressemble à une croyance des deux côtés de la relation. De cette façon, nous pouvons espérer apporter un peu de lumière sur la dimension « d'auto-affectation » de certaines auto-interprétations, en considérant ce que l'on appelle les attitudes de « second ordre », par exemple, les croyances de quelqu'un à propos de ses propres croyances. Cela dit, il existe certaines situations familières de réflexion sur soi où, en déterminant la nature d'un état d'esprit, on révèle une nature particulièrement changeante. Dans les situations de ce type, plus on tente de se concentrer directement sur sa pensée et son sentiment actuels, (par exemple, concernant une querelle, un film ou un coup de fil de la veille), moins notre état d'esprit semble défini ou constant. Si nous imaginons ce que l'on fait lorsqu'on traque un état intérieur, cela peut alors ressembler à une recherche dont l'objet change mystérieusement juste au moment où le regard introspectif se dirige sur lui. Mais même s'il s'agit là d'une image fourvoyante, nous devrions nous attendre à ce qu'avec les croyances, il y ait quelque chose de semblable à ce phénomène général. Si une personne est un tant soit peu rationnelle, ses croyances de premier ordre seront effectivement sensibles aux croyances de second-ordre qui portent sur elles, et elles changeront en conséquence. Par exemple, elle peut découvrir qu'un certain ensemble de ses croyances est incohérent, ou suspecter que l'une de ses croyances en particulier est le produit d'un préjugé ou d'un manque d'attention, ou encore, et c'est un cas-limite, que cet ensemble est simplement faux. Normalement, ses croyances de premier ordre vont alors changer en réponse à sa manière de les interpréter. Ici, il devient clair qu'il y a un malentendu à croire que ces changements factuels offrent simplement de nouvelles *descriptions* de mon état émotionnel. Car une nouvelle description de mon émotion ou de ma croyance n'a pas le pouvoir de les changer, à moins que je ne *crois* à cette description. En clair, c'est l'actualisation de la croyance qui est cruciale pour ce changement, et non l'activité de nommer ou de décrire.

Le processus de création de soi: questions théoriques et délibératives

On peut parvenir à de telles redescriptions de notre état d'esprit de bien des manières, et c'est seulement pour certaines d'entre elles que les descriptions de la vie psychologique vont fonctionner différemment à la première et à la troisième personne. Il n'y a pas qu'un seul état d'esprit dans lequel une personne peut réfléchir à son état psychologique, et ces divers états d'esprit impliquent des différences correspondantes dans la manière dont une telle compréhension peut contribuer à modifier un état d'esprit. Par exemple, étant donné que nous connaissons nos intentions, des philosophes invoquent parfois une distinction entre la certitude fondée sur des faits ou sur une découverte, et la certitude fondée sur une décision prise par la personne. Selon cette distinction, l'incertitude au sujet de ce que l'on a l'intention de faire est normalement un problème d'intention que l'on n'a pas encore pleinement *formée*, et on met fin à cette incertitude par une décision sur ce qu'il faut faire, plutôt que par une découverte d'une intention pré-formée[1]. La question qui exprime cette

1. Pour cette distinction, voir S. Hampshire et H.L.A. Hart, « Decision, Intention and Certainty », *Mind* 67, 1958 ; une discussion ultérieure de H. P. Grice, « Intention and Uncertainty », *Proceedings of the British Academy* 57, 1971 et G.E.M. Anscombe, *L'intention*, *op. cit.*. Voir J. David Velleman, *Practical Reflection*,

incertitude n'indiquera *pas* une situation où il y a quelque chose que j'ai l'intention de faire mais que j'ignore encore. Par contre, la question exprime le caractère incertain de mon intention même. Il s'agit non pas d'une incertitude théorique, mais pratique, et sa résolution est une décision plutôt qu'une prédiction de ce que je vais faire. Mettre fin à mon incertitude sur ce que je vais mettre, par exemple, revient en effet à savoir quelque chose; et comme d'autres choses que je sais, je peux le dire à quelqu'un d'autre pour qu'il le sache aussi. Mais dans d'autres perspectives, bien que nous parlions ici à juste titre de connaissance, ce n'est pas une question purement théorique ou épistémique. Savoir ce que je vais faire ensuite n'est pas fondé sur des faits ou autres raisons de *croire* quelque chose, pas plus que cela n'est fondé sur ce que je tiens pour des raisons de *faire* quelque chose. A partir de là, on ne saurait réclamer à quelqu'un des faits pour vérifier l'énoncé de son intention. Lorsque je décide quoi faire et que je le dis à quelqu'un d'autre, je lui fournis en effet une raison d'attendre quelque chose, une très bonne raison, si je ne suis pas trop indécis, ni un menteur; mais ce que je possède moi-même n'est pas une attente fondée sur un fait, mais une intention fondée sur une décision[1].

Princeton University Press, 1989, pour une vision très différente, d'après laquelle les intentions sont des prédictions théoriques pour lesquelles nous disposons de motifs constants pour y conformer nos actions.

1. Ici, je me rapproche de S. Hampshire (*Freedom of the Individual*, Princeton University Press, 1975), inestimable pour penser ces questions. On soutient parfois que la connaissance d'actions futures est en fait un problème de prédiction, puisqu'elle doit reposer sur des faits ordinaires inductifs, liés à des capacités, les propriétés empiriques du monde sur lesquelles on s'appuie pour faire des projets, etc. Mais ce que l'on affirme ici, ce n'est pas que la connaissance inductive n'est pas pertinente pour prendre une décision, mais qu'après avoir pris en considération tous ces faits, il revient à la personne de décider ce qu'elle va faire.

Il peut sembler que la question : « Que vais-je faire ? » a une application *exclusivement* pratique, et non pas théorique, c'est-à-dire qu'elle ne porte pas sur une intention pré-formée. S'il en est ainsi, c'est uniquement en raison de la difficulté d'imaginer une situation où une personne devrait à la fois chercher à apprendre quelle est son intention *et* avoir une raison suffisamment bonne de croire qu'elle *a* une certaine intention relative à la situation. La difficulté est ici fonction du fait que, même lorsque nous imaginons une situation où quelqu'un fait preuve de cécité théorique à l'égard de sa propre intention, il sera difficile d'envisager cela comme de la pure ignorance, une lacune dans la conscience, qui ne reflète aucun conflit (pratique) au niveau de l'intention elle-même. Le problème avec ce genre d'idée d'aveuglement sur soi ne dépend pas d'hypothèses cartésiennes sur la transparence de l'esprit à lui-même. Même au sein d'une explication psychanalytique, normalement les pensées et attitudes contradictoires qui expliquent le blocage de *conscience* du sujet par rapport à son intention, seront elles-mêmes des raisons de l'ambivalence *inhérente* à son intention générale ; cela signifie que l'intention ne sera pas totalement en total accord avec elle-même. Dans ce genre de cas, il ne s'agira pas de pure ignorance, non seulement parce qu'on cherchera irrésistiblement une *motivation* afin de l'expliquer, mais parce que la motivation imputée à la personne doit qualifier l'attribution initiale de l'intention (comme conflictuelle ou partielle).

Eu égard à d'autres états que l'intention, il est clair en tout cas que les mêmes mots peuvent exprimer ou bien la volonté d'identifier un certain état d'esprit, ou bien le désir de prendre une décision à propos de quelque chose. Ainsi, par exemple, dire « Je ne sais pas ce que je veux » peut exprimer ou bien une conscience divisée comprenant certains désirs bien définis quoique réprimés, ou bien la délibération de quelqu'un sur ce qui est désirable, son choix entre certaines options. Dans ce dernier type de cas, l'incertitude concernant ses propres désirs est une incertitude ou une indétermination des désirs eux-mêmes, et dissiper l'incertitude revient à former son désir[1]. En ce qui concerne sa vie émotionnelle, il se peut qu'une personne veuille savoir ce qu'elle pense réellement de quelque chose, ou bien il se peut qu'elle soit en train de prendre une décision, de déterminer une réponse à laquelle elle pourra se conformer, ou qu'elle peut au moins comprendre. Autrement dit, sa recherche peut être soit une recherche purement théorique au sujet de son état psychologique en tant que tel, soit faire partie du processus de formation de ses sentiments.

Ce que nous appelons une question théorique sur soi-même est alors une question à laquelle on répond en découvrant le fait dont on était ignorant, alors que l'on répond à une question pratique ou délibérative par une certaine décision ou engagement, et ce n'est pas une réponse à l'ignorance de quelque fait antérieur nous concernant. Lorsque la réflexion sur soi, qui porte sur les réactions émotionnelles, est de ce dernier type, la déclaration « Je ne sais pas *ce que je ressens* à propos de cela » équivaut à « Je ne sais pas *quoi ressentir* à propos de cela ». C'est-à-dire qu'on ne sait pas comment gérer et débrouiller les divers éléments conflictuels de notre réaction immédiate. La question théorique correspondante serait de la forme « Je ne sais pas quel est ce sentiment que je ressens », et ceci est équivalent au type de question qui apparaît fréquemment dans la littérature sentimentale, « Quel est ce sentiment que je ressens ? ». Celui qui demande cela pense probablement en son for intérieur, par exemple, qu'il n'avait jamais songé

1. Hampshire décrit la situation d'une telle personne, où « la conclusion de ses considérations sera une décision d'où émerge un désir bien défini. Elle sait à présent ce qu'elle veut faire, parce qu'elle a maintenant formé son désir, et non parce qu'elle sait maintenant comment caractériser un désir pré-existant » (*Ibid.*, p. 52).

auparavant qu'il avait des sentiments particuliers pour une certaine autre personne, bien qu'il se soit parfois senti gêné en sa présence ; mais à présent, ces sentiments auxquels il prête attention, ainsi que son comportement passé, l'amènent à croire qu'il *a* une certaine réaction émotionnelle bien définie, mais il n'est pas sûr de savoir comment la nommer. Peut-être que quand il voit cette personne en compagnie d'autres gens, ou seulement avec certains autres, il se trouve ressentir quelque chose qui ne pourrait être que de la jalousie, mais au premier abord, il ne voit aucune raison de ressentir quoi que ce soit *de tel*. Naturellement, si cette investigation reste pour lui purement théorique, séparée de la question de ce qu'il *doit* ressentir, il est probable que son émotion soit impropre ou figée, quoi qu'elle s'avère être ensuite. Cela reviendrait à réduire l'émotion à un événement intérieur qu'il subit passivement. C'est aussi courant dans la littérature sentimentale. Le jeune Werther de Goethe est un observateur subtil et perspicace des mouvements de ses propres états mentaux. Cependant, l'intérêt qu'il leur porte est avant tout théorique, contemplatif, séparé des questions sur le monde vers lequel sont vraisemblablement orientés ces états qui lui sont propres.

Lorsque l'articulation ou l'interprétation d'un état émotionnel joue un rôle dans la *formation* réelle de cet état, c'est parce que l'interprétation fait partie de la recherche délibérative sur ce que l'on doit ressentir, sur la manière dont on doit réagir. Et là, l'attention sera dirigée au moins autant vers l'extérieur, vers l'objet de la réaction, que vers soi-même. L'idée de réflexion « délibérative » sur nos réactions est censée dénoter quelque chose de plus que leur simple évaluation normative, que le genre de réflexion qui se terminerait par leur appréciation définitive. Car la simple évaluation des attitudes, quelque normative qu'elle soit, s'appliquerait aussi bien aux attitudes passées qu'aux présentes, et elle aurait en fait exactement la même application vis-à-vis d'une autre personne que vis-à-vis de soi-même. En elle-même, une telle appréciation n'est pas essentiellement une affaire en première personne. En revanche, la réflexion « délibérative » telle qu'on l'entend ici, appartient à la même famille de pensées que la réflexion pratique, qui ne se conclut pas par un jugement normatif *à propos de* ce qu'il vaudrait mieux faire, mais par la formation d'une réelle intention *de faire* quelque chose. De même, dans les types de cas mentionnés, où le fait de voir ses sentiments de culpabilité comme faux, ou ses sentiments de colère comme puérils, « contribue à façonner l'émotion », c'est parce que le « voir » en question n'est pas purement théorique ni descriptif, (même là où ces descriptions incluent des appréciations évaluatives), mais il est plutôt l'expression d'une réflexion délibérative ordinaire sur ce qu'il *faudrait* ressentir.

La distinction entre questions théoriques et questions délibératives introduit une nouvelle dimension pour les questions que nous avons considérées concernant l'objectivité du mental et la substantialité de la connaissance de soi. Nous sommes désormais en position de voir dans quelle mesure les réflexions d'une personne sur son propre état mental comportent en effet un aspect dynamique ou de transformation de soi, et ceci est fonction du fait que la personne elle-même joue un rôle dans la formulation de ce qu'elle pense ou ressent. Il reste beaucoup à dire pour clarifier au moins ce qu'est ce rôle, et ses implications dans des problèmes tels que celui d'« être objectif envers soi-même », en un sens se rapportant à la psychologie morale plutôt qu'à la métaphysique et à l'épistémologie. Mais nous ne devrions confondre l'introduction de l'agent dans la réflexion sur soi ni avec l'abandon du réalisme ordinaire à propos du mental, ni avec le refus d'une épistémologie substantielle de la connaissance de soi. En effet, il est essentiel à notre nature de personnes que nous soyons des « animaux qui s'interprètent eux-mêmes » (selon l'expression de Taylor), et que l'exercice de cette capacité joue un rôle crucial pour faire de nous ce que nous sommes. Et ici, la « constitution de soi » en question est authentiquement substantielle et productive, et elle n'est pas seulement une question de « construction logique », pour ainsi dire. Mais au lieu de considérer que ceci sape nos idées ordinaires sur la réalité de la vie mentale, nous devrions maintenant remarquer que, pour tout concept du mental suffisamment riche pour inclure les attitudes de quelqu'un envers ses propres attitudes, cette sorte de réceptivité mutuelle est exactement ce qu'impliquerait la santé mentale. Ainsi, la question de « l'indépendance » de l'état d'esprit d'une personne par rapport à son interprétation de cet état revêt à présent un caractère très différent. Car lorsque l'état émotionnel d'une personne est indépendant en *ce* sens de ses autres attitudes envers cet état, cela signifie que les deux groupes d'attitudes sont isolés l'un de l'autre du point de vue cognitif et ainsi, que par exemple, sa réflexion délibérative sur ce qui est désirable laisse intacts ses désirs réels. Bien qu'il s'agisse d'une situation assez familière en elle-même, c'est une forme de trouble que n'exigent ni les vertus épistémologiques ni les vertus morales de l'objectivité.

Relations de transparence

Nous obtiendrons une vision plus claire de l'interaction entre ces deux types d'enquête en considérant une affirmation connexe sur la façon dont une question portant sur notre propre croyance doit se présenter, du point de vue de la première personne. Au bout du compte, ceci contribuera aussi à mettre correctement en perspective la question du rôle de la personne en tant qu'agent dans la formation de ses attitudes. De manière générale, si quelqu'un se demande « Est-ce que je crois que P? », il traitera cette question davantage comme il traiterait une question analogue qui ne ferait nullement référence à lui-même, en l'occurrence, la question « Est-ce que P est vrai? » Et ce n'est pas ainsi qu'il va normalement se rapporter à la question de ce que quelqu'un d'autre croit[1]. Roy Edgley a appelé cette propriété la « transparence » de nos propres pensées :

> [M]a propre pensée présente, par opposition à la pensée des autres, est transparente au sens où je ne peux pas distinguer la question : « Est-ce que je pense que P ? » d'une question où il n'y a aucune référence essentielle à moi-même ou à ma croyance, à savoir : « Est-ce que P est le cas ? » Bien sûr, cela ne signifie pas que les réponses correctes à ces deux questions doivent être les mêmes ; seulement que je ne peux les distinguer, car en donnant ma réponse à la question : « Est-ce que je pense que P ? », je donne aussi ma réponse, plus ou moins hésitante, à la question : « Est-ce que P est le cas ?[2].

Et plus récemment, Gareth Evans a fait une observation similaire en lien avec une remarque de Wittgenstein contre l'idée selon laquelle la connaissance de soi implique un « regard intérieur » :

> [E]n s'attribuant une croyance à soi-même, les yeux de quelqu'un sont, pour ainsi dire, parfois même littéralement, dirigés vers l'extérieur – vers le monde. Si quelqu'un me demande : « Pensez-vous qu'il va y avoir une troisième guerre mondiale ? », je dois, pour lui répondre, prêter attention précisément aux mêmes phénomènes extérieurs que si je répondais à la question : « Va-t-il y avoir une troisième guerre mondiale ?[3].

Affirmer qu'une question « transparaît » dans l'autre ne revient pas à affirmer que l'une se réduit à l'autre. Le fait qui

1. La question : « Est-ce que je crois que P ? » serait mieux exprimée par « Qu'est-ce que je pense de X ? », où X est une certaine préoccupation ou possibilité plutôt qu'une proposition particulière représentée par P. C'est à la fois plus naturel dans un contexte de délibération et plus clairement adapté à un tel contexte.

2. R. Edgley, *Reason in Theory and Practice*, London, Hutchinson, 1969, p. 90.

3. G. Evans, *The Varieties of Reference*, Oxford University Press, 1982, p. 225.

répond à la question sur la guerre est différent du fait portant sur la croyance particulière d'une personne. Comme le souligne Edgley, les réponses correctes aux deux questions n'ont pas besoin d'être les mêmes. Mais il n'est pas juste non plus de dire, comme il le fait, qu'on ne peut distinguer les deux questions si l'on se situe du point de vue de la première personne. Après tout, ce n'est pas comme si, bien que les réponses aux deux questions soient en fait distinctes, j'étais condamné à l'ignorer, ou comme si je ne pouvais pas les voir pointer dans des directions différentes. Quiconque possède le concept de croyance sait que, bien que l'on croit que quelque chose est vrai, le fait auquel on croit et le *fait d'y croire* sont deux choses différentes. Du point de vue de la perspective en première personne, je reconnais que ces deux questions sont distinctes en vertu du fait que je reconnais que c'est sur un monde indépendant que mes croyances portent, et elles pourraient donc échouer à se conformer à lui. Ainsi, la relation de transparence, plutôt que de réduction ou de confusion, que visent ces auteurs, porte sur *la façon* dont il faut répondre à un ensemble de questions, et sur les types de raisons qu'il faut considérer comme pertinentes. Ils disent alors qu'on répond à une question au présent de la première personne portant sur une croyance en faisant référence aux (ou en tenant compte des) mêmes raisons qui justifieraient une réponse à la question analogue portant sur le monde.

Si cela permet de clarifier le contenu de l'idée de transparence, cela soulève la question du *type* d'affirmation que font Edgley et Evans, et des raisons d'y croire. En tant que fait empirique, pourrait-on dire, est-il vrai qu'on répond toujours de la même façon à la question portant sur soi-même et à la question portant sur le monde ? Ou s'agit-il plutôt d'affirmer que, pour des raisons conceptuelles, nous ne pouvons pas comprendre l'idée de répondre à une question portant sur notre croyance présente sans « prêter attention précisément aux mêmes phénomènes extérieurs » que si l'on répondait à la question portant sur le monde ? Eu égard aux autres attitudes que la croyance, il a semblé précédemment que nous pouvions très bien imaginer des situations où les deux questions n'étaient pas traitées de manière équivalente. Quelqu'un peut vouloir savoir s'il éprouve bien du ressentiment, ou s'il convient d'éprouver un quelconque ressentiment dans ce cas-ci, ou encore si c'est ce qu'il est censé ressentir. Il pourrait aussi apprendre ce qu'il désire d'une manière qui serait presque purement théorique ou comportementale, et qui est bien différente de toute réflexion sur ce qu'il est bon ou qu'il vaut la peine de désirer dans le monde. Cette division entre ces deux types de considérations pourrait bien, en quelque sorte, représenter un échec (de la rationalité, de la puissance de la volonté, ou autre), mais néanmoins, aucune équivalence entre elles n'est garantie par la logique de la première personne, mais ressemble plutôt à une sorte d'idéal normatif. En ce qui concerne la croyance, l'affirmation de transparence porte sur le fait que, dans une perspective en première personne, je traite la question de ma croyance au sujet de P comme si elle était équivalente à la question de la vérité de P. Je pense que l'on peut voir à présent que le fondement de cette équivalence repose sur le rôle des considérations délibératives au sujet de nos attitudes. Car ce que réclame l'affirmation « logique » de transparence, c'est de reporter la question théorique « Qu'est-ce que je crois ? » sur la question délibérative : « Que dois-je croire ? » Et dans le cas de l'attitude de croyance, répondre à une question délibérative est un problème de détermination de ce qui est vrai.

Quand nous décomposons ainsi cette idée, nous voyons que le véhicule de la transparence repose chaque fois sur la nécessité que j'aborde la question de mon état d'esprit dans un esprit *délibératif*, que je me décide et me déclare à son propos, et que je ne me confronte pas à cette question comme à une question purement psychologique au sujet des croyances de quelqu'un dont il se trouve aussi qu'il s'agit de moi. Ceci ne revient pas à dire que normalement, on accède à ses croyances (et à plus fortes raisons à ses peurs ou ses regrets) par quelque processus explicite de délibération. En revanche, il est essentiel qu'il y ait dans tous ces cas une place logique pour une telle question, sur le regret aussi bien que sur la croyance, et que la peur ou le regret réels que l'on ressent *répondent* de telles considérations. Je peux confesser que ma peur est incontrôlable, et que je ne peux m'empêcher d'avoir peur de quelque chose là où, de mon propre aveu, il n'y a rien à craindre. Mais dans la mesure où je saisis mon état comme une *peur* d'un certain type, même une peur irrationnelle, je ne peux pas manquer d'accepter la pertinence, la force de la question délibérative : « Y-a-t'il ici quelque chose à craindre ? » Ce n'est peut-être pas la seule question qui se pose à moi dans ma situation, mais si je ne peux comprendre le bien-fondé de *cette* question portant sur mon état, alors je ne peux pas comprendre que c'est un état de peur, quel que soit le type de peur, y compris irrationnelle.

Une fois caractérisés les deux types de questions concernant notre état d'esprit, on voit mieux le contraste entre les termes « délibératif » et « théorique », le point principal consistant à marquer la différence entre l'investigation qui s'achève par une description véridique de mon état et celle qui s'achève par la formation ou l'adhésion à une attitude. Ainsi, parler du rôle de la personne dans la formation de ses attitudes ne revient pas à invoquer une sorte de capacité pleinement volontaire ou désirante de création de soi. Une personne adopte ce rôle aussi longtemps qu'elle peut répondre à des questions du type : « Que dois-je croire ici ? » et par conséquent, elle finit par croire quelque chose ou par répondre à une question de la forme : « Est-ce bien ce que je veux vraiment ? » en prenant en considération ce qu'il vaut la peine de vouloir, et elle finit ainsi par clarifier la structure de ses désirs réels. Le fait que nous ayons effectivement cette capacité ne devrait pas être sujet à controverse, car cela équivaut à l'idée qu'être un agent rationnel, c'est en partie être capable de soumettre ses attitudes à révision d'une façon qui change notre attitude. On est un agent envers ses attitudes dans la mesure où l'on s'interroge sur ses croyances en réfléchissant à ce qui est vrai, et où l'on s'interroge sur ses désirs en réfléchissant à ce qui est estimable, divertissant ou satisfaisant. Ce n'est pas la seule position possible que l'on peut prendre envers ses croyances ou autres attitudes, mais c'en est une qui est essentielle, et cela n'a rien à voir avec l'adoption libre ou arbitraire de croyances par commodité, par peur, ou en raison d'une mode. Ici, l'agent a un rôle à jouer, dans la mesure où nous pouvons parler de la responsabilité d'une personne envers ses attitudes, et il ne faudrait pas croire que cette sorte de responsabilité est plus aisée que les autres, ou mieux immunisée contre les dommages ou les faux-fuyants.

Le caractère changeant et l'ambiguïté de l'auto-interprétation notés par Taylor, de même que la dimension de « regard extérieur » notée par Edgley et Evans, attribuée aux descriptions de la croyance en première personne, ont leur source dans la primauté accordée à la position délibérative plutôt qu'à la position théorique envers son propre état d'esprit. Ceci suggère qu'on peut avancer sur ces questions et sur d'autres concernant les caractéristiques spécifiques de la première personne aussi bien dans le domaine de la psychologie morale, au sens large, que dans celui de l'épistémologie ou de la métaphysique. Les phénomènes de la connaissance de soi, pour ne pas mentionner le spectre plus large des asymétries entre la première et la troisième personne, sont eux-mêmes tout autant fondés sur des asymétries de responsabilité et d'engagement que sur des différences de capacités ou d'accès cognitif.

Le fait de se conformer à l'idée de transparence entre une recherche sur soi et une recherche sur le monde apparaît ainsi moins comme un problème de logique de l'auto-référence et davantage comme un problème touchant à l'adoption d'une certaine position vis-à-vis de soi-même et de ses attitudes. Ainsi comprise, nous devrions alors nous attendre à ce que cette idée de transparence s'applique différemment à différents types d'états d'esprit, avec plus ou moins de rigueur, avec différentes possibilités d'échec ou de violation délibérée entrainant différentes conséquences.

Les chapitres suivants tentent d'étayer l'idée que les asymétries bien connues entre première et troisième personnes, qu'elles soient ou non interprétées en termes de constitution de soi, ou encore l'impossibilité d'appliquer les notions ordinaires d'objectivité, de réalisme ou de substantialité à la connaissance de soi, ont toutes une application plus large et un fondement différent de ce que suggère leur confinement à des contextes plutôt épistémologiques. Montrer cela nous permettra de situer les problèmes mieux connus de la connaissance de soi dans la perspective plus large des différences entre les possibles relations à soi et aux autres, et les tentations, philosophiques et personnelles, d'essayer de modeler l'une de ces relations sur les possibilités qui, en réalité, appartiennent à l'autre. En particulier, ce que nous avons appelé la conception du Spectateur concernant la connaissance de soi, s'avère être une expression intellectuelle des pressions ordinaires, non philosophiques, à adopter une position purement théorique envers soi dans des situations particulières de la vie, des pressions provenant non seulement des motifs de dérobade ou de « mauvaise foi », mais aussi des motifs d'objectivité morale envers soi. Le chapitre suivant poursuit l'idée du contraste entre les positions délibérative et théorique envers soi, et l'impossibilité d'éliminer les exigences de l'une ou de l'autre, en commençant par le cas relativement simple de la croyance.

CHAPITRE 3

LA CONNAISSANCE DE SOI COMME DÉCOUVERTE ET COMME RÉSOLUTION

On a montré dans le chapitre précédent que la « transparence » de la première personne, telle que Edgley et Evans la décrivent, n'est pas une propriété logique du discours à la première personne qui s'applique à tous les niveaux, mais plutôt une question de position particulière (même si elle est naturelle) que l'on adopte envers soi-même. En ce qui concerne l'attitude de croyance, l'affirmation de transparence nous dit que la question en première personne « Est-ce que je crois que P? » est « transparente » à la question tournée vers l'extériorité au sujet de la vérité même de P, qu'on y répond de la même façon. Si je réponds à la question de ce que je crois au sujet de quelque chose en réfléchissant exclusivement à cette chose en particulier, l'objet de ma croyance, il faut que je considère que ma propre croyance est, d'une certaine manière, « de mon ressort », sinon, cela n'a pas de sens. C'est bien ce que l'on fait d'ordinaire quand on répond à une question portant sur ce que l'on croit dans un esprit délibératif. Cependant, il y a d'autres situations possibles qui réclament une perspective différente sur soi-même et, du point de vue d'un spectateur empirique, on pourrait répondre à la question de ce que l'on croit en ne faisant aucune référence essentielle à la vérité de cette croyance, mais en la traitant comme une question plus ou moins purement psychologique au sujet d'une certaine personne, de même que l'on peut s'enquérir des croyances de quelqu'un d'autre. Si j'ai raison de penser que certaines de mes attitudes ne sont *pas* « de mon ressort » en ce sens, – par exemple, une certaine colère ou une certaine peur qui persiste sans que je puisse en saisir les raisons, – alors, je ne peux pas considérer que la question concernant mon attitude est transparente à une question correspondante concernant son objet. La transparence, dans ce type de situation, est plutôt de l'ordre d'un aboutissement que d'une garantie logique.

Le conflit entre ces deux perspectives sur soi-même est illustré le plus clairement par des phénomènes comme l'*akrasia*, le fait de se tromper soi-même, et d'autres situations où il existe un écart entre une attitude que j'ai raison de m'attribuer et l'attitude à laquelle je suis amené à adhérer ou avec laquelle je m'identifie après réflexion sur ma situation. Dans une telle situation, quelqu'un pourrait avoir une bonne raison théorique de s'assigner une attitude dont il ne peut prendre conscience comme l'exigerait la Condition de Transparence. Pour apprendre ce qu'il pense ou ressent à propos de quelque chose il peut avoir besoin de faire appel à ses meilleures ressources théoriques et empiriques, et l'un des problèmes qui va nous occuper dans ce chapitre est de savoir en quoi cette sorte de conscience de soi diffère de la connaissance de soi ordinaire, et en quoi cette différence compte. Cette différence a une importance à la fois théorique et pratique, elle a donc une importance à la fois pour la compréhension philosophique de la connaissance de soi et dans la vie d'une personne. Pour la personne elle-même, cette importance réside dans le fait qu'elle ne saurait considérer avoir atteint la connaissance de soi ordinaire, fournissant des raisons d'agir (d'où, « *to know h[er] mind* » au sens idiomatique[1]), si elle ne peut connaître sa croyance qu'en

1. Ici, l'auteur attire l'attention sur l'ambivalence de l'expression « *to know his mind* », qui peut signifier au sens littéral « connaître son esprit » mais aussi, au sens

examinant des faits qui la concernent, quelle que soit la spontanéité ou la fiabilité avec laquelle elle serait capable de le faire. Réussir à s'attribuer des attitudes ne peut se substituer à la connaissance de notre esprit en tant qu'exercice d'une capacité délibérative, sans observation.

Voir le caractère indispensable de la perspective délibérative aussi bien que de la perspective théorique ou empirique a une importance philosophique, qui consiste à mettre en évidence ce qui ne va pas quand on considère les propriétés particulières de la première personne comme des raisons de douter de la « substantialité » de la connaissance de soi. Au lieu de cela, nous pouvons considérer comme une exigence rationnelle pour la croyance, pour être l'auteur d'une croyance, le fait d'avoir accès à ce que l'on croit d'une façon qui soit radicalement non factuelle, une façon qui ne repose pas sur des inférences à partir de données internes ou externes. On clarifiera ultérieurement ce que l'on veut dire en appelant cela une exigence rationnelle, mais il faut chasser l'impression que le sens de cette indépendance à l'égard des faits impliquerait une sorte d'acceptation ou de courtoisie qui encouragent le genre d'analyse en termes de permissions sociales que l'on a trouvé chez Wright et ailleurs [1]. Ce qui cloche dans le fait de

idiomatique « avoir des idées bien à soi », « savoir ce que l'on veut », c'est-à-dire être capable de se décider, avoir des convictions qui jouent un rôle moteur dans l'action. La polysémie de l'expression anglaise permet d'articuler un sens théorique, renvoyant à la connaissance de l'esprit, et un sens pratique, renvoyant à la résolution [N. d. T.].

1. C. Wright, « On Making Up One's Mind : Wittgenstein on Intention », *in* P. Weingartner and G. Schurz (eds), *Logic, Philosophy of Science and Epistemology*, Proceedings of the 11th International Wittgenstein Symposium, Kirchberg, Vienna, Holder, Pichler, Temsky, 1986, p. 391-404. Dans *L'homme spéculaire*, Rorty analyse l'autorité de la première personne comme une question de « ce que la société nous permet de dire ». Cela est souvent perçu par ses partisans comme une position globalement wittgensteinienne, bien qu'il soit peu clair que cette affirmation s'appuie sur des textes.

concevoir le problème de l'autorité de la première personne comme un problème de concessions sociales, c'est que cela donne une image permissive fallacieuse, y compris du contexte social. Car le problème n'est pas simplement, après tout, que nous *laissions* les gens parler de leur état d'esprit actuel sans avoir recours à des preuves factuelles, et que nous soyons réticents à mettre ce qu'ils disent à l'épreuve. Il semble plutôt que l'accès spécifique de la première personne à ses états mentaux ne soit pas seulement quelque chose que nous *concédons* aux gens, mais quelque chose qui est une *exigence* rationnelle normale envers eux. Un examen de la première personne devrait expliquer pourquoi, si quelqu'un avait *besoin* de se baser sur un fait comportemental pour rendre compte de ses états mentaux, cela voudrait dire que quelque chose ne va pas chez lui, un certain état de dissociation, et cela susciterait des doutes sur la rationalité de ses attitudes auxquelles il n'a pas accès de la façon normale « immédiate ».

Dans sa forme la plus radicale, le type d'aliénation que nous sommes en train d'envisager mettrait quelqu'un dans une situation qu'il ne pourrait décrire que par un énoncé qui serait une version du Paradoxe de Moore : je sais que ce que je ressens envers lui doit être de l'envie (je crois qu'il pleut dehors), bien que je n'ai rien à lui envier (mais il ne pleut pas dehors). Un énoncé de cette sorte n'exprime pas une contradiction, car on dirait qu'il représente un état de choses possible (composite), et pourtant, quelle que soit la pensée qui chercherait ici à s'exprimer, on ne pourrait nourrir cette pensée que sous une tension considérable. Ce chapitre commence par examiner quelques remarques de Wittgenstein sur le paradoxe de Moore, une façon de comprendre ce qui est en jeu dans la tension entre ces deux perspectives, et comment il est possible qu'elles entrent en conflit. Certaines pensées du jeune Sartre se révèleront utiles ici, en particulier sa conception de la personne divisée entre le « moi comme facticité » et le « moi comme transcendance », et nous aideront à aiguiser la critique, partagée par les deux philosophes, de la conception de la certitude théorique comme modèle d'accomplissement de la connaissance de soi.

Wittgenstein et le paradoxe de Moore

Le paradoxe de Moore lui-même concerne des énoncés de deux formes : (1) « P, et je ne le crois pas » et (2) « Je crois que P, mais P n'est pas vrai ». Bien entendu, le problème initial, c'est de dire exactement *ce qui* est censé ne pas aller dans de tels énoncés. Car la première chose que l'on remarque à leur sujet, c'est qu'ils n'expriment pas de contradiction formelle. Il est parfaitement possible aux deux parties de ce type d'énoncé d'être vraies simultanément, parce qu'elles ont différents contenus; l'un psychologique, l'autre non. Les deux versions données ci-dessus décrivent des situations possibles dans lesquelles une personne peut très bien se trouver : la première décrit le cas où il y a un certain fait P dont la personne n'a pas conscience, et la seconde représente une personne qui croit quelque chose de faux – rien d'impossible dans chacun des scenarii. Et rien qu'en notant cela à propos des énoncés, il apparaît clairement qu'en disant qu'ils décrivent des situations possibles dans lesquelles on pourrait vraiment se retrouver, on est encore trop prudent. Car il ressort avec évidence de ces paraphrases que les deux versions décrivent des situations dans lesquelles on se retrouve *toujours* immanquablement, dès lors que nous ignorons certains faits ou que nous avons des croyances erronées. Que ce soit regrettable ou non, il ne s'agit pas de situations générales que l'on peut raisonnablement s'attendre à dépasser.

Dès lors, la question est la suivante : si ces phrases décrivent des situations possibles ou réelles, dans ce cas, en quoi est-ce un problème de les affirmer franchement ? Ou encore, qu'est-ce qui n'irait pas dans la *pensée* inexprimée que je crois qu'il pleut dehors alors que ce n'est pas le cas? Pour sûr, *quelque chose n'irait pas*, aussi bien dans cette pensée de quelque chose de faux que dans la pensée correspondante concernant notre propre ignorance. S'il en est ainsi, alors cela suggère que le diagnostic prédominant du paradoxe de Moore comme paradigme d'un « paradoxe pragmatique » est au mieux inadéquat, car le caractère énigmatique persiste en dehors du contexte de l'énonciation et de l'acte de parole[1]. Lorsque quelqu'un pense à part soi, regardant par la fenêtre, qu'il pleut dehors, et qu'il relie ceci à la pensée qu'il ne *croit* pas qu'il pleuve, sa pensée tendrait à l'incohérence exactement de la même façon que s'il affirmait l'ensemble à quelqu'un d'autre. Puisqu'on associe souvent les « analyses pragmatiques » comme celles-ci à Wittgenstein, il vaut la peine de souligner que dans ses multiples remarques sur le paradoxe de Moore, il ne propose nulle part de l'analyser en termes de ce que l'on appellerait une pragmatique de l'assertion[2].

Une conception différente du paradoxe, que Wittgenstein prend certainement en compte, mais qu'il rejette à mon sens comme inadéquate, affirme en effet que de telles phrases sont au fond des contradictions voilées (et donc, leur « incorrection » se réduit à une incorrection d'un genre familier). Cette idée se fonde sur le refus de penser que les énoncés en première personne de la

1. Par « analyse pragmatique », j'entends toute description qui explique le paradoxe en termes de l'autodestruction des buts de l'assertion (lorsqu'on se représente comme ne croyant pas ce que l'on affirme comme vrai). Searle fut sans doute le premier à donner un développement explicite de cette conception, dans *Les actes de langage : essai de philosophie du langage*, trad. fr. H. Pauchard, Paris, Hermann, 2008.

2. En plus de la discussion soutenue du paradoxe de Moore dans la partie II, section 10, des *Recherches Philosophiques*, on trouve de fréquentes remarques sur le paradoxe dans les deux volumes des *Remarques sur la philosophie de la psychologie* et dans les deux volumes des *Derniers écrits sur la philosophie de la psychologie* de Wittgenstein.

forme « Je crois que P » seraient des énoncés portant d'une manière ou d'une autre sur le sujet parlant en tant que sujet de croyance. Il faut plutôt les comprendre simplement comme la façon dont le sujet parlant présente la proposition enchâssée P. C'est-à-dire : lorsque quelqu'un dit « Je pense qu'il pleut dehors », son énoncé ne se réfère pas à son état d'esprit (ou à celui de qui que ce soit d'autre), mais au lieu de ça, il s'agit simplement d'une façon plus circonspecte d'affirmer quelque chose au sujet de la pluie. Dès lors, dans ce contexte, le mot « croire » n'opère pas du tout comme un verbe psychologique. Ainsi, dans cette optique, les deux parties de l'énoncé du type de Moore n'ont en fait *pas* de contenu distinct (une partie portant sur la pluie, l'autre, sur la croyance de quelqu'un). Ils portent, en fait, tous deux sur la pluie, et donc, leur conjonction forme réellement une contradiction. Ainsi, ce qui était énigmatique dans l'énoncé d'origine se réduit au fond à une contradiction, mais sous une forme déguisée. Nous pouvons appeler cela la Conception Présentationnelle, puisque son idée centrale est que, au présent de l'indicatif à la première personne, la phrase verbale « Je crois » n'a en fait pas de référence psychologique, mais qu'elle est plutôt un mode de présentation de la proposition pertinente.

Il existe en effet des énoncés à la première personne de l'indicatif qui emploient des verbes apparemment psychologiques comme « croire », mais qui ne sont pourtant *pas* des comptes rendus de croyance ou des auto-attributions. Des expressions telles que « Je crains qu'il me faille vous demander de partir maintenant » ou « Je croyais t'avoir dit d'attendre dans la voiture » ne sont pas présentées ni accueillies comme des comptes rendus informatifs sur la crainte ou la pensée antérieure de quelqu'un. Elles ont une fonction différente. Mais il n'est pas plausible qu'après avoir catalogué ces nombreuses autres fonctions, il s'avère qu'aucun énoncé psychologique en première personne de ce type n'ait une fonction de compte rendu, qu'aucun d'entre eux ne renvoie à quelque chose que j'ai dit dans l'intention de communiquer mes pensées, mes croyances et mes sentiments à quelqu'un d'autre. Tout ce que signifie ici la notion de « référence psychologique », c'est l'idée que, par exemple, dans ses versions à la troisième personne ou au passé, un énoncé comme « Ma femme pense que je suis à Oslo » dit quelque chose sur l'état d'esprit de quelqu'un, constitue une affirmation dont la vérité ou la fausseté pourrait être établie non pas par la localisation réelle du *locuteur*, mais par des faits relatifs à sa femme et aux croyances de sa femme. Décrire l'état d'esprit de quelqu'un en ce sens, que ce soit avec exactitude ou non, est une pratique parfaitement ordinaire. Ainsi, une description complète de la Conception Présentationnelle de la croyance à la première personne du présent de l'indicatif, aurait à expliquer comment des verbes comme « croire », qui servent à décrire l'état d'esprit de quelqu'un à la troisième personne et au passé, perdent cette fonction et en prennent une autre, totalement différente, lorsqu'ils sont employés à la première personne du présent de l'indicatif.

C'est à ce genre de conception que Wittgenstein fait allusion lorsqu'il conclut par exemple une série de pensées sur le paradoxe de Moore par le conseil : « Ne considère pas une assertion hésitante comme l'assertion de l'hésitation[1] ». Autrement dit, nous sommes enclins à penser que l'hésitation exprimée dans la référence manifeste à la croyance de quelqu'un (comme dans « Je *crois* qu'il pleut encore dehors ») caractérise l'affirmation sur la pluie, et non pas qu'elle décrit l'état d'esprit de quelqu'un. Cependant, pour attribuer la Conception Présentationnelle à Wittgenstein, il faudrait comprendre ce passage et d'autres qui y sont liés non seulement comme une mise en garde contre une confusion à laquelle nous serions enclins, mais comme une

1. Wittgenstein, *Recherches Philosophiques*, *op. cit.*, p. 273.

affirmation que par exemple, l'hésitation peut *seulement* s'appliquer aux assertions et non aux personnes et à leurs états d'esprit. Ce n'est pas ce qu'il dit; et s'il avait voulu le dire, il y aurait eu moins de sens à mettre en garde contre la confusion d'une chose avec une autre qu'à déclarer simplement que l'idée même d'une assertion de notre propre hésitation (ou de notre doute, ou de notre conviction) ne peut être qu'une illusion. Mais il y a certainement des situations où l'on a l'intention d'affirmer quelque chose sur notre propre hésitation, ou notre conviction, ou notre croyance *en tant que* fait. On peut insister là-dessus simplement, sans s'appuyer sur la moindre métaphysique des « états intérieurs », ni sur la moindre idée de ce qui *constitue* la croyance de quelqu'un (si quelque chose la constitue).

Et rejeter cette idée minimale reviendrait à affirmer que si vous pouvez parler de la vie psychologique d'autrui et y penser, il vous est impossible de le faire pour ce qui vous concerne. Il n'est point besoin de minimiser l'importance des profondes différences entre une telle pensée et une telle parole dans chacun des deux cas, mais la tâche de comprendre ces différences ne peut qu'être court-circuitée par une analyse impliquant que vous ne pouvez pas penser ou parler exactement de la même chose qu'une autre personne lorsqu'elle parle de ce que vous croyez ou de vos intentions. Si c'était le cas, ce n'est pas seulement l'autorité de la première personne qui vous ferait défaut; il vous serait tout aussi impossible de nourrir la pensée qu'il y a quelque chose que vous croyez ou que vous voulez, que d'avoir ne serait-ce que des croyances *erronées* à ce propos. Il y aurait une seule personne au monde dont la vie psychologique ne vous semblerait pas purement obscure, et néanmoins vous ne pourriez même pas tourner votre attention vers elle.

Cela dit, nous *pouvons* considérer qu'il appartient à la conception de Wittgenstein que ce que nous appelons l'autorité de la première personne soit systématiquement lié à une cécité d'une certaine sorte, mais cette cécité ne consiste pas dans l'incapacité de se penser comme un sujet psychologique. Il y a plutôt des conditions spéciales pour se concevoir comme sujet psychologique, conditions qui ne s'appliquent pas à notre compréhension d'autrui. Wittgenstein formule l'une de ces conditions, qui va brièvement nous intéresser, dans l'une de ses plus fameuses remarques sur le paradoxe de Moore, où il dit que : « S'il existait un verbe signifiant « croire faussement », il n'aurait pas de sens à la première personne du présent de l'indicatif[1] ». Et, comme ci-dessus, quel que soit le problème posé par la signification d'un tel énoncé de fausse croyance à la première personne, il devrait s'appliquer également à la *pensée* correspondante en première personne. S'il en est ainsi, alors, *certaines* attitudes envers la personne comme sujet psychologique auront pour terrain naturel nos relations avec les autres, et ne s'appliqueront à nous-même que de façon au mieux problématique. L'un des thèmes qui intéresse Wittgenstein, je crois, c'est que la première personne a vraiment un statut spécial dans notre façon de penser, mais que ce statut n'est pas exclusivement celui de privilège. Toutes nos manières de concevoir les autres ne peuvent s'appliquer (de manière semblable) à soi, mais cette restriction ne signifie pas que l'idée même de se concevoir comme sujet psychologique (c'est-à-dire, en tant que sujet de croyance) soit exclue pour des raisons grammaticales ou autres. Certains ont été tentés par une telle conception comme une manière commode de dissoudre les problèmes philosophiques de la connaissance de soi, mais cela revient à surréagir, et Wittgenstein lui-même rejette explicitement la conclusion selon laquelle il n'y a aucun usage proprement

1. Wittgenstein, *Recherches Philosophiques*, *op. cit.*, p. 270.

psychologique de verbes comme « croire » à la première personne du présent[1].

Pour toutes ces raisons, nous pouvons convenir que la fonction normale de la première personne du présent de l'indicatif de « croire » est de déclarer notre point de vue sur la manière dont les choses sont à l'extérieur, et cela découle du fait que croire une proposition *revient tout bonnement* à croire qu'elle est vraie. Ce que l'on croit, on le croit vrai, d'où la possibilité de répondre de ce que l'on croit en « regardant vers l'extérieur », conformément à la transparence. Cependant, Wittgenstein ne nie pas que les deux questions puissent être liées à des états de choses différents. Et il ne veut pas non plus dire que du point de vue interne en première personne, on ne peut pas admettre de différence entre les deux. Après tout, c'est une chose qu'il pleuve dehors, et c'en est une autre pour moi (ou pour quiconque) de croire qu'il pleut. Il y a ainsi deux types bien différents d'engagements impliqués lorsque je reconnais (*avowing*) l'une de mes croyances. D'un côté, en disant « Je crois qu'il pleut dehors », je m'engage à propos d'un certain état du temps qu'il fait. En reconnaissant cette croyance, j'exprime le fait que pour moi, la question de savoir s'il pleut ou

1. Par exemple : « Le jeu de langage du constat peut prendre un tour tel que le constat ne renseigne pas celui à qui on le fait sur l'objet du constat, mais sur son auteur. » (*Recherches Philosophiques*, *op. cit.*, p. 270). L'emploi psychologique de « croire » est plus explicite dans le § 502 des *Remarques sur la philosophie de la psychologie*, t. I, trad. fr. G. Granel, Mauvezin, T.E.R., p. 117 : « Mais prenons malgré tout l'affirmation « Il croit p » comme un énoncé sur son *état*, d'où ressort en tout cas la façon dont il s'est comporté dans des circonstances données ! N'y a-t-il donc pas pour un tel énoncé de *première personne du présent* ? Ne puis-je donc dire de moi-même que je suis maintenant dans un état dans lequel telles et telles réactions, langagières et autres, sont vraisemblables ? Il se produit pourtant bien quelque chose de semblable lorsque je dis « Je suis très irritable en ce moment ». Et je pourrais dire pareillement « J'ai tendance en ce moment à admettre à la légère n'importe quelle mauvaise nouvelle ». »

non n'est pas une question ouverte. Par ailleurs, je dois néanmoins admettre que je suis un être empirique, fini, une personne faillible parmi d'autres dans le monde, et donc, admettre que ma croyance au sujet de quelque chose n'*équivaut* guère à sa vérité. Et même lorsque la faillibilité d'une personne n'est pas en question, il faut admettre que croire P est néanmoins un fait supplémentaire, distinct du fait P lui-même.

Ces deux engagements sont inévitables, bien qu'il soit clair que chacun peut tirer l'autre dans une direction différente. Dans la mesure où je me reconnais comme être humain fini, il me faut admettre que la question de ce que je crois concerne un fait empirique distinct et indépendant de la question portant sur l'objet de ma croyance. Nier cela implicitement ou explicitement reviendrait, pour moi, à nier que ce sur quoi portent mes croyances, ou que ce que mes attitudes visent, est un monde existant indépendamment de moi. Et pourtant me voici, supposant de la transparence, répondant à la question de ce que je crois comme si mes croyances *n'étaient pas* des choses distinctes, *sans* diriger mon attention sur les faits comportementaux ni sur l'état interne de la personne dont je rapporte les croyances. Il semblerait ainsi qu'il y ait quelque dérobade, ou du moins, qu'un certain détournement soit à l'œuvre, si je réponds à une question portant sur un sujet au moyen d'une réflexion sur un autre sujet logiquement indépendant du premier. Ou bien il semblerait que sur la question de ce que sont mes croyances, je refuse implicitement de penser que cette question concerne, au moins à un certain niveau, un fait empirique psychologique à propos de quelqu'un.

Qu'il y ait ou non ici un rejet implicite de notre statut en tant qu'être humain empirique, il semble approprié de distinguer différents niveaux dans la manière de se concevoir comme un sujet psychologique. Croire implique de tenir quelque chose pour vrai; et bien entendu, on tient aussi que les autres ont parfois des croyances vraies. Mais les croyances d'autrui sont des faits (des faits psychologiques, bien sûr) à partir desquels on peut prendre une décision sur une question donnée, alors que nos propres croyances expriment seulement la mesure dans laquelle nous nous *sommes (déjà)* décidés. C'est-à-dire que les croyances d'une autre personne pourraient constituer des indicateurs de vérité, des faits dont je peux inférer une conclusion. Je peux m'y fier ou non. D'un autre côté, en ce qui concerne mes propres croyances, il n'y a aucune distance entre elles et la manière dont les faits se présentent à moi, et de là, aucun passage des uns aux autres.

C'est pour des raisons de ce type que Wittgenstein dit (dans la même discussion) : « On peut se méfier de ses propres sens, non de sa propre croyance » [1]. Et cela veut certainement dire, non pas que je considère que mes croyances sont nettement plus dignes de confiance que mes sens, mais que ni le doute ni la confiance ne s'appliquent ici [2]. Une façon d'exprimer cela serait de dire que dans tout cas particulier, il s'agit pour moi d'une question pleinement empirique de savoir si mes propres sens ou les croyances d'une autre personne révèlent les faits tels qu'ils sont. Et même lorsque j'ai une totale confiance en l'un ou l'autre, cette confiance elle-même sera d'ordre empirique, basée sur diverses choses que je peux savoir au sujet de mes propres sens ou de l'autre personne, et prenant en considération la confiance, les faits, et la fiabilité. Tandis que du point de vue de la première personne, la relation entre notre propre croyance et le fait auquel on croit n'est ni

1. Wittgenstein, *Recherches Philosophiques*, *op. cit.*, p. 270

2. On peut considérer que le contraste séculaire entre les sens trompeurs, fallacieux, et les préceptes fiables de la raison repose en partie sur un échec à reconnaître corrélativement leur différence de types. On peut comparer les sens à une foule indisciplinée, en conflit avec elle-même, parce qu'ils appartiennent à la catégories des données *à partir desquelles* on forme un jugement. Mais dans la mesure où la raison représente le jugement synthétique que l'on forme *sur* cette base, elle n'est ni une faculté supérieure, ni en compétition avec les sens.

factuelle ni empirique, mais est plutôt catégorique. Autrement dit, parler de sa croyance revient seulement à parler de sa conviction à propos des faits, et non de quelque chose de plus dont on serait convaincu. Dès lors, il est bien différent de tenir pour vraie notre propre croyance, et de tenir pour vraie la croyance de quelqu'un d'autre, même lorsque ces croyances concernent exactement la même proposition.

Une telle distinction est nécessaire si nous voulons comprendre la remarque de Wittgenstein sur le doute autrement que comme l'affirmation de notre assurance supérieure dans la relation à nos croyances par rapport aux données délivrées par nos sens; ou, disons, comme une description du fait que notre confiance dans le jugement des autres ne saurait égaler la confiance sans pareille dans notre propre jugement[1]. Au lieu de cela, ce que l'on décrit ici est la distinction de type ou de catégorie entre le genre de chose que l'on peut traiter comme un fait sur lequel fonder un jugement, et le jugement lui-même auquel on aboutit. En tant qu'objet empirique, le fait que quelqu'un croit P laisse ouverte la question de la vérité de P lui-même, même si quelqu'un d'autre peut fermer cette ouverture en faisant une inférence d'un fait psychologique à un fait non psychologique. Mais s'agissant de la personne elle-même, si sa croyance qu'il pleut ne résout pas pour elle la question, alors rien d'autre ne la résoudra. Avoir des croyances revient à résoudre de cette façon de nombreuses questions. En faisant ici référence à une relation *catégorique* plutôt qu'à une relation empirique, on dit d'une certaine façon qu'être un sujet de croyance revient à s'engager sur

1. Parallèlement, s'agissant de plusieurs des *Maximes* de La Rochefoucauld (par exemple, « Tout le monde se plaint de sa mémoire, et personne ne se plaint de son jugement » #89, dans *Maximes, réflexions, lettres*, Paris, Hachettes Littératures, 1999, p. 98), il serait erroné de les considérer comme des remarques purement psychologiques et non pas également catégoriques.

la vérité de nombreuses propositions. « Tenir mes croyances pour vraies » n'est pas une hypothèse empirique du genre de celle que je pourrais faire par rapport à quelqu'un d'autre. En revanche, il s'agit de l'idée catégorique que quoi que l'on croie, on le croit vrai. Le scepticisme lui-même n'évite pas cette relation conceptuelle entre la croyance et la vérité, puisque le sceptique abandonne la croyance elle-même et l'engagement qu'elle implique. (Ainsi, le fait de douter apportera avec lui *différents* engagements catégoriques). Cette relation n'est pas non plus absente de ces situations où j'ai raison de penser que mon jugement est faussé à un certain endroit, et où je suis donc loin d'avoir une totale confiance en ma propre opinion. Car dans ce cas, la relation entre la croyance et la vérité s'exprime à travers le fait qu'aussi longtemps que je manque de confiance en mon jugement à propos de X, je n'ai aucune croyance ferme au sujet de X. Pour des raisons conceptuelles, le degré de doute ou de méfiance va impliquer une qualification correspondante dans la manière initiale dont la croyance m'a été attribuée. Il ne s'agit pas d'un problème empirique, et il ne s'applique pas à notre relation aux croyances d'autrui. Ce qui est inévitable dans la perspective de la première personne, c'est alors la connexion entre la question portant sur un certain fait psychologique et un engagement envers quelque chose qui va au-delà des faits psychologiques.

Sartre, la conscience de soi et les limites de l'empirique

L'œuvre de jeunesse de Sartre thématise cette distinction de niveaux, et les possibilités de leur tension au sein des relations à soi. En termes sartriens, la conscience de toute chose implique une sorte de négation, une mise à distance ou une manière de distinguer le sujet de la conscience de son objet. En effet, il dira parfois que la conscience *est* tout simplement cette « négation » de l'en soi (le monde de la facticité) par le pour soi (le sujet conscient qui

« transcende » le monde). La conscience de *soi* va alors impliquer la même mise à distance séparant le sujet « transcendantal » de cet aspect de la personne sur lequel porte cette conscience de soi. Dès lors, Sartre identifie naturellement l'objet de la conscience de soi avec la personne en tant que « facticité » plutôt qu'en tant que « transcendance », c'est-à-dire avec notre statut de sujet empirique psychologique, d'être humain particulier. Et ainsi pour lui, la conscience réflexive de notre propre croyance implique de se mettre à distance de la perspective de la déclaration ou de l'adhésion à notre croyance.

> Si je *crois* que mon ami Pierre m'aime, cela veut dire que son amitié me paraît le sens de tous ses actes. (…) Mais si je sais que je crois, la croyance m'apparaît comme pure détermination subjective, sans corrélatif extérieur. C'est ce qui fait du mot même de « croire » un terme indifféremment utilisé pour indiquer l'inébranlable fermeté de la croyance (« Mon Dieu, je crois en vous ») et son caractère désarmé et strictement subjectif. (« Pierre est-il mon ami ? Je n'en sais rien : je le crois. »)[1].

Considéré comme un phénomène empirique, le fait que l'on croit est simplement un fait relevant de notre vie psychologique, comme de celle de n'importe qui d'autre, une « pure détermination subjective ». En tant que tel, il n'entretient aucune relation spéciale avec la vérité, si ce n'est une relation d'aspiration, et la faillibilité s'introduit dans l'attribution d'une semblable attitude. C'est cette perspective sur la croyance qui trouve naturellement à s'exprimer dans les métaphores familières de l'intériorité (un état surgissant en moi, qui correspondrait ou non à ce qui se passe hors de moi), mais le contraste entre les deux perspectives, et la possibilité de leur conflit, ne requiert pas l'image d'un intérieur et

1. J.-P. Sartre, *L'Être et le Néant. Essai d'ontologie phénoménologique*, Paris, Gallimard, 1943, p. 104.

d'un extérieur. Ce qui est crucial, c'est la distinction entre ce qui est vrai pour la personne en tant que telle (un état de croyance) et la vérité indépendante de la personne, et envers laquelle cet état l'engage.

Chez Sartre, le cas d'*akrasie* du joueur qui finit par arrêter de jouer est à bien des égards un exemple des plus utiles pour examiner les deux positions et les rôles opposés de l'engagement (*de soi*) et du savoir théorique sur soi. Le joueur ayant pris une telle décision s'est engagé à éviter les tables de jeu. Il s'est engagé envers cette vérité de façon catégorique, étant donné qu'il s'agit du contenu de sa décision; cela signifie que dans la mesure où il a vraiment pris une telle décision, *voici* ce qu'elle l'engage à faire. Quant à lui, sa décision n'est pas seulement une *donnée* (empirique) sur ce qu'il va faire, mais une résolution dont il est l'auteur et qu'il est responsable de mener à bien. Cependant, en même temps, il se connaît aussi empiriquement; il connaît son histoire et de ce point de vue, sa « résolution » est un fait psychologique le concernant, qui possède une certaine force. Et la force psychologique de cette résolution explique que l'on s'attende en théorie à ce qu'il évite vraiment les tables de jeu. De ce point de vue, théorique, sa résolution (passée; en tant que facticité plutôt que transcendance), lui apparaît alors comme une chose trop inconstante et infondée pour y baser sa confiance quant à ce qu'il va vraiment faire. Dans l'optique de Sartre, sa relation à sa décision se transforme lorsqu'elle devient pour lui un objet de conscience empirique, et qu'il la voit comme l'une de ses facticités au lieu de s'identifier à elle en tant que transcendance.

> Elle [La résolution] est *moi* encore, dans la mesure où je réalise perpétuellement mon identité avec moi-même à travers le flux temporel, mais elle n'est plus *moi* du fait qu'elle est pour ma conscience. (...)
> Il me semblait que j'avais ainsi constitué une *barrière réelle* entre le jeu et moi, et, voici que je m'en aperçois tout à coup, cette

> appréhension synthétique n'est plus qu'un souvenir d'idée, un souvenir de sentiment : pour qu'elle vienne m'aider à nouveau *il faut que je la refasse ex nihilo* et librement (...).[1]

Contrairement à ce que peut laisser entendre la formulation de ce passage, ce n'est pas seulement parce que sa résolution est devenue un objet pour sa conscience, qu'elle apparaît soudain comme quelque chose d'éphémère. Après tout, la conscience de la résolution d'une autre personne (en tant que fait empirique la concernant) ne doit diminuer ni sa substantialité ni sa réalité à mes yeux[2]. En effet, en tant que réalités empiriques, les actes et les intentions des autres gens peuvent se présenter avec le statut de quelque chose de plus substantiel, ayant davantage force de loi que ce que nos propres résolutions perpétuellement révisables peuvent jamais espérer atteindre. Ainsi, il ne faudrait pas supposer que si sa résolution semble moins que fiable au joueur, c'est parce qu'il appréhende uniquement son aspect empirique. En revanche, son angoisse est provoquée par un désengagement à l'égard de sa résolution, une dérobade à son adhésion, combinés au désir simultané de s'appuyer sur elle comme sur un fait naturel. Il se rapporte à sa résolution comme à quelque chose qui serait indépendant de lui, comme une machine qu'il aurait mise en marche et qui devrait à présent l'entraîner sans plus de contribution de sa part. Il

1. J.-P. Sartre, *L'Être et le Néant*, *op. cit.*, p. 68.

2. Dans sa discussion de la liberté de la volonté, Hume fournit une belle illustration de l'appréhension de la volonté d'une autre personne dans toute sa facticité, en tant qu'elle constitue une « réelle barrière » au sens le plus littéral. « Un prisonnier qui n'a ni argent ni crédit découvre l'impossibilité de sa fuite, qu'il considère la dureté du geôlier ou les murs et les barreaux qui l'entourent et dans tous les essais qu'il fait pour sa liberté il préfère agir sur la pierre et le fer plutôt que sur un cœur inflexible », (Hume, « De la liberté et de la nécessité », dans *Enquête sur l'entendement humain*, trad. fr. M. Malherbe, Paris, Vrin, 2008, p. 239). Voir aussi les remarques de Sartre lui-même sur le sentiment de la primauté de la souffrance d'autrui, accomplissant l'*être* d'une manière interdite à notre expérience en propre. (*L'Être et le Néant*, *op. cit.*, p. 128-129).

recherche, au niveau empirique, l'assurance de son propre comportement à venir, mais il réalise ensuite qu'une semblable assurance théorique est à elle seule complètement inapte à apaiser son esprit, parce qu'elle ne peut que parasiter totalement sa résolution pratico-transcendantale. Son problème réside dans le fait que s'il a *besoin* d'un appui empirique, c'est forcément parce qu'il sent que sa résolution seule n'est pas assez forte. Et maintenant, il réalise que la perspective empirique ne peut pas à elle seule lui fournir de force supplémentaire, car elle emprunte toute la sienne à la force de sa résolution même. Dès lors, c'est la résolution qui apparaît inadéquate (« plus qu'un souvenir d'idée, un souvenir de sentiment ») et en même temps, il se sent incapable de lui apporter la moindre force supplémentaire, parce qu'il la cherche au mauvais endroit. Comme son attention est détournée des raisons pratiques fournies en premier lieu par sa résolution, et comme il la considère désormais comme un phénomène purement psychologique qu'il a découvert en lui, elle semble n'avoir plus rien de convaincant.

Que signifie alors, dans une telle situation, être à la fois responsable, et réaliste envers soi, sur le plan psychologique? L'un des thèmes de Sartre est l'idée que l'on ne peut pas simplement *accepter* une telle conclusion théorique, si bien fondée empiriquement soit-elle, sans que cela ne laisse la porte ouverte à l'accusation de se complaire dans l'*acceptation* de sa faiblesse sous couvert d'être réaliste et sans la moindre illusion sur soi-même. Ce dont j'ai conscience à mon propos empiriquement parlant, en tant que facticité, ne saurait se substituer à ce à quoi je me suis engagé catégoriquement parlant – aux engagements que j'ai, simplement en vertu du fait que j'ai des croyances sur le monde ou des décisions concernant mon action. Ne se faire « aucune illusion » sur soi-même est précisément une telle relation théorique, et dans cette mesure, quelqu'un qui prend cela pour la vertu suprême, l'impératif incontestable, sera dans une relation de mauvaise foi et d'esquive par rapport à ses croyances et à ses actions. (Cela n'a pas empêché l'interprétation du jeune Sartre précisément comme champion d'un tel « héroïsme de la désillusion »). Il y a une sorte de dérobade dans la négation vide de notre facticité (par exemple, l'histoire de notre faiblesse et de notre faillibilité), comme si l'on disait : « Ne te soucie pas de l'histoire réelle de la manière dont je t'ai laissé tomber, car je renie solennellement et transcende tout cela ». Mais c'est aussi une dérobade que de s'immerger dans la facticité, comme si l'on disait : « Bien sûr, le fait de savoir si je vais effectivement te décevoir à nouveau est une question complètement empirique. Tu en sais autant que moi sur ce que sont les probabilités, et ainsi, tu peux t'organiser en fonction ».

Ces considérations peuvent aussi nous apporter un début d'explication des raisons pour lesquelles l'*akrasia* peut être un état particulièrement corrosif. Car elle commence souvent par la substitution tactique du point de vue théorique au point de vue pratique. A partir de là, je peux me dire que je sais que je vais sûrement récidiver à un certain point, donc autant le faire à *cette* occasion, d'une manière maîtrisée et consciente. Ici, je présenterais cette pensée comme une tentative de venir en aide à mes fins pratiques grâce à la perspective théorique. Mais bientôt, mon histoire accumulant les récidives apporte de plus en plus de données théoriques bonnes pour les prédictions de ma conduite future, qui contrarie ce que je décide de faire. Et ce sont ces prédictions qui en viennent à être justifiées, plutôt que mes décisions. Ce que ce processus obscurcit, c'est le statut provisoire de la « substitution tactique » initiale, que l'on avait après tout présentée sous couvert de préoccupations pratiques avec pour but de minimiser le mal causé par la rechute anticipée. Mes prétendues décisions font désormais bien piètre figure, aussi bien sur le plan épistémique, comme indicateurs du futur, que sur le plan pratique, comme contributeurs effectifs à mon bien-être. Mais en même temps, la perspective théorique démontre son succès en ses propres termes, (à savoir, en termes de prédiction), alors même qu'elle se présente aussi comme une recherche d'efficience de mes décisions. A partir de là, la compréhension théorique que j'ai de moi apparaît bien plus fiable que ma compréhension pratique, et mon comportement akratique lui-même fournit toujours plus de preuves de la supériorité du point de vue théorique sur le pratique en ce qui concerne mes décisions et mon avenir.

Mais même lorsque j'ai confiance en moi et que je ne crains pas de récidiver, cela ne signifie pas que je puisse être totalement assuré de mes résolutions, considérant qu'elles constituent une barrière empirique réelle entre le jeu et moi, car je dois reconnaître que c'est à moi que revient la résolution de continuer ou d'arrêter à n'importe quel moment. Ma résolution constitue pour moi un fait sur lequel je ne peux fonder une prédiction assurée, parce qu'il me faut admettre que cette résolution existe seulement en tant que fait sur lequel quelqu'un peut fonder une prédiction aussi longtemps que je continue à l'approuver. Et mon adhésion est en principe tributaire de la manière dont je me rapporte aux raisons favorables à une certaine conduite à tenir. Elles sont en premier lieu ce qui m'a amené à la décision en question, et cette décision n'a de force qu'autant que je tiens à ces raisons pratiques. Si elles me semblent insuffisantes au point que je cherche à accepter les raisons empiriques, prédictives, d'être assuré que je vais éviter les tables de jeu, alors je perds en fait en proportion la base empirique pour faire cette prédiction, car ce faisant, je me révèle *ir*résolu sur la question.

Et naturellement, ces limitations au sein de la relation empirique à soi-même ne s'appliquent pas à la relation d'autrui à notre résolution. Lorsqu'on pense à quelqu'un d'autre, on n'exige pas que les raisons prédictives s'inclinent face aux raisons pratiques. Je peux croire que la résolution de quelqu'un est fondée sur (ce que je considère comme) des raisons plutôt maigres, peut-être parce que certaines d'entre elles sont fondées sur le fait qu'il croit mes mensonges ou qu'il répond à mon intimidation. Mais cela ne doit pas interférer avec ma confiance en sa décision, partie de son état psychologique total, fait le concernant et sur lequel je fonde mon hypothèse sur ce qu'il va faire. En tant qu'objet pour *ma* conscience, sa décision conserve une pleine réalité psychologique et on peut l'appréhender comme un phénomène parmi les autres dans le monde, avec sa propre signification factuelle.

Par rapport aux croyances, une semblable asymétrie serait l'instabilité de l'idée de confiance ou de doute lorsqu'on l'applique à notre croyance, au sens où l'on traite le fait empirique d'*avoir* une croyance comme une preuve de sa vérité. Si une personne généralement digne de confiance croit qu'il pleut dehors, on peut certainement considérer ce fait comme une preuve qu'il pleut. Mais dans mon propre cas, comme avec la résolution de ne pas jouer, il me faut admettre que c'est ma croyance qu'il s'agit de conserver ou d'abandonner. (Dans les termes de Sartre, «je pose ma liberté vis-à-vis d'elle»[1]). Cela signifie que ma croyance n'existe en tant que fait empirique psychologique que dans la mesure où *je suis persuadé* par le fait qu'il pleut, fait qui (bien avant ma croyance) n'inclut pas que j'en sois persuadé. Si je suis si peu convaincu que j'ai besoin d'un indice supplémentaire, alors, en vertu de ce fait psychologique lui-même, je perds la base empirique me permettant d'inférer d'une croyance la vérité au sujet de la pluie. Car on n'aurait guère de raisons de considérer la croyance *in*certaine de quelqu'un sur la pluie comme un bon indice du fait qu'il pleut.

1. J.-P. Sartre, *L'Être et le Néant*, *op. cit.*, p. 100.

Reconnaissance (avowal) *et attribution*

Le Paradoxe de Moore nous fournit une sorte de formule paradigmatique des difficultés que suscite l'introduction d'un point de vue empirique ou théorique dont les données peuvent être incompatibles avec ce que nous voulons dire du point de vue d'une délibération rationnelle, un point de vue « transcendant » par rapport aux faits psychologiques tels qu'ils sont actuellement constitués. Car empiriquement parlant, je peux parfaitement imaginer une accumulation de faits qui suggèrent à la fois que je crois qu'il pleut et qu'en fait, il ne pleut pas. Sur le plan théorique, il s'agit de deux faits parfaitement indépendants, et en principe, je peux reconnaître la possibilité de leur co-apparition, tout comme je peux imaginer que ma conduite future soit en contradiction avec ce que je décide de faire maintenant. Mais comme je me considère comme un agent rationnel, ma conscience de ma croyance est la conscience de mon engagement envers sa vérité, un engagement envers quelque chose qui transcende toute description de mon état psychologique. Et l'expression de cet engagement consiste dans le fait que mes comptes rendus de croyance doivent se conformer à la condition de transparence : je peux rendre compte de ma *croyance* à propos de *X* en considérant *X* lui-même (et rien d'autre). Ainsi, une situation que l'on peut concevoir comme une possibilité théorique, empirique, s'avère incompatible avec la conception de soi comme agent rationnel. Et bien entendu, si l'on n'était *pas* un agent rationnel, il n'y aurait tout simplement aucune vie psychologique sur laquelle avoir des vues empiriques. Dès lors, il n'y a pas lieu de chercher une quelconque solution philosophique dans une adhésion exclusive à la perspective empirique, car on ne réussirait même pas à décrire les conditions d'une telle incompatibilité.

Lorsque qu'une personne se rapporte à sa croyance selon la Condition de Transparence, alors, la croyance est exprimée par une réflexion sur son objet, et non pas en considérant le fait psychologique permettant l'attribution d'une croyance particulière. Cela revient à dire que l'on ne traite pas l'auto-attribution de croyances comme une question purement théorique ou empirique. Nous avons vu que, si l'on donne un sens au fait de pouvoir adopter un tel point de vue purement théorique sur soi-même, alors la pensée exprimée dans un énoncé comme celui de Moore décrirait une possibilité empirique parfaitement cohérente dont on pourrait raisonnablement rendre compte. Dès lors, nous gagnerions une meilleure compréhension des limitations du point de vue théorique ou empirique sur soi-même en examinant les situations où la transparence fait défaut, et de là, la relation à soi se rapprocherait d'une relation complètement empirique. Les limites du point de vue empirique sur soi-même mettront à leur tour en lumière, entre autres choses, l'exigence *rationnelle* d'un type d'accès à nos croyances qui ne soit basé sur aucune sorte de faits.

Dans de nombreux contextes thérapeutiques bien connus, par exemple, la façon dont l'analysant prend conscience d'un certain nombre de ses croyances et autres attitudes n'est pas nécessairement conforme à la Condition de Transparence. Quelqu'un qui ressent de la colère envers un parent défunt parce qu'il l'a abandonné, ou qui se sent trahi ou privé de quelque chose par un autre enfant, n'a peut-être connaissance de ces attitudes qu'à travers l'explication et l'interprétation de diverses sortes de faits. Il pourrait se retrouver profondément convaincu qu'il faut effectivement lui attribuer cette attitude, à la fois par les constructions de l'analyste aussi bien que par sa propre appréciation des faits observés. Et pourtant, en même temps, lorsqu'il réfléchit à la question même qui porte sur le monde, de savoir s'il a été effectivement trahi par cette personne, il peut trouver que la réponse est « non » ou ne peut être tranchée d'une façon ou d'une autre[1]. Ainsi, la transparence fait défaut parce qu'il ne peut rien apprendre sur sa propre attitude en réfléchissant à l'objet de cette attitude. Il ne peut en apprendre sur elle que d'une manière totalement théorique, en adoptant une position empirique envers lui-même en tant que sujet psychologique particulier. Nous pourrions dire que l'analysant peut *décrire* une telle croyance, mais qu'il ne l'*exprime* pas, puisque, alors qu'il veut se décrire comme se sentant trahi, dans son état présent, il ne veut pas affirmer que cette personne l'a effectivement trahi. Lorsque la croyance est décrite, elle est maintenue entre les parenthèses de l'opérateur psychologique « croire »; c'est-à-dire que l'analysant va affirmer le jugement psychologique « Je crois que P », mais il ne va pas reconnaître la proposition enchâssée P elle-même.

La distinction entre décrire et exprimer un état d'esprit a figuré dans de nombreuses discussions philosophiques depuis Wittgenstein. Dans un récent travail sur l'*akrasia* et sur le fait de se tromper soi-même, Georges Rey a proposé des termes similaires pour décrire la différence entres les croyances et autres attitudes dont je prends conscience en vertu de leur rôle *explicatif* et celles dont je suis conscient parce que je les *reconnais* (*avow*), c'est-à-dire parce que j'y adhère explicitement[2]. Dans cette optique, la *description* de l'une de mes attitudes a un fondement explicatif, ancré dans les faits, et, pas plus que pour son analogue

1. On pourrait ici se demander si cela signifie que nous devons abandonner l'attribution initiale de la croyance en question. Cependant, pour faire cela, il nous faudrait une raison de donner un poids décisif à la reconnaissance (*avowal*), qui n'est qu'une partie des données, sur l'ensemble des autres données accumulées dans le temps passé en thérapie.

2. Voir G. Rey, « Towards a Computational Account of Akrasia and Self-Deception », in *Perspectives on Self-Deception*, edited by A. O. Rorty and B. McLaughlin, Berkeley, University of California, 1989.

en troisième personne, il n'est nécessaire qu'elle implique un engagement envers la vérité ou la justification de l'attitude. L'attitude est plutôt attribuée afin d'identifier les états, les forces ou quoi que ce soit d'autre, qui commandent le mécanisme psychologique. Au contraire, la *reconnaissance* (*avowal*) de notre croyance ne se fait pas sur une base explicative au plan psychologique, et elle est plutôt l'expression de notre propre engagement présent envers la vérité de la proposition en question. Selon Rey, le fait de se tromper soi-même ainsi que l'*akrasia* n'impliquent pas de conflit entre les attitudes de premier et de second ordre, mais sont constitués par un conflit entre des attitudes que l'on reconnaît et celles qu'il nomme nos attitudes explicatives « centrales ».

Pour aller contre la conception qui considère la tromperie de soi-même comme un pur problème d'attitudes de second ordre, il s'appuie sur une description de ce qu'il appelle un « névrosé instruit », qui connaît suffisamment de théorie psychologique et a suffisamment d'expérience de son propre « cas » pour s'attribuer avec certitude une certaine attitude refoulée. Comme avec notre précédent analysant, nous pouvons voir ici que les attitudes de premier ordre et de second ordre de la personne ne sont pas en conflit : elle a une attitude de premier ordre qui est du ressentiment et elle a la croyance correcte de second ordre, selon laquelle le ressentiment est bien son attitude. Et pourtant, il est clair que quelque chose ne va pas si elle ne peut pas reconnaître consciemment la première attitude et si elle ne peut que se l'attribuer sur la base des faits. Alors qu'est-ce qui ne va pas dans l'accès de cette personne à elle-même ? On peut résister à la suggestion de Rey pour qui elle continue à se *tromper* elle-même malgré sa conscience de second ordre parfaitement exacte (il semble que l'idée de « se tromper » requiert un certain élément de fausseté), mais cela aurait encore un sens de dire que l'attitude initiale de ressentiment demeure *refoulée*, malgré que la personne soit capable d'en rendre compte. Et nous pouvons au moins dire qu'une telle personne n'a pas une connaissance en première personne ordinaire, d'où le fait que l'on ne puisse saisir *cette* notion par une explication limitée aux attitudes d'ordre supérieur. Ce qui manque à cette perspective, c'est que la personne *adhère à* l'attitude qu'elle s'attribue, c'est la capacité ordinaire d'y souscrire.

Même si je pense qu'il y a beaucoup à apprendre de la description générale de Rey dans cet article, il pose un problème central : il comprend la distinction faite ici comme une distinction entre deux *types* d'attitudes différents, les attitudes « centrales » et les attitudes « de reconnaissance (*avowed*) ». Il illustre cette idée au moyen de la comparaison entre nos termes psychologiques, tels que la « croyance », et un terme d'espèce naturelle, comme « jade », dont la référence est divisée entre deux types distincts de pierre. De même que nous pouvons saluer cette découverte en disant simplement qu'il y a deux sortes de jade, de même nous pourrions dire que chaque attitude psychologique se présente sous deux variétés : centrale ou de reconnaissance. Mais si les croyances dont j'exprime la reconnaissance (en disant « P » ou bien « Je crois que P ») sont simplement d'un type différent par rapport aux croyances et autres attitudes qui sont les attitudes explicatives centrales, alors la possibilité de leur *conflit* est tout à fait obscure. Et pourtant, sans ce conflit, nous perdons le phénomène que la distinction est supposée nous aider à comprendre. Car s'ils sont quoi que ce soit, des états comme l'*akrasia* et le fait de se tromper soi-même sont un certain type de *conflit* au sein de la personne, ils expriment des relations conflictuelles à une même chose, et on perd ce sens si l'on considère la croyance reconnue que P et la croyance explicative centrale que non-P comme deux types distincts d'attitudes, dont chacun est parfaitement juste à sa manière. Cette image nous ramènerait à une instance non analysée du Paradoxe de Moore, sans pouvoir dire ce qui ne va pas. Cela signifie que je serais capable de *décrire* l'attitude explicative centrale selon laquelle je me sens trahi par cette personne, tout en *reconnaissant* la croyance selon laquelle je n'ai *pas* été trahi (je regarde à l'intérieur et je vois une chose, et je regarde à l'extérieur et j'en vois une autre). Mais on ne peut pas dissocier ainsi la reconnaissance et la description, ne serait-ce que parce que toute reconnaissance est elle-même un comportement et qu'elle appartient dans une large mesure aux faits en faveur de l'attitude *explicative* de croyance. D'où il suit que ces « deux attitudes » ne peuvent en principe jamais être de types radicalement distincts.

Préserver le sens du conflit interne à soi, que ce soit dans un contexte thérapeutique ou autre, exige de considérer que la signification d'un terme psychologique comme « croyance » est univoque d'un contexte à l'autre. Ainsi seulement, nous pouvons maintenir que, même si je n'use d'aucune sorte de faits psychologiques lorsque je reconnais ma croyance, je considère néanmoins que ce que je dis dans ce contexte *doit tenir compte* des faits psychologiques quels qu'ils soient. Si l'on sait que j'hésite sur une certaine question, où les intérêts d'autres gens dépendent de ce que je crois vraiment, il se peut aussi que je parvienne à reconnaître ma croyance non pas en rejetant sa vérité, mais à partir de l'exigence de prendre en compte la totalité de l'arrière-plan empirique de ma propre inconsistance avant d'annoncer ma croyance avec tant d'assurance. La même responsabilité devant l'empirique, y compris pour un énoncé qui ne se fonde pas sur les faits, émerge dans la discussion menée par Anscombe des deux positions possibles envers une expression d'intention. L'une de ses remarques fameuses dit que « on ne contredit pas quelqu'un qui dit "Je vais me coucher à minuit" en disant "Tu n'iras pas car tu ne tiens jamais ce genre de résolutions", mais plutôt "Tu n'iras pas car je vais t'en empêcher"[1] ». Puisqu'une expression d'intention n'est pas une prédiction, elle n'est pas contredite par une prédiction contraire (mais par l'expression d'une intention opposée). Dire cela ne revient cependant pas à nier qu'en déclarant son intention, la personne s'engage *à la fois* à adhérer à l'action sur le plan pratique et à attendre un événement futur. Dans le cas où l'on doute de la constance d'une personne, elle ne saurait répondre au doute de l'autre en disant : « C'est bien vrai, je ne tiens jamais ce genre de résolutions. Mais néanmoins : j'irai au lit à minuit. »[2]. En revanche, son énoncé d'intention exprime sa responsabilité envers l'une et l'autre des perspectives sur une seule et même action. Et en déclarant son intention, celui qui parle dit à ses auditeurs quelque chose à propos du futur dont il peut douter ou sur lequel il peut compter comme une prédiction ordinaire. Bien qu'elle ne l'articule pas explicitement avec les précédentes remarques, Anscombe reconnaît plus loin cette exigence d'univocité, quand elle dit : « Si je dis "Je vais aller me promener", quelqu'un d'autre peut savoir que cela n'arrivera pas. Il serait absurde de dire que "*ce* qu'il savait ne pas devoir arriver" n'était pas exactement la même chose que "ce que je disais *devoir* arriver"[3] ». Celui qui annonce qu'il va se promener ne fonde pas son énoncé sur un fait ; et pourtant, son énoncé est quelque chose qui peut être vrai ou faux, quelque chose dont la vérité ou la fausseté peut être une question de fait pour quelqu'un d'autre.

Malgré la différence fondamentale entre les énoncés d'attitudes que l'on fait par attribution et ceux que l'on fait par reconnaissance (*avowal*), les mêmes termes psychologiques

1. G.E.M. Anscombe, *L'intention*, *op. cit.*, p. 106.

2. Ce serait la forme « transcendantale vide » de la mauvaise foi vue dans la discussion menée *supra*, p. 141 *sq.*

3. *Ibid.*, p. 155-156.

réfèrent aux mêmes phénomènes, que l'on parle à la première ou à la troisième personne[1]. Nous devrions donc considérer la position de la reconnaissance et la position de l'explication comme deux façons de prendre conscience de la même chose, et le langage sartrien et kantien employé plus haut est destiné à véhiculer cette idée de différentes positions envers ce qui est, en un certain sens, le même état de choses, la même personne. Quand je *reconnais* une croyance, je ne la traite pas seulement comme un fait empirique à mon sujet; et parler d'une position *transcendantale* envers elle vise à prendre acte que la reconnaissance m'engage explicitement envers des faits *par-delà* mon état psychologique; et en tant qu'engagement, il ne s'agit pas de quelque chose qui m'assaille, mais plutôt de quelque chose qu'il m'appartient de maintenir ou de révoquer.

Si donc nous envisageons deux voies pour connaître les mêmes faits, il nous faut demander: qu'est-ce qui manquerait à une restauration de la connaissance de soi qui demeurerait théorique ou descriptive en ce sens? Pourquoi l'un des chemins, la voie ordinaire non factuelle de la reconnaissance, devrait-il être privilégié en quelque manière dans nos vies quotidiennes? On entretient une forme de privilège de la reconnaissance même dans des contextes où celle-ci est détachée des présomptions d'exactitude ou de complétude. Il est pratiquement arrêté que le traitement psychanalytique ne commence pas, par exemple, par la croyance que les déclarations en première personne décrivent nécessairement la vérité sur les véritables attitudes de l'analysant. Et l'on peut entendre par là que la connaissance de soi à laquelle il

1. Encore une fois, il ne s'agit pas de prétendre qu'il n'y a *aucun* contexte dans lesquels, par exemple, « croyance » a une fonction si différente dans le discours qu'on aurait tort de croire qu'elle décrit un état d'esprit. L'affirmation d'univocité dit seulement qu'il n'en va pas toujours ainsi, et que la croyance d'une personne peut être décrite aussi bien par la personne elle-même que par d'autres.

cherche à aboutir se passerait idéalement de la reconnaissance comme de quelque chose de peu sophistiqué et de peu fiable, lui substituant quelque chose de plus interprétatif et de théoriquement fondé. Mais, au minimum, une telle suggestion négligerait la différence thérapeutique cruciale entre l'acceptation purement « intellectuelle » d'une interprétation, que l'on prendra elle-même normalement comme une forme de résistance, et le processus de perlaboration (*Durcharbeiten*) qui mène à une connaissance pleinement intériorisée d'une attitude, qui produit une différence significative pour le reste de la vie mentale de l'analysant [1]. Ce but du traitement requiert cependant que la personne puisse connaître l'attitude en question, non pas à travers un processus d'auto-interprétation théorique, mais en reconnaissant (*avowal*) ce qu'elle pense et ce qu'elle ressent. Cela signifie que ce qu'il faut restituer à la personne n'est pas seulement la connaissance de faits de sa vie mentale, mais la connaissance de soi qui obéit à la condition de transparence. Mais, mise à part la commodité et la fiabilité, en quoi est-ce important de parvenir à la connaissance d'une certaine façon, si *ce* que l'on connaît est identique ?

En précisant cette question, nous allons considérer ce que manquerait une relation d'expertise idéalisée, mais purement théorique, envers soi-même. Ceci nous mettra en position de comprendre en quoi il n'est pas seulement acceptable mais essentiel que la connaissance ordinaire en première personne procède indépendamment des faits, et à partir de là, pourquoi on ne peut éliminer une relation non empirique ou transcendantale au moi. Évidemment, nous ne connaissons pas tout ce que nous savons sur nos propres attitudes à travers la reconnaissance, et ce n'est pas

1. Chez Freud, voir en particulier « Remémoration, répétition et perlaboration », dans *Huit études sur la mémoire et ses troubles*, trad. fr. D. Messier, Paris, Gallimard, 2010.

non plus nécessaire. Mais quoi qu'il en soit, il y a quelque chose qui cloche si l'on ne *peut pas* connaître une certaine attitude en la reconnaissant (*avowing it*). Les données d'une « posture symptomatique idéale » telle que nous l'imaginons, pourraient être aussi spontanées que les jugements les plus basiques que nous faisons sur le monde. Il n'est pas non plus nécessaire qu'il y ait une quelconque perte de fiabilité spécifique : ce que l'on apprend sur nos attitudes de cette façon peut très bien être certain et complet au point que personne d'autre ne puisse le mettre en doute. De plus, nous ne sommes pas obligés ici de penser la base factuelle en la restreignant à tout ce qui relève du comportement manifeste, mais nous pouvons aussi y inclure nos rêves, nos pensées passagères, nos associations et nos sentiments. Cela signifie que l'expertise théorique telle que nous l'imaginons ici pourrait s'étendre aussi bien au royaume « intérieur » privé, de sorte que seule la personne elle-même pourrait le décrire et que ses descriptions seraient invariablement exactes. Ainsi, nous apporterions tout ce qu'il est possible en faveur de « l'accès privilégié », mais sans que notre conscience de nos attitudes puisse s'exprimer à travers l'acte de les reconnaître. Et pourtant, malgré toute cette immédiateté, cette exactitude et cette fiabilité, en un certain sens encore, nous demeurerions opaques à nous-mêmes.

Ce que nous offre un tel cas, c'est la pleine mise en œuvre de la vision théorique ou perceptuelle de la conscience de soi que Wittgenstein et Sartre veulent tous deux combattre. On pense d'ordinaire que la critique de cette vision du privé réside dans son extravagance métaphysique : un œil intérieur essentiellement fixé sur des événements intérieurs dont personne d'autre ne peut être, en principe, le témoin, et que je suis incapable de révéler ou de décrire à quelqu'un d'autre. Mais je pense que ce que la mise en œuvre de cette image nous donne à voir, c'est que nos deux philosophes visent une critique plus profonde : sous *l'apparence* de l'extravagance métaphysique, cette vision du privé offre une conception très superficielle des différences entre ma relation à moi-même et mes possibles relations aux autres. Car on a ici, pour l'essentiel, une vision de la connaissance de soi comme une sorte de télépathie appliquée à soi-même, une faculté qui se trouve dirigée dans une direction plutôt que dans une autre. Dès lors, en présentant cette vision de la connaissance de soi, nous pourrions même éliminer complètement tout travail d'interprétation. Autrement dit, le sujet connaîtrait ces faits psychologiques de manière immédiate, d'une façon qui ne dépend d'aucun «*medium*» extérieur, et qui n'implique aucune inférence extérieure; et en même temps, il ne pourrait toujours pas jouir de la connaissance ordinaire en première personne.

En quoi notre connaissance de soi ordinaire diffère-t-elle de cette sorte d'auto-télépathie? Au chapitre un, j'ai défendu l'idée que toute description philosophique de la connaissance de soi doit être une description de la connaissance issue *de la position de la première personne*, et qu'il est étrangement facile de perdre cet objectif de vue. Nous sommes désormais en position d'apercevoir pourquoi il en est ainsi. Car la perspective en première personne et l'autorité de la première personne ont deux aspects distincts qui vont normalement ensemble mais qui peuvent être dissociés en principe, et seul l'un d'entre eux correspond à la compréhension traditionnelle d'une capacité purement épistémique. L'un des aspects est la propriété familière de l'immédiateté épistémique; l'idée selon laquelle, là où les autres gens doivent s'appuyer sur ce que je dis et fais pour dire ce que je pense, *je* peux dire ce que je pense sans observation, indice ou inférence d'aucune sorte. L'immédiateté n'implique pas en elle-même que la conscience ainsi gagnée soit plus exacte ni plus fiable que n'importe quelle autre, encore moins qu'elle soit en tant que telle privilégiée sur le plan épistémique par rapport aux descriptions des autres, basées sur des indices. Mais nous pouvons supposer qu'un tel privilège existe pour nos besoins présents, comme dans l'exemple précédent, et n'avoir toujours pas décrit cet autre aspect de la position en première personne : que dans les circonstances ordinaires, une affirmation concernant nos attitudes compte pour une affirmation à propos de leurs *objets*, à propos du monde vers lequel nos attitudes sont dirigées. Il appartient au point de vue ordinaire en première personne sur notre vie psychologique que l'on ne consulte pas d'indices *et* que, par exemple, l'expression de notre croyance comporte un engagement vis-à-vis de sa vérité. Ce que nous avons appelé la Condition de Transparence est également une propriété du discours ordinaire en première personne. Mais comme nous l'avons vu, il n'y a là rien que de très ordinaire, et lorsque l'adhésion manque, alors il en va de même pour la transparence, car sans adhésion, la personne ne peut pas reconnaître (*avowal*) la croyance qu'elle énonce. Cependant, elle peut encore conserver une sorte d'accès épistémique immédiat à cette croyance. La dimension d'adhésion est ce qui s'exprime dans l'un des aspects de l'autorité de la première personne, où il y va de l'autorité de la personne pour prendre des décisions, changer d'avis, approuver une attitude ou la désavouer. Il s'agit d'une forme d'autorité liée aux présuppositions d'un agir rationnel et qui est d'un type différent de l'autorité plus purement épistémique qui peut s'attacher à l'immédiateté spécifique de l'accès de la personne à sa vie mentale.

Ces deux aspects relevant de l'autorité de la première personne ne sont pas sans lien, bien sûr, et nous reparlerons du type d'unité qu'ils forment au prochain chapitre. Mais il est important de mettre l'accent sur ce qui les distingue, pour voir pourquoi un certain fait devrait prêter à conséquences, qu'elles soient philosophiques ou pour la vie de la personne concernée : c'est le fait qu'on devrait pouvoir connaître ce que l'on sait dans le cadre de la connaissance de soi d'une manière spécifique que nous associons à la position en première personne. Car dans la mesure où il est possible que quelqu'un adopte une position empirique ou explicative sur ses croyances, et ainsi mette entre parenthèses la question de savoir à quoi cette possession l'engage, il sera possible d'adopter cette position par rapport à tout ce que l'on peut connaître théoriquement, y compris les événements et les attitudes privés dont on peut être conscient en quelque sorte immédiatement, sans inférence. Le genre d'aliénation dont nous avons ici donné une image demeurerait possible, même pour l'épistémologie de la connaissance de soi la plus généreuse, aussi longtemps qu'elle est interprétée en termes purement théoriques. Nous pourrions concéder toutes sortes d'événements de conscience intérieurs, n'importe quelle exclusivité et caractère privé, n'importe quel degré de privilège et de fiabilité spéciale, que leur combinaison ne résulterait pas dans la capacité ordinaire de connaissance de soi. Car ce n'est pas en ajoutant une certaine quantité de ces ingrédients épistémiques que s'établirait la connexion avec *la reconnaissance* de ses attitudes.

Tout traitement qui s'assignerait la tâche de restaurer la connaissance de soi aurait à restaurer une capacité qui se conformerait à ce que nous avons appelé la condition de transparence. On peut *apprendre* à quelqu'un son sentiment d'être trahi et il pourrait ne pas en douter. Mais sans sa capacité à adhérer à cette attitude ou à la refuser, et sans que l'exercice de cette capacité ne fasse la différence par rapport à ce qu'il ressent, cette information pourrait tout aussi bien concerner quelqu'un d'autre ou des voix dans sa tête. Vue de l'intérieur de sa conscience de soi purement attributive, cette personne n'est pas plus dans une position de *parler au nom de* ses sentiments qu'elle ne l'était auparavant, car elle n'assume aucune autorité à leur égard. C'est parce que sa conscience de son sentiment de trahison est détachée de son sens des raisons qui l'étayent (s'il y en a), qu'elle ne peut pas en prendre conscience en réfléchissant à la personne même par qui elle se sent trahie. La rationalité de sa réponse requiert qu'elle soit en position de *reconnaître* son attitude envers la personne, et pas seulement de la décrire ou d'en faire un compte rendu, si exact soit-il. Car seule la position de la reconnaissance lui permet d'admettre nécessairement que les faits *la* concernant sont intrinsèquement pertinents pour cette attitude (disons, parce qu'ils la justifient ou la sapent) et ainsi (aussi), pour la question pleinement empirique de savoir s'il demeure vrai qu'elle a effectivement ce sentiment qu'il l'a trahie. Autrement dit, son propre sens de la vérité sur cet individu est flottant, affranchi de son sens de ce qui nourrit son attitude envers lui. Du point de vue purement théorique ou explicatif, elle réagirait à l'information que son sentiment de trahison est en fait infondé en disant : « Exactement, mais en quoi est-ce pertinent par rapport à la question psychologique de savoir ce qu'*est* véritablement mon attitude [c'est-à-dire, « l'attitude centrale » de Rey] ? Sans doute, *je me sens* trahie par lui. Nous sommes tous deux d'accord que telle est la conclusion à tirer du reste de mes pensées, de mes sentiments et de mon comportement. Et je n'en ai jamais été aussi certaine ».

Engagement et désengagement

Ici, l'intérêt de se référer à ces choses en termes d'« engagement » et d'« adhésion », a été de montrer les limites d'une telle forme de « certitude » s'agissant de la connaissance de soi. Nous pourrions comparer le cas de la croyance avec le cas de la décision et les deux manières différentes possibles de savoir ce que l'on va faire. Nous pourrions imaginer le joueur akratique de Sartre dans un état tel qu'il ne peut connaître la force de sa résolution d'éviter les tables de jeu que par le biais d'une réflexion psychologique empirique sur lui-même, et *non* par une réflexion pratique sur ses *raisons* d'arrêter de jouer. Dans la mesure où il ne peut être certain de ce qu'il va faire en réfléchissant à des considérations pratiques, normatives, plutôt qu'à des considérations prédictives, il ne considère pas que l'engagement ou la direction de sa volonté dépend de ce que sont ses meilleures raisons pratiques. Il ne comprend pas sa volonté réelle, quelle qu'elle puisse être, comme une réponse à ces raisons, et ce qui détermine sa force ou sa faiblesse est quelque chose qui leur est tout à fait étranger.

Ce qui cloche avec la « direction du regard » ici, le glissement vers la perspective théorique ou empirique, c'est qu'elle suggère que la réflexion du joueur sur ses meilleures raisons de croire ou d'agir laisse encore ouverte la question de ce qu'il va réellement finir par croire ou faire. Ce n'est pas une position stable que l'on peut occuper en continuant à se concevoir comme un sujet délibérant sur le plan pratique et théorique. On doit voir notre délibération comme *l'expression et le développement* de notre croyance et de notre volonté, et non comme une activité que l'on poursuit *dans l'espoir* qu'elle ait quelque influence sur notre croyance et notre volonté ultimes. Même s'il arrivait généralement (mettons, pour le joueur de Sartre) que la conclusion de sa délibération sur ce qu'il faut penser de quelque chose ne préjuge pas de ce qu'il en pense *effectivement*, il serait difficile de comprendre ce qu'il s'imagine être en train de *faire* quand il délibère. On ne voit pas bien quelle raison il nous resterait d'*appeler* cela délibération, si sa conclusion n'entre pas en ligne de compte dans sa prise de décision ; ou, comme nous le disons parfois, si elle n'entre pas en compte dans la façon dont il en vient à *savoir* ce qu'il veut [1] en la matière.

Il n'y a rien de plus du côté des *faits* le concernant qui puisse établir la connexion entre sa réflexion sur le monde et sa connaissance de ce qu'il va effectivement faire ou de ce qu'il croit

1. Ici, jeu de mot sur *to know his mind* : savoir ce qu'il veut (aspect délibératif)/ connaître son esprit (aspect empirique). L'auteur défend ici un savoir pratique, et non pas purement théorique, sur soi-même. [N.D.T.]

effectivement. S'il se considère du point de vue empirique (ou théorique), il doit voir cela comme deux questions séparées. Seul un engagement de sa part pourrait faire en sorte que sa réflexion tournée vers le monde, sur ses raisons de croire et d'agir, détermine vraiment ce qu'il croit effectivement ou ce qu'il va (effectivement) faire.

Exiger que les faits fournissent le lien entre notre réflexion présente et notre action future reviendrait précisément à défaire le statut de notre réflexion comme délibération, décision sur ce qu'il faut faire. Sans aucun doute, on exige parfois un tel désengagement épistémique (par exemple, lorsque j'échoue de manière répétée à mener à bien l'une de mes « décisions »), mais je ne peux sortir de cet état en accumulant des indices d'une corrélation entre ce que je pense maintenant et ce que je ferai plus tard. De façon similaire pour notre analysant, si, en réfléchissant *à la personne* par laquelle il se sent trahi, il est incapable de connaître son attitude envers elle, s'il ne peut ici que s'attribuer des croyances sans pouvoir les reconnaître, alors, ce n'est pas en s'engageant à s'en attribuer plus et de meilleures qu'il parviendra à les reconnaître. (La position théorique envers soi-même se constitue comme domaine auto-suffisant). Lorsque je délibère à propos de quelque chose, la conclusion de ma délibération règle pour moi la question seulement en vertu de mon attitude envers cette activité, et non en vertu de ce que je pourrais croire au sujet de son effet sur moi. Le but et la conclusion consiste à s'engager à effectuer une certaine action (ou une certaine proposition), et non pas à produire un état d'esprit que je pourrais ensuite traiter comme un indice empirique supplémentaire indiquant la manière dont je devrais procéder.

L'interaction entre ces deux postures vis-à-vis de notre pensée prend une forme externe dans certaines situations bien connues de prise de décision. Pour trancher la question de savoir, mettons, si je dois accepter un emploi, je peux décider de résoudre la question en tirant à pile ou face. Je me dis que si cela tombe sur face, j'accepterai l'emploi, autrement, non. Puis, cela tombe sur face; et là, ma première pensée à la vue de ce résultat est: celui-ci m'engage-t-il vraiment? Est-ce que je veux vraiment accepter cet emploi? Je vais tirer à pile ou face une nouvelle fois, pour en être sûr; si cela tombe sur face *une nouvelle fois*, alors, je serai fixé.

On peut repérer ce type d'embarras quand il s'agit de s'engager. Dans la mesure où j'admets que je suis capable de prendre un engagement, je dois admettre que je peux toujours aussi me désengager. Il n'y a rien d'irrationnel à résoudre une question à pile ou face, mais si c'est moi qui détermine ce que signifie la position de la pièce, alors c'est moi qui détermine le fait qu'elle ait la moindre signification. Je peux me désengager à n'importe quel moment. C'est une seule et même capacité qui m'offre la possibilité d'assigner cette signification au lancer de la pièce et de révoquer cette signification lorsqu'il semble que le résultat n'est pas ce que je voulais ou attendais.

Lorsque je me détache du résultat de cette façon, je peux me dire que lancer la pièce était en fait une façon pour moi de *découvrir* ce que je voulais vraiment faire depuis le début (réaffirmant par là la position théorique). C'est peut-être le seul moyen pour m'imaginer vraiment vivre d'après une décision particulière. Et quand je procède ainsi, je me rends compte que cela ne me plaît pas. Ainsi, par cet expédient, j'apprends quelque chose sur moi-même et ce que je me prépare à vivre. Mais bien entendu, ce qui me préoccupe quand je fais cette découverte, ce n'est pas le comportement de la pièce, mais le scénario offert par une certaine option et toutes les raisons pour lesquelles j'en éprouve un certain malaise. Le fait de tirer à pile ou face ne peut avoir l'effet psychologique désiré (que je m'imagine vraiment vivre d'après cette décision) que si, au minimum, je crois *plus ou moins* que la façon dont la pièce atterrit m'engage dans une certaine direction. Dès lors, celui-ci me met dans une position qui ne me donne aucune raison de lancer la pièce une seconde fois. *Celui-ci* ne pourrait rien me dire que je ne sache déjà. En effet, comment pourrais-je l'investir de cette signification (par exemple, me dire ce que je vais faire) si je sais d'avance que je ne suis pas engagé à respecter son résultat ? La pièce ne peut rien me *faire* faire et je ne peux la croire *révélatrice* du futur (ici, le sens de mon activité dériverait vers une forme de divination)[1].

Si je suis engagé par le premier résultat du tirage, alors je sais ce que je dois faire et je n'ai pas d'autres questions. Si je ne suis *pas* engagé par celui-ci, alors le fait de lancer à nouveau la pièce pose plusieurs problèmes. Premièrement, en supposant que j'ai certaines *raisons* de révoquer mon engagement envers le premier résultat, on peut imaginer qu'il y aura des raisons pratiques concernant le caractère désirable du choix d'une certaine option. Dans ce cas, je devrais me concentrer sur *celles-ci* pour décider quoi faire (si, en effet, l'effet saisissant de ma première rencontre avec elles ne résout pas d'emblée la question pour moi). Deuxièmement, en révoquant mon engagement envers le résultat précédent, j'ai maintenant produit une bonne donnée empirique qui me permet de croire que je peux parfaitement me désengager à l'égard du résultat du tirage que je suis alors en train d'examiner. Je ne peux prétendre, à présent, que je ne sais pas cela. Et cela diminue au moins mon assurance de *pouvoir* m'engager envers le résultat de ce tirage au sort. (Que je puisse m'engager d'une

1. On pourrait demander ici : si cela pose un problème d'investir le lancer de la pièce de cette signification quand je sais à l'avance que je ne suis pas engagé à la respecter, pourquoi cela ne pose-t-il pas un problème identique quand, dans la situation normale, je sais que même si je m'engage maintenant de cette manière, je suis toujours libre de *rompre* mon engagement ? Pourquoi *cette* connaissance ne rend-elle pas impossible le fait que j'ai recours à toute cette mascarade ? Pour l'instant, on pourrait répondre brièvement en disant que croire que je suis toujours libre de me désengager n'est pas la même chose que d'avoir une raison de penser que je vais le faire. (La première affirmation est une revendication transcendantale portant sur l'agentivité, la seconde est une certaine raison empirique que je peux ou non avoir.)

certaine manière est maintenant devenu pour moi une question empirique). Et sans l'engagement, la procédure entière est en fait un rituel vide, même quand on la considère comme un expédient psychologique destiné à clarifier mes préférences. Il en résulte la chose suivante : si je suis engagé par le premier résultat, il n'y a pas lieu de tirer à nouveau à pile ou face, et si ce résultat ne m'engage *pas*, il n'est pas non plus nécessaire de refaire le tirage (parce que les véritables raisons pratiques me sont désormais accessibles) ou bien je dois reconnaître que je suis *incapable* de le refaire et de m'engager en fonction de son résultat.

Ce n'est qu'en vertu de *mon* engagement que le tirage à pile ou face signifie quelque chose ; de même que c'est seulement en vertu de *ma* conviction que j'ai une croyance avec une certaine valeur factuelle (un engagement à respecter le tirage, une conviction au sujet des faits). Personne n'aurait un quelconque intérêt à étudier mon état mental (par exemple, comme indice de quelque chose) s'il n'est pas entendu qu'il m'engage (déjà) à une certaine vision des faits. Si celui-ci ne représente pas un tel engagement de ma part, il ne peut servir d'indice ni pour moi-même ni pour qui que ce soit. Cependant, le plus préoccupant ici n'est pas l'inutilité d'un second tirage, mais plutôt la façon dont, dans les deux cas, sous l'apparence d'un *renforcement* empirique de notre position, quelque chose est en fait en train de saper notre position de sujet délibérant. Je peux décrire le second tirage comme une expression de prudence épistémique (comme si je cherchais à confirmer le résultat précédent), de même que je peux concevoir mon repli vers une posture théorique de l'attribution comme une façon d'embrasser un ensemble plus complet d'indices (incluant désormais le fait de ma propre croyance). Mais en fait, refaire le tirage *revient* exactement à défaire sa capacité de décider à ma place ; de la même façon que décider de traiter ma propre croyance comme un indice *revient* à suspendre ma conviction en la matière [1].

Quelles que soient les lacunes d'une telle perspective théorique, celles-ci ne relèvent pas d'un manque de certitude à propos des contenus de mon esprit. A un moment donné, Wittgenstein remarque que « On dit "J'espère que tu viendras", mais non "Je crois que j'espère que tu viendras" » [2]. Mais qu'est-ce qui cloche avec le fait de placer ici la croyance ? Peu importe que nous trouvions bizarre et bien peu amène qu'on nous dise « Je crois que j'espère que tu viendras », le problème n'est pas que l'on vous présente ici une simple croyance au lieu de quelque chose qui exprime une plus grande certitude. Le sentiment que quelque chose ne va pas dans cet échange ne serait pas atténué si nous l'amendions ainsi : « Non, tu ne me comprends pas. Je suis tout à fait *sûr*, en fait *je n'ai aucun doute* sur le fait que j'espère que tu viendras ». Il manquera encore la chose essentielle – celle qui est fournie par l'expression ordinaire « J'espère que tu viendras ». Mais si quelque chose devait manquer, il semble juste de demander ce que l'on pourrait raisonnablement exiger de plus de la personne qui parle ici. Après tout, pourrait-on penser, elle dit ce qu'elle pense, dans toute la mesure de sa connaissance, sans rien garder pour elle. Que veut donc celui qui est insatisfait de tout cela, celui qui ressent de la déception face à cette scrupuleuse

1. Ce processus de découverte, d'engagement puis de détachement qui ré-ouvre la question initiale peut bien sûr être réitéré. Quelqu'un peut se détacher de la décision ou du désir auquel il était parvenu à travers ce processus et *le* considérer alors comme un nouvel indice de son attitude générale. La dialectique n'est limitée que par la santé mentale ou l'épuisement. Pour de plus amples élaborations, voir Freud « Notes sur un cas de névrose obsessionnelle », *L'homme aux rats : un cas de névrose obsessionnelle, suivi de Nouvelles remarques sur les psychonévroses de défense*, (1909), Paris, Payot 2010.

2. Wittgenstein, *Fiches*, trad. fr. J. Fauve, Paris, Gallimard, 1970, p. 32, § 79.

description de soi ? Faudrait-il, en quelque sorte, qu'elle parle *plus* que sincèrement, c'est-à-dire qu'elle parle pour ainsi dire *au-delà* de sa propre connaissance actuelle d'elle-même ? En un sens, telle est précisément l'exigence, dans la mesure où elle signifie que nous attendons de cette expression de l'espoir quelque chose qui n'est pas fixé par des indices sur la personne elle-même ou d'autres considérations théoriques. Et cela impliquera en effet de dépasser la connaissance ponctuelle de soi, dans la mesure où même la description théorique la plus minutieuse de soi laissera toujours en principe la possibilité de la dénégation, d'un échec à s'identifier avec ce que l'on découvre.

CHAPITRE 4

L'AUTORITÉ DE LA CONSCIENCE DE SOI

On a souvent repris le *gnothi seauton* [connais-toi toi-même] en y voyant la fin de tout l'effort humain. On a aussi parfaitement raison, mais pourtant, il est tout aussi certain que cette connaissance ne peut pas être la fin si elle n'est pas en même temps le commencement. L'éthicien se connaît lui-même, mais cette connaissance n'est pas une pure contemplation car dans ce cas, l'individu est déterminé selon sa nécessité ; elle est une prise de conscience de soi, laquelle est un acte et c'est pourquoi j'ai constamment employé le terme de « se choisir » au lieu de « se connaître » [1].

*Exprimer, décrire et reconnaître (*avowing*)*

Dans le chapitre précédent, j'ai esquissé une image de la connaissance de soi qui implique non seulement de s'attribuer un état d'esprit, mais de le *reconnaître* ; et j'ai soutenu que c'est cette propriété de la position en première personne qui explique, en partie, la manière dont on fait des descriptions en première personne sans faire appel à des indices et pourquoi cette capacité de faire précisément ce type de descriptions devait être liée à la

1. S. Kierkegaard, « La formation de la personnalité » dans *Ou bien ...ou bien*, éd. établie par R. Boyer, trad. fr. P.-H. Tisseau, Paris, Robert Laffont, 1993, p. 577.

rationalité de la personne. Toutes ces affirmations réclament de plus amples développements, à la fois pour clarifier cette ligne de pensée et pour mettre ces idées fondamentales en relation avec d'autres peut-être mieux connues dans la littérature sur la première personne.

J'ai développé la notion de reconnaissance en lien avec l'idée de transparence, discutée précédemment. On dit que l'énoncé de notre croyance au sujet de X obéit à la Condition de Transparence lorsqu'il se base sur des faits relatifs à X lui-même et non par le biais d'un « regard intérieur » ou d'une observation de notre propre comportement. Reconnaître, c'est énoncer sa croyance en respectant la Condition de Transparence. Il semblerait que cela pose à nouveaux frais la question de savoir s'il est seulement possible de concevoir les « énoncés en première personne » qui obéissent à cette condition comme d'authentiques énoncés en première personne. Si l'on affirme « Je crois que c'est un poisson rouge » en se « tournant vers l'extérieur », comment cet énoncé peut-il conserver une référence au sujet parlant et à son état d'esprit ; et sans cette référence, comment le concevoir comme un énoncé de connaissance de soi ? En quoi une telle conception est-elle finalement différente de la Conception Présentationnelle, selon laquelle les énoncés de la forme « Je crois P » ont, seulement de manière *superficielle*, la forme d'énoncés portant sur le sujet parlant et ses croyances, et ne sont en réalité que des manières plus ou moins circonspectes de présenter une affirmation au sujet de P ?

On peut comprendre la Conception Présentationnelle comme l'assertion qu'une certaine classe d'énoncés n'affirment ni ne *décrivent* l'état d'esprit du sujet parlant, bien qu'ils l'*expriment*. Indéniablement, un énoncé simple tel que « C'est un poisson rouge », s'il exprime la croyance de l'énonciateur, ne la décrit pas et n'en rend pas compte. Ainsi, si l'on montre que l'énoncé de croyance putatif « Je crois que c'est un poisson rouge » n'est qu'un moyen de dire la même chose, alors on pourrait bien considérer que les énoncés de cette forme sont aussi des expressions de la croyance de l'énonciateur, plutôt que des descriptions. De manière plus générale, cela met la Conception Présentationnelle en rapport avec l'expressivisme en tant que thèse au sujet d'une certaine classe d'énoncés (par exemple, moraux, esthétiques, en première personne). Si la reconnaissance joue dans la connaissance de soi le rôle indispensable qu'on a revendiqué ici, nous devons faire ressortir ce qu'elle a de distinctif, à la fois par rapport à la « pure » description de notre état et au sens où elle l'exprime, comme l'implique la Conception Présentationnelle.

Dans la philosophie de l'esprit post-wittgensteinienne, l'expressivisme est une thèse générale au sujet de l'ensemble des énonciations en première personne et pas seulement au sujet des énoncés de croyances ou d'autres attitudes. Dès lors, des énoncés comme « J'ai mal » ont été les exemples privilégiés de l'expressivisme. Dans ce genre de cas, on affirme que l'apparente référence à soi est ici illusoire parce que de tels énoncés ne sont pas en premier lieu des descriptions ou des *comptes rendus*. Il faut plutôt les comprendre comme des expressions comportementales de la douleur, semblables aux pleurs ou aux tressaillements. Et comme les pleurs et les tressaillements, de telles expressions ne peuvent être en elles-mêmes des manifestations de la *connaissance de soi* puisqu'elles ne sont pas d'abord des descriptions. Seule une description de notre état ou quelque autre énonciation exposant un fait, peut être quelque chose de vrai ou de faux, de justifié ou d'injustifié. Dès lors, l'expressivisme concernant une classe d'énoncés (comme le discours moral, le discours en première personne) empêche même la question de la connaissance de soi d'émerger. Si l'énoncé « J'ai mal à la tête » n'est pas en premier lieu un compte rendu au sujet de l'état de quelqu'un, alors il ne soulève pour nous aucune question du type : comment quelqu'un peut-il être en position de faire un tel compte rendu ? Ou : avec quelle autorité fait-on de telles affirmations ? Il faudrait ainsi voir l'expressivisme non pas comme une *explication* de la connaissance de soi ou de l'autorité de la première personne, mais comme le rejet même de ces idées [1].

L'idée centrale de l'expressivisme est de contourner les questions qui portent sur les raisons pour lesquelles on peut faire des affirmations d'une certaine sorte, (des affirmations morales, ou des affirmations en première personne), et sur l'autorité ou le fondement de telles affirmations, en niant que le discours en question ait pour office principal de faire des affirmations et des descriptions. En affirmant une équivalence logique entre « Je crois que P » et le simple énoncé « P », la Conception Présentationnelle tend vers une forme d'expressivisme. Car l'assertion de « P » est certainement en elle-même quelque chose de différent de la description de notre état d'esprit et ne soulève aucune question philosophique concernant le fondement d'une description psychologique. Et en même temps, la simple assertion « P » *est* assurément une expression de notre croyance en P, au sens large où « exprimer » signifie simplement manifester ou révéler. (Après tout, parler *est* une forme de comportement expressif). Ainsi, la Conception Présentationnelle fait office d'argument supplémentaire en faveur de la vision selon laquelle des énoncés de la forme « Je crois que P » *sont* des expressions de notre croyance et *ne sont pas* des descriptions de notre croyance.

En exposant les choses ainsi, on souligne le fait que c'est seulement en tant que thèse *négative* que l'expressivisme a un

1. La comparaison faite par Wittgenstein de l'énoncé « J'ai mal » avec le comportement expressif du gémissement de douleur a suggéré à certaines personnes un expressivisme des sensations. Voir les *Recherches Philosophiques*, *op. cit.*, § 244 et *Le Cahier Bleu*, *op. cit.*, p. 125. Je suis d'accord avec McDowell aussi bien quand il rejette l'idée que l'expressivisme correspond à la conception de Wittgenstein sur ce problème, que quand il dit qu'une telle stratégie consiste à « éviter le problème », *L'esprit et le monde*, trad. fr. C. Al-Saleh, Paris, Vrin, 2007, note, p. 55.

quelconque rôle philosophique distinctif à jouer. Car appeler « expressions » une certaine série d'énonciations ne suffit pas en soi à mettre en doute le fait que ces énonciations soient aussi des descriptions, des énoncés de fait, ou autre chose. L'exclamation soudaine « Le frein ne marche pas » à la fois expose un fait et exprime la croyance du sujet de l'énoncé; et en fonction du contexte, elle peut aussi exprimer sa panique ou sa frustration. Tous les énoncés que l'on fait sont des énonciations, et toute énonciation est un acte, et on pourrait dire que chaque acte de la personne *exprime* de nombreuses choses à son sujet (y compris ses états d'esprit). L'expression et la description ne sont pas en elles-mêmes des catégories qui s'excluent mutuellement. La présentation de l'argument néo-wittgensteinien obscurcit cela, comme si l'enjeu était de savoir si les énonciations en première personne sont ou non des expressions. Ainsi, celui qui rejette la Conception Présentationnelle est obligé de nier que de telles énonciations soient des expressions. Mais ce n'est pas le cas. La thèse cruciale de l'argument expressiviste n'est pas une affirmation positive, mais plutôt une *négation* du fait que des membres de cette classe d'énonciations fassent jamais office d'affirmations ou de comptes rendus. C'est pourquoi si l'on comprend l'expressivisme comme une thèse portant sur tous les énoncés en première personne, celui-ci équivaut à l'idée incroyable discutée au chapitre précédent, selon laquelle un individu ne peut pas parler de son propre état d'esprit, ni émettre un jugement le concernant, alors même que ses divers interlocuteurs le peuvent.

A mon sens, « expression » est alors la catégorie la plus générale que nous employons; elle comprend le comportement verbal et non verbal, aussi bien la déclaration ouverte et délibérée de notre état que sa manifestation involontaire. Entendu ainsi, rendre compte ou décrire son état est une *manière* particulière de l'exprimer, de le manifester. Bien sûr, c'est une manière spéciale, qui implique un jugement sur notre état d'esprit et les responsabilités spécifiques à l'*assertion* de ce jugement. Il est donc plus approprié de présenter le rejet de cette possibilité, telle qu'elle est exposée par l'expressivisme, plutôt comme l'affirmation que les expressions de douleur ou de croyance en première personne ne sont *que* des expressions; c'est-à-dire qu'on ne doit pas les inclure parmi les expressions verbales qui sont aussi des assertions ou des comptes rendus de notre état. Le rejet général de cette possibilité perd toute sa plausibilité (et est explicitement refusé par Wittgenstein) lorsque l'on se souvient que la catégorie des descriptions est plutôt vaste, suffisamment vaste pour inclure les attributions faites sur n'importe quelle base, voire aucune. Ainsi, quoi qu'il en soit de la vérité d'un discours typiquement « immédiat » à la première personne, ce que l'on a appelé le compte rendu « purement attributif » de notre croyance *doit* compter comme un authentique compte rendu et non comme une simple expression. Dans ce cas, la différence est qu'il s'agit d'un compte rendu qui se base bien sur un certain type d'indice, ou sur l'autorité d'une autre personne, et qui n'a nul besoin d'impliquer l'adhésion à la croyance attribuée. De cette façon, ce que dit notre analysant au sujet de sa propre rancœur est clairement une description ou une *attribution* directe au même sens où ce que lui dit l'analyste implique de lui attribuer des croyances ou d'autres attitudes. Ainsi, il est peu recommandable de généraliser la thèse expressiviste.

Une fois que l'on a vu que tout compte rendu est aussi une expression, on devrait voir clairement pourquoi il nous faut une troisième catégorie, « la reconnaissance », pour circonscrire les questionnements philosophiques sur l'autorité de la première personne. Et si l'on accorde qu'en général, il n'est peut-être pas impossible que quelqu'un pense et parle de son propre état d'esprit (d'autant plus qu'il réussit à parler de la vie mentale des autres), alors, on peut reformuler ce qui est en jeu de manière plus substantielle en affirmant que l'on considère quand même les *croyances reconnues* comme des comptes rendus de croyance; c'est-à-dire que le compte rendu ne se trouve pas réduit à une « simple expression » à cause de la conformation à la Condition de Transparence. Le problème persiste, car on pourrait encore penser, après le rejet de l'expressivisme en général, que lorsqu'une assertion de croyance en première personne se conforme à l'exigence de transparence, *ces cas-là* au moins doivent être des cas où la référence apparente à notre état d'esprit est illusoire et donc où l'assertion n'exprime pas une connaissance *de soi*.

Mais en fait, si nous posons la question sans la tourner en faveur de quelque chose comme la Conception Présentationnelle, il est difficile de voir en quoi la conformation à la transparence devrait être incompatible avec un énoncé qui maintient apparemment une auto-référence. Ce à quoi aboutit la conformation à la transparence, c'est l'engagement à ce que les croyances que j'appelle miennes soient des croyances auxquelles je peux adhérer en tant qu'elles sont vraies. Mais cet engagement est interne au concept même de croyance et ne peut lui-même annuler la référence *prima facie* à soi-même dans un énoncé comme « Je crois qu'il a cessé de pleuvoir ». A partir du moment où l'on pense qu'au minimum, croire implique de « tenir pour vrai », il sera au moins possible d'annoncer sa croyance en faisant un rapport sur la vérité telle qu'on la voit. Si mon intention est de rendre compte de ma croyance en tant que telle, et je sais (comment pourrais-je ne pas savoir ?) que ma croyance au sujet de X est ce que je tiens pour vrai au sujet de X, alors mon intention ne sera pas contrecarrée si je fais ce compte rendu en prenant en considération ce qui est vrai au sujet de X. Ici, nous pourrions comparer à nouveau le cas de la croyance avec celui de la connaissance de notre propre comportement futur : quelqu'un *pourrait* se fonder uniquement sur une prédiction pour savoir ce qu'il va faire, mais dans la situation normale de l'action libre, c'est en se fondant sur sa décision qu'il sait ce qu'il projette de faire. En décidant quoi faire, son regard est dirigé « vers l'extérieur », sur les considérations en faveur d'une certaine conduite, sur ce qu'il a le plus de raisons de faire. Ainsi, sa position envers la question « Que vais-je faire maintenant ? » transparaît dans une question portant sur ce qu'il *doit* faire, à laquelle il répond en « regardant vers l'extérieur », prenant en considération ce qu'il est bien, désirable, ou possible de faire. En répondant à cette question pour lui-même et en annonçant ce qu'il va faire, sa réponse ne perd en rien sa référence à la première personne sous prétexte de se conformer à l'exigence de transparence. Ce qu'il a gagné, et ce que son énoncé exprime, c'est une connaissance directe concernant une personne particulière, connaissance dont on peut parler et qui peut ainsi être transmise à une autre personne qui a besoin de savoir ce qu'il va faire.

D'autre part, considérons certaines des implications de cette version modifiée de la Conception Présentationnelle (restreinte à la reconnaissance (*avowals*), au sens où nous l'avons définie). Cela voudrait dire que, loin d'être un état de conscience authentiquement en première personne, reconnaître sa croyance serait strictement incompatible avec le maintien d'une référence à *soi*. Et en conséquence, quand notre client en analyse passe de la position où il peut seulement s'attribuer une croyance à celle où désormais il la reconnaît consciemment, on ne peut pas voir ceci comme un développement de sa connaissance de soi, car cette transformation de sa relation envers sa croyance fait perdre à sa parole son auto-référentialité. Selon cette vision, la *seule* connaissance qu'il peut alors avoir, qui porte véritablement sur lui-même, c'est l'auto-attribution opaque et aliénée d'attitudes, attribution à laquelle il ne peut jamais pleinement adhérer, au risque de perdre son statut de jugement proprement psychologique. Mais bien entendu, c'est la connaissance de soi *attributive* qui est l'expression d'une position envers soi essentiellement en *troisième personne*. Ainsi la conséquence de l'adoption d'une version, même affaiblie, de la Conception Présentationnelle, serait l'idée absurde que seule une perspective en troisième personne sur soi-même véhiculerait une authentique connaissance de soi.

On a décrit le cas de l'analysant de telle manière qu'il peut avoir tous les types d'accès à sa croyance, sauf la reconnaissance. Et le résultat est une sorte de connaissance attributive idéalisée, qui semble néanmoins à la fois affaiblie et différente de la notion ciblée, à savoir la conscience de soi ordinaire. Notre description de ce cas visait à mettre en évidence la conclusion naturelle selon laquelle c'est la reconnaissance qui fait la différence entre la connaissance purement attributive de notre croyance et sa conscience authentiquement en première personne. C'est une conclusion naturelle, mais bien évidemment, la reconnaissance ne pourrait *jamais* compter comme une forme de connaissance de soi, si la conformation à la transparence annulait *ipso facto* la référence à soi dans les énoncés exprimant une connaissance de soi sur le mode putatif. Il était ainsi nécessaire de rediscuter la Conception Présentationnelle comme on vient de le faire, de répéter les raisons déjà évoquées de la rejeter et d'en ajouter d'autres, spécifiques au problème de la reconnaissance. La conclusion que l'on peut tirer de ces considérations est que la reconnaissance est effectivement un véhicule de la connaissance de soi, et que c'est ce qui fait la différence entre une authentique conscience en première personne et une connaissance purement théorique ou attributive de nos états, quand bien même elle serait idéalisée.

Rationalité, conscience et contrôle: « un coup d'œil » à l'intérieur

Le reste de ce chapitre est consacré à la question de savoir pourquoi la possibilité de la reconnaissance devrait avoir une place spéciale dans notre réflexion sur la connaissance en première personne, et pourquoi on a traditionnellement pensé qu'il était particulièrement important pour la santé psychique globale de la personne qu'elle soit capable d'avoir cette forme particulière de conscience. En particulier, j'espère montrer que la vision, développée jusqu'ici, de ce qu'il y a de distinctif dans cette forme de conscience explique surtout les relations (suggérées ou supposées dans toute l'histoire de la littérature sur ce sujet) entre la connaissance de soi et la liberté et la rationalité de la personne, et pourquoi « l'immédiateté » de la conscience en première personne devrait avoir une importance qui ne se limite pas à sa facilité d'accès.

Commençons par revenir sur la question de ce qui, au juste, est censé clocher ou être incomplet dans la connaissance purement théorique que l'analysant a de lui-même (voir la fin du chapitre précédent). Nous pouvons maintenant convenir que cette connaissance ne compte pas comme une conscience ordinaire en première personne de son sentiment de trahison, mais quand bien même ? Si ce n'est pas aussi bien, les avantages d'une authentique conscience de soi ne relèvent-ils pas seulement d'une plus grande commodité, immédiateté et fiabilité ?

Nous avons déjà suggéré la réponse suivante. Lorsque j'ai une attitude dont je ne peux pas prendre conscience en réfléchissant sur son *objet*, on suggère que l'attitude est imperméable aux considérations rationnelles ordinaires pertinentes pour la conservation ou la révision de cette attitude. Prenons le cas du sentiment de trahison de l'analysant : s'il n'en prend pas conscience en réfléchissant à la personne même par laquelle il se sent trahi, cela suggère que la persistance du sentiment de trahison n'a rien à voir avec son sens des faits *la* concernant, qui justifieraient ou bien ruineraient cette attitude. Et si la persistance de l'attitude est ainsi imperméable aux considérations de sa justification, l'attitude elle-même ne peut être une attitude pleinement rationnelle et on doit plutôt la voir comme une sorte d'obsession. Une croyance que l'on ne peut pas reconnaître est ainsi isolée sur le plan cognitif, inaccessible au processus normal d'examen et de révision qui constitue l'équilibre rationnel de la croyance et des autres attitudes. Ainsi, nous pouvons expliquer pourquoi la capacité d'être non seulement conscient de nos croyances, mais de l'être particulièrement à travers leur reconnaissance, est à la fois l'état normal de la personne et fait partie de son bien-être rationnel.

C'est une analyse de ce type que je souhaite défendre. J'ai mentionné au chapitre un, et cela a guidé ma discussion jusque-là, que la connaissance de soi qui intéresse tout spécialement les philosophes (par opposition à toutes les choses diverses que quelqu'un peut savoir concernant lui-même) n'est pas juste une capacité que nous possédons par hasard et dont l'absence laisserait intact le reste de notre vie mentale. Au contraire, il semble que la capacité d'avoir conscience de son état d'esprit spécifiquement en première personne est nécessairement liée au fait d'*être* avant tout un sujet d'états mentaux. On pourrait garantir cette connexion conceptuelle en s'appuyant sur la rationalité systématique qui définit des attitudes comme la croyance, et sur notre nécessaire accès à ces attitudes afin qu'elles puissent s'adapter rationnellement les unes aux autres, ainsi qu'à une expérience nouvelle. Mais le lien entre la capacité de la connaissance de soi et la rationalité requiert beaucoup d'attention pour éviter aussi bien de surestimer notre besoin ordinaire d'être conscient de nos propres croyances, que de sous-estimer ce qu'il y a de spécial dans le caractère « immédiat » de la conscience en première personne. Nous pouvons voir cela en prenant brièvement en considération un argument général, partagé par de nombreux philosophes, selon lequel la possession même de croyances et d'autres attitudes est liée à la capacité d'en avoir conscience[1].

Au début de *The Character of Mind*, Colin McGinn s'appuie sur les remarques intuitives suivantes en faveur d'une conception de la rationalité des attitudes comme exigence d'une conscience auto-réflexive de celles-ci :

> Puisqu'une personne n'est pas simultanément consciente de toutes ses croyances, il est parfaitement possible – c'est en fait un lieu commun – que des conflits entre croyances passent inaperçus ; il est ainsi possible de croire quelque chose aussi bien que de croire son opposé, précisément faute d'omniscience sur ce que vous croyez. Mais une fois qu'un tel conflit est devenu conscient, l'une ou l'autre des croyances doit disparaître – des considérations normatives opèrent alors pour déterminer vos croyances… Si une personne n'était pas consciente de ses croyances, alors elle ne pourrait pas être consciente de leur incohérence ; mais la conscience de l'incohérence est (essentiellement) ce qui permet aux considérations normatives d'avoir un impact sur les croyances ; ainsi, l'ajustement rationnel des croyances les unes aux autres semble impliquer la conscience de soi, c'est-à-dire la connaissance de ce que vous croyez. Sans une telle conscience de soi, le contrôle logique sur la pensée serait privé de sa force de

1. Le rejet de la contingence de la relation entre les états mentaux et la capacité d'en prendre conscience à la première personne, est un aspect important de l'argumentation contre l'interprétation de la connaissance de soi comme une sorte de perception, car la perception est caractérisée comme une relation causale contingente entre un objet et un sujet percevant. Ainsi, Sydney Shoemaker par exemple a exploré dans plusieurs articles ce type général d'argument comme faisant partie de l'argumentation générale contre le Modèle Perceptuel. Voir en particulier S. Shoemaker, « On Knowing One's Own Mind », *in* James E. Tomberlin (ed.), *Philosophical Perspectives II, Epistemology*, 1988, qui cite les arguments de McGinn ci-dessous.

contrainte ; la rationalité, telle que nous la connaissons, requiert la connaissance des contenus de notre propre esprit [1].

A la page suivante de l'ouvrage, il met en place la connexion avec « la thèse subséquente, à savoir que la possession même d'attitudes propositionnelles requiert la conscience de soi ». Il est tout à fait naturel de penser que la capacité que nous avons d'être conscients de nos propres croyances et autres attitudes (« conscience de soi » en ce sens) est liée de quelque façon à notre rationalité, et à la rationalité des attitudes auxquelles nous avons accès. Une raison immédiate de penser cela serait l'*ir*rationalité manifeste qui caractérise souvent des attitudes qui sont, d'une manière ou d'une autre, refoulées, et auxquelles nous n'avons pas d'accès introspectif immédiat [2]. Et suivant une conception naturelle de la fonction de la conscience de soi, ce lien entre le refoulement et une rationalité *déficiente* fait parfaitement sens. Si l'une de mes attitudes est hors de portée de l'éclairage de la conscience, alors je ne peux pas la « voir » afin de la vérifier et de l'ajuster au reste de mes croyances et de mes désirs. De même que pour le contrôle intelligent et dirigé d'autres choses, l'ajustement rationnel de nos croyances et de nos attitudes requiert au moins la *conscience* (*awareness*) de ce qui est soumis au contrôle.

Mais en même temps, nous pourrions nous demander pourquoi cette exigence nous paraît naturelle. Car nous pourrions comprendre plus d'une chose sous l'en-tête « ajustement » et « sensibilité aux raisons ». Il n'est pas nécessaire de contester l'idée que le concept de croyance (et celui d'autres attitudes propositionnelles) relève de quelque chose de systématique et de contrôlé sur le plan normatif, comme si avoir une croyance impliquait d'avoir un réseau d'autres croyances, qui s'étayent mutuellement rationnel-

1. C. McGinn, *The Character of Mind*, Oxford University Press, 1982, p. 20.
2. Colin McGinn remarque cela plus loin dans le même passage.

lement. Mais si ce que McGinn appelle « l'ajustement rationnel des croyances » est simplement quelque chose qui maintient notre système de croyances en bon ordre de marche, évitant une grossière incohérence, mettant à jour et révisant nos croyances à la lumière du flux constant de l'expérience, etc., alors il n'y a aucune raison de penser que cette régulation ne pourrait avoir lieu en dessous du seuil de la conscience, peut-être à un niveau totalement « subpersonnel ». Pensez au flux constant de l'expérience perceptive, à la mise à jour et à la révision des croyances au sujet de notre environnement immédiat. Les objectifs de la régulation de croyance ne requièrent pas le moins du monde que la *personne* soit ici impliquée, et donc, nul besoin que la personne ait conscience des contenus qui sont régulés. Vu sous cet angle, il n'y a pas plus de raisons de penser que la régulation rationnelle de la croyance requiert la conscience des croyances en question que de penser que la régulation du rythme cardiaque, de la respiration ou du métabolisme requiert un contrôle conscient ou même une créature avec la moindre capacité de conscience. Et comme le suggère cette comparaison, il semble que, non seulement de telles activités n'*exigent* pas un contrôle conscient de la personne, mais qu'elles ne *pourraient pas* l'exiger, car il est difficile d'imaginer comment on pourrait vivre si un tel contrôle *était nécessaire* pour un fonctionnement correct. Dans nos vies tant biologiques que cognitives, il faut que la majorité de ces processus s'auto-régulent, quelque « rationalisables » qu'ils soient dans leur fonctionnement. Autrement, nous ne pourrions pas nous lancer dans les activités qui reflètent davantage notre intégrité, comme l'action délibérée ou l'autocritique. Il est probablement vrai, même en un sens trivial, que *je* ne peux moi-même réviser mes croyances à moins d'en être conscient. Mais mes croyances, comme le flux des perceptions, interagissent et subissent des révisions tout le temps sans que je n'intervienne. Leur rationalité générale n'a pas besoin de ma constante supervision. En effet, l'exigence d'une telle supervision globale comme condition générale de rationalité n'est peut-être pas même cohérente [1].

De plus, il importe de noter une ambiguïté dans la référence de McGinn au « contrôle logique sur la pensée », qui empêche de voir le véritable problème qui se pose ici, celui de savoir *pourquoi* une incohérence persisterait plus difficilement une fois que la personne en tant que telle en a pris conscience. Vers le début du passage, il dit : « Une fois qu'un tel conflit est devenu conscient, l'une ou l'autre des croyances doit disparaître – des considérations normatives opèrent alors pour déterminer vos croyances » et vers la fin, « Sans une telle conscience de soi, le contrôle logique sur la pensée serait privé de sa force de contrainte ». Les deux phrases emploient ici un langage de la nécessité (« doit disparaître », « force de contrainte »), et ainsi nous pourrions comprendre ces affirmations de façon normative, comme des énoncés de ce qu'exige la raison ou la logique. La logique exige l'abandon de l'une des deux croyances en conflit, car ce que l'on veut dire ici par « conflit » est précisément qu'elles ne peuvent être vraies toutes les deux. Cependant, ceci est une exigence de la logique de la croyance qui ne tient pas compte de savoir si les croyances en question sont conscientes, inconscientes ou autre. La force normative des lois de la logique ne dépend pas du tout de la croyance en tant qu'objet de conscience. D'autre part, si nous interprétons en des termes plutôt psychologiques le langage de la nécessité dans ce passage, comme une description de ce qui doit vraiment se passer dans la vie d'un sujet de croyance, alors l'affirmation est presque vraie sans exception. Plus d'un interlocuteur a conservé allègrement deux croyances en conflit

1. Abstraction faite des difficultés à imaginer une telle condition psychologique, il semblerait qu'une telle exigence de conscience et d'intervention explicites impliquerait une itération de niveaux infinie semblable à celle que la Tortue imposa à Achille.

après que quelque Socrate lui ait pointé leur incohérence. Et dans la mesure où cela *est* vrai, le mystère demeure de savoir pourquoi, dans un tel cas, la conscience réflexive devrait faire la différence, en particulier étant donné que dans plein d'autres situations de la vie, les croyances sont révisées et mises à jour, et l'incohérence est évitée sans qu'on ait conscience des croyances en question. La « nécessité » psychologique ou le contrôle de la logique sur la croyance est souvent plus forte lorsqu'aucune réflexion explicite n'est impliquée.

(La sonnerie du téléphone est éteinte. Je le sais parce que je l'ai éteinte un peu plus tôt. Mais maintenant, le téléphone sonne et je le décroche et dis « Allo ». J'aurais pu rester pris dans l'auto-contradiction, mais, par bonheur, mes croyances se sont révisées d'elles-mêmes et je peux supposer – si j'en prends la peine – que je me suis souvenu à tort que j'avais éteint la sonnerie. Pendant ce temps, la vie continue.)

De plus, si, par « l'ajustement rationnel des croyances », nous n'entendons pas seulement tous procédés, personnels ou subpersonnels, qui parviennent à maintenir l'ordre, mais l'activité délibérative réelle de l'agent, alors l'idée que cela exige la conscience de nos propres croyances soulève un autre ensemble de questions, qui nous occupera dans le reste de ce chapitre. En bref, je soutiendrai que, tandis que la conscience de nos croyances est une exigence trop forte envers « l'ajustement rationnel » quand on l'interprète de la première manière (en gros, le sens compatible avec la « régulation fonctionnelle »), elle est une exigence trop faible quand on comprend « l'ajustement rationnel » de la seconde manière, comme une description de la relation délibérative de quelqu'un avec ses propres croyances. Car, comme on l'a vu, on peut parvenir à la conscience des croyances d'une personne, même de nos propres croyances, de multiples façons, et il n'y a rien dans l'argument tel qu'il nous a été donné qui nous amène à une description, ou à une explication de la nécessité d'une *conscience* spécifiquement *en première personne* de nos croyances. L'image de la nécessité de la conscience de soi ne distingue pas ici la conscience spécifiquement en première personne du type de conscience qu'il faudrait à n'importe qui d'autre pour affecter en quelque manière notre état d'esprit, une nécessité presque au même sens que la nécessité de *voir* les meubles dans ma chambre pour les redisposer. Mais il s'agit d'une mauvaise image « externe » de la sorte de « contrôle » ou d'autorité qu'une personne exerce sur ses attitudes. Pour voir comment la rationalité ordinaire est liée à la conscience spécifiquement en première personne, nous avons besoin d'une compréhension plus large de la notion d'« autorité de la première personne ». Cela nous aidera à comprendre pourquoi « l'immédiateté » de la conscience en première personne devrait avoir une quelconque importance, pour l'analyse philosophique de la connaissance de soi et pour la rationalité de la personne.

De la supervision à l'autorité : l'agentivité et les attitudes

> Pour bien des gens, c'est déjà une impertinence de dire Je [1].

Quand nous parlons d'« autorité » en lien avec les énoncés de croyances et autres attitudes à la première personne, cette idée possède plusieurs dimensions. Il y a, bien sûr, l'autorité épistémique du compte rendu, indiquant que la personne qui fait le compte rendu est mieux placée pour savoir; et ainsi, nous pouvons considérer que l'idée d'« autorité » décrit la relation de la personne aux faits rapportés, concernant l'état d'esprit d'une personne en particulier. Mais il y a aussi l'« autorité » au sens où elle s'applique

1. Th. Adorno, *Minima Moralia, réflexions sur la vie mutilée*, traduit de l'allemand par É. Kaufholz et J.-R. Ladmiral, Paris, Payot, 2003.

à la relation de la personne au compte rendu lui-même, indiquant qu'elle est responsable du compte rendu, qu'elle en est l'auteur. Or la personne n'est pas seulement l'auteur du *compte rendu*, mais elle peut être aussi considérée, dans un ensemble de cas cruciaux, comme l'auteur de l'état d'esprit lui-même, au sens où elle en est à l'origine et en est responsable. C'est ainsi que Stuart Hampshire, par exemple, décrit les choses dans des passages comme celui qui suit, extrait de *Freedom of the Individual*, distinguant les croyances d'une personne des pensées qui semblent seulement lui « venir à l'esprit » passivement.

> Je fais un choix et je me décide quand je formule mes croyances. Je ne les observe pas. Mais il y a d'innombrables pensées qui me viennent à l'esprit, et qui traversent ou s'attardent dans mon esprit, et seule une minorité d'entre elles constitue des croyances. Les croyances sont ces pensées dont je soutiens la vérité. Ce n'est pas simplement que je les trouve, pensées passagères ou persistantes : je me décide en leur faveur (…) Une croyance est une pensée dont on ne peut pas se séparer[1].

Il est dit par ailleurs que la personne rationnelle est « l'auteur responsable de ses croyances »[2], et c'est par une décision plutôt que par une découverte qu'elle tranche normalement la question de ce qu'elle croit ou désire[3]. Il faudrait alors explorer l'idée d'un lien entre les idées de connaissance de soi (y compris l'autorité qui s'attache à nos déclarations) et de responsabilité envers soi-même (y compris envers nos pensées).

Hampshire n'endosse pas ici un volontarisme en matière de croyance, comme si d'habitude, on choisissait et on adoptait nos croyances à notre guise. L'agentivité que l'on exerce par rapport à

1. S. Hampshire, *Freedom of the Individual*, *op. cit.*, p. 97-98.
2. *Ibid.*, p. 80.
3. *Ibid.*, p. 76.

nos croyances et autres attitudes ne ressemble évidemment pas à celle des actions manifestes élémentaires comme chercher un verre. Mais pour voir quel est l'intérêt de parler tout de même d'« agentivité » ici, comparez le cas des sensations avec celui des attitudes, en tenant compte des rapports actifs ou passifs que l'on a avec elles. Une sensation de douleur ou de vertige est vraiment quelque chose que l'on peut subir passivement, quelque chose qui arrive simplement (bien qu'on puisse alors avoir un autre type de responsabilité, celle de l'anticiper ou de le prendre en charge). D'un autre côté, la personne a des positions, les croyances et autres attitudes, dont l'exigence de justification est interne. Et l'exigence de justification interne aux attitudes implique un sens de l'agentivité et de l'autorité qui est fondamentalement différent des diverses formes de direction et de contrôle que l'on peut être capable d'exercer sur un esprit ou un autre. Nous pouvons commencer à voir ce qui caractérise ce genre d'activité et de responsabilité en distinguant différents types de désir. On peut éprouver certains désirs, tels que ceux qui sont associés à la faim ou à une sévère fatigue, en les considérant comme des sentiments qui surviennent simplement en nous. Ils apparaissent, tout simplement. A certaines occasions, leur apparition peut nous sembler inexplicable et dans ce genre de cas, leur caractère inexplicable ne diminue en rien leur force. Semblables à un intrus étranger, il faut simplement leur répondre, même si l'on ne comprend pas ce qu'ils font là, ni le sens de leur demande. La position de la personne envers de tels désirs et la manière dont elle les traite, peut être un peu différente de sa position envers n'importe quel autre phénomène empirique auquel elle est confrontée. Sous cet angle, un désir brut est une part de réalité à laquelle l'agent doit s'adapter, comme une sensation ou une jambe cassée ou un obstacle sur un chemin.

Cependant, d'autres désirs peuvent être des états d'une complexité conceptuelle considérable, des attitudes que nous exprimons, révisons, défendons, et auxquelles nous ne parvenons qu'après une longue réflexion. Thomas Nagel, par exemple, fait une distinction entre désirs « motivés » et désirs « immotivés », et on rencontre désormais familièrement cette distinction générale dans divers contextes [1]. Quand quelqu'un veut changer de travail, ou apprendre le français, ou encore éviter d'être vu, il s'agit là de désirs « motivés » ou « relatifs au jugement » (*judgment-sensitive*), en ce qu'ils dépendent de certaines croyances sur ce qui rend ces diverses choses désirables. Cette dépendance est double. Premièrement, pour ce qui est de sa justification, le désir de changer de travail dépend de plusieurs croyances (sur soi-même, sur son travail actuel et les perspectives ailleurs). Si la personne venait à perdre ces croyances, elle perdrait la justification de son désir. Et deuxièmement, perdre la *justification* de ce désir est censé peser sur le fait de continuer à *avoir* ce désir. L'existence réelle du désir peut bien ne pas survivre à la découverte que la nouvelle perspective professionnelle implique de soulever des choses encore plus lourdes et un environnement plus toxique que notre situation actuelle. Bien sûr, ce lien peut faire défaut et quand cela arrive, la personne peut s'exposer à des formes bien connues de critiques et elle peut se trouver elle-même déconcertée. Le fait que la question de ce qu'elle désire vraiment dépende ainsi de son appréciation du désir et de ses motifs est une attente normale, ainsi qu'une exigence rationnelle à son endroit. Pour la personne, son désir motivé n'est donc pas un phénomène empirique brut auquel elle doit simplement s'adapter, comme quelque autre facette de la

1. Th. Nagel, *The Possibility of Altruism*, Princeton University Press, 1970. Dans le chapitre que j'ai cité à l'instant, S. Hampshire fait une distinction entre des désirs « dépendants de la pensée » et « indépendants de la pensée », et plus récemment, T.M. Scanlon, *What We Owe To Each Other*, Harvard University Press, 1998, chap. 1, emploie un concept d'attitudes « relatives à un jugement » avec des références spécifiques au désir.

réalité qu'elle affronte. Car ce genre de désir, en tant qu'attitude « relative au jugement », doit son existence (comme fait empirique psychologique) à ses propres délibérations et à son estimation globale de la situation.

En fait, c'est ce genre de désirs qui constitue de loin la plus grande part des désirs au nom desquels nous agissons, et non ceux qui simplement nous assaillent avec leur force (malgré le fait que les philosophes se soient traditionnellement concentrés depuis Platon sur les désirs « bruts » de faim et de soif). Pour qu'un désir appartienne à la catégorie « relatif au jugement », il n'est bien sûr pas nécessaire qu'il ait la *forme* du résultat de la délibération. Car bien peu de nos désirs surgissent comme conclusion d'un exercice explicite du raisonnement pratique. Cependant, il en est de même pour nos croyances sur le monde, dont bien peu se présentent comme la conclusion d'un raisonnement *théorique* explicite que nous aurions entrepris. Il n'en est pas moins essentiel à la catégorie de croyance qu'une croyance soit la conclusion *possible* d'un raisonnement théorique. Contrairement au mal de dent, ou d'ailleurs à une dent, une croyance appartient à la catégorie grammaticale adéquate pour être la conclusion d'un raisonnement. De façon similaire, pour qu'un désir soit considéré comme « motivé » au sens pertinent, il est essentiel qu'il soit la conclusion possible d'un raisonnement pratique. Cela indique déjà une différence catégorique entre de tels désirs et de simples sentiments, y compris des choses telles que la sensation de soif, et nous rapproche un peu plus de la signification particulière du mot « activité » qui devrait caractériser notre rapport à nos attitudes quand elles sont relatives au jugement.

Car il y a plus d'une façon d'être actif par rapport à une attitude ou à un autre de nos états mentaux. Considérez à nouveau notre relation à nos sentiments et à nos sensations. En quel sens entendons-nous que des sensations ou des désirs « bruts » sont de purs événements auxquels l'individu est passivement soumis?

Après tout, un individu *peut*, bien entendu, s'infliger diverses sensations et il peut le faire tout à fait activement et librement. Il se pince et produit la sensation même qu'il avait l'intention de produire. Mais ce n'est pas ce que l'on veut dire par la passivité de la sensation. C'est vrai, en tant que l'auteur du pincement, il est actif, mais la sensation elle-même est l'effet passif de son action. Celle-ci n'a aucun *telos* propre; elle est *purement* un effet, tout autant que si l'individu s'était lui-même égratigné. A l'opposé, quand un individu pense qu'il se fait tard ou espère qu'il va pleuvoir, ce ne sont pas des *effets* qu'il produit, même quand ils résultent d'un processus de pensée et sont ainsi davantage analogues à l'acte de pincer qu'à la sensation produite par cet acte.

En principe, un désir qui n'est pas relatif au jugement peut être aussi suscité par le biais de divers moyens extérieurs, exactement comme une certaine sensation peut être l'effet visé par l'intervention de quelqu'un. On peut le traiter comme l'objet passif de la manipulation de quelqu'un et on peut être « actif » par rapport à lui au sens où il est l'expression d'une sorte de contrôle externe. Alors que cette compréhension externe de l'activité aura plus de sens si on l'applique au domaine des sensations et des désirs et appétits *non* relatifs au jugement, quelqu'un peut aussi bien, dans certaines circonstances, adopter une semblable position de manipulation envers l'une de ses attitudes qui est à proprement parler relative au jugement. Dans de nombreux cas, quelqu'un peut susciter en lui divers désirs, croyances ou réactions émotionnelles, soit par un entraînement, une discipline mentale, des drogues, la coopération d'amis, soit simplement en se lançant tête baissée dans une situation qui imposera une certaine réaction de sa part. Mais exercer ce genre de contrôle sur notre attitude n'est pas une expression pertinente de l'« activité » pour ce qui relève de l'autonomie ou de l'autorité rationnelle. Dans ce genre de cas où je suscite un désir en moi-même, l'attitude produite est encore une attitude par rapport à laquelle je suis essentiellement passif. Elle m'est infligée, même si je suis celui qui l'inflige.

Il y a bien sûr une autre façon d'assumer la responsabilité d'un certain aspect de notre vie psychologique, en *restreignant* son application à notre rapport à telle ou telle attitude relative au jugement, et non aux sensations. Considérez la manière particulière dont quelqu'un assume la responsabilité de son désir quand il est la conclusion de son raisonnement pratique; mettons que quelqu'un arrive à la conclusion que ce qu'il veut vraiment faire, c'est annuler son voyage à Ispahan à moins de pouvoir y rester plus d'une semaine. Dans un tel cas, il n'est pas seulement préparé à justifier son désir si on le lui demande, mais la présence ou l'absence de justification modifie la présence ou l'absence du désir lui-même et la direction de son désir est en fait guidée par la direction de sa pensée de ce qui est désirable. Ici, il est actif par rapport à son désir, non pas parce qu'il l'a *suscité* en lui, mais parce que pour lui, la question générale de ce qu'il veut exprime ce qu'il pense avoir les meilleures raisons de poursuivre dans ce contexte. Que ces considérations s'affaiblissent et c'est le désir lui-même qui sera affaibli. Et cela signifie qu'il existe un type de contrôle qu'il pense *ne pas* avoir ici, en ce sens qu'il pensera ne pas être en position de *conserver* le désir, ni de le reproduire à son gré, s'il devait perdre ou abandonner les considérations qui le soutenaient et si l'objet en question lui apparaissait désormais sans valeur. Ou plutôt, il pourrait peut-être trouver une certaine manière de le conserver, à condition de considérer maintenant cette question comme une question purement causale, un choix des moyens effectifs de maintenir en quelque sorte la présence de ce désir. Mais si son « activité » par rapport à ce désir se limitait à ce genre de contrôle externe, ce serait l'expression même de l'aliénation de son désir, quand bien même il aurait réussi à le susciter en lui.

Ce type « externe » d'activité et de responsabilité n'est en rien spécifique à la première personne. Il n'est pas différent de la façon dont on peut se rendre en partie responsable des actions ou des pensées et attitudes d'une autre personne. Je peux prendre mes responsabilités envers les croyances d'une autre personne lorsque je crois que je peux exercer une certaine influence sur elles, qui les réoriente d'une manière ou d'une autre. Mais je ne considère pas par là que les croyances d'autrui sont l'expression de *mon* sens de l'équilibre des raisons. En cherchant à les réorienter, je n'ai pas besoin de partager moi-même les raisons que j'offre à la personne pour qu'elle change d'avis. Ce qui m'importe est ce qui peut *lui* plaire et ici, il peut être question de raisons que je peux respecter ou au lieu de cela, de ma flatterie ou de mon intimidation (un rapport à soi que seuls les individus plus sophistiqués peuvent tenter d'avoir). Cette position d'influence n'est pas nécessairement une grossière instrumentalisation, mais ce genre de relations entre deux personnes a la possibilité intrinsèque de se développer dans cette direction. Par contre, il est essentiel que la responsabilité spécifiquement en première personne envers son propre désir ne soit pas instrumentale. Ici, la responsabilité de l'individu est de faire en sorte que son désir soit tributaire de son sens d'un certain bien à poursuivre et qu'il s'y ajuste. Ce n'est pas une responsabilité qui se réduit à l'aptitude à exercer une influence sur les désirs de quelqu'un et c'est pour cela que l'idiome du « contrôle » est fourvoyant dans ce contexte[1]. Lorsque le désir

1. Pour ces raisons, je pense que Dennett se trompe lorsqu'il affirme qu'« on change soi-même d'avis de la même façon qu'on change l'avis des autres » dans « How to Change your Mind », 1977, in *Brainstorms*, MIT, 1981, p. 308. Cette affirmation est élaborée dans un autre article au sujet de la modification du désir de quelqu'un : « Agir sur un désir de second ordre, faire quelque chose de sorte que l'on acquiert un désir de premier ordre, c'est agir sur soi-même exactement comme on agirait sur une autre personne : s'*instruire* soi-même, se persuader, se proposer des arguments, des

exprime (déjà) les raisons d'une personne, il n'est nul besoin d'exercer un quelconque contrôle sur lui. Comme dans le cas du raisonnement théorique ordinaire, qui se termine en croyance, il n'y a rien d'autre à *faire* pour acquérir la croyance pertinente une fois que son raisonnement l'y a conduit. Au début de son raisonnement pratique, elle ne visait pas à susciter en elle-même un désir particulier (comme elle pourrait le faire s'agissant d'une autre personne), mais elle exposait plutôt son désir à l'équilibre des raisons.

C'est sur ce même sens de l'activité et de la responsabilité que nous nous appuyons quand nous raisonnons d'ordinaire avec les autres, où l'hypothèse opératoire doit être que l'autre est en position de répondre aux considérations proposées, de voir l'enjeu d'une certaine critique et par là-même, de déterminer si ces considérations devraient compter ici et maintenant comme une raison de changer d'avis. Sinon, toute l'activité consistant à proposer certaines raisons et à en contrer d'autres serait plutôt absurde. A défaut de supposer que votre interlocuteur est ici en position d'exercer une certaine agentivité effective, il n'y aurait aucun intérêt à critiquer son raisonnement sur un certain point, puisque par ailleurs, on voit mal ce qu'*elle* – cette personne à laquelle vous parlez – en aurait à faire, du processus ou du résultat ? Elle pourrait être en meilleure position de voir les résultats de votre

menaces, des pots-de-vin, dans l'espoir d'induire en soi le désir de premier ordre. Dans ces cas-ci, la position de quelqu'un envers soi-même et l'*accès à soi-même* est essentiellement la même que la position de quelqu'un envers autrui et que son accès à autrui » (p. 284-85). En un sens, il n'y aurait rien à débattre ici une fois entendu que ces scenari ne décrivent pas la situation ordinaire de la formation des désirs (ou autres attitudes) à travers la délibération, explicite ou non. Même si habituellement nous ne le faisons pas, nous *pouvons* parvenir à un nouveau désir en l'identifiant d'abord comme quelque chose à acquérir, et ensuite en agissant sur un désir de second ordre pour l'adopter. Des changements dans nos croyances, nos désirs et autres attitudes ne sont qu'occasionnellement le résultat de ce genre de techniques d'auto-gestion.

intervention (« de l'intérieur », pour ainsi dire), mais chacun de vous aurait simplement à attendre le résultat[1]. En revanche, il semble clair que la possibilité même d'une discussion ordinaire (ou d'un autre discours) suppose que les raisons qu'elle accepte et la conclusion qu'elle tire sont « de son ressort » au sens pertinent.

Reconnaître ce type d'agentivité et de responsabilité ne nous engage pas dans une sorte de volontarisme sur la formation des croyances ou des désirs, et nous n'avons pas non plus besoin de voir la discussion ordinaire avec les autres comme un moyen de faire adopter à notre interlocuteur une nouvelle croyance par un pur acte de volonté arbitraire. Parfois, comme c'est le cas dans divers états de déficience psychique, la prétention de la première personne à ce type de responsabilité est creuse, insuffisante pour être prise au sérieux. Et dans ce genre de situations, plutôt que de juger que ma déclaration règle la question (de ce que je crois réellement), je peux être *obligé* pour le moment de la traiter comme rien de plus qu'une donnée, quelque chose qui peut être une plus ou moins bonne *indication* de ma croyance ou de mon désir réels. Comment se sort-on d'un tel état, voilà une question qui a peu de chances d'avoir des réponses générales utiles. Mais absolument rien ne pourrait compter comme agentivité ou comme délibération, si une personne ne pouvait généralement alléguer que la conclusion de son raisonnement explique, en tant que fait psychologique, *ce* qu'elle croit à ce sujet.

1. Voir la remarque de Philippa Foot, selon laquelle les raisons ne sont pas des médicaments que l'on prend en espérant que ça va marcher : « Lorsqu'on dispose d'indices concluants, il est de notre affaire d'agir sur cette base et non de lambiner en attendant le bon état d'esprit », « Moral Arguments », in *Virtues and Vices*, University of California, 1978, p. 104-5.

Le repli sur les faits

Ceci suggère une autre dimension de la pertinence de l'idée d'« autorité » et montre les limites de la tentative pour la remplacer par une notion purement épistémique, afin de décrire la position d'une personne qui dit très certainement ce qu'elle pense. Si l'autorité en question n'était qu'une affaire d'opinion la mieux informée – le sujet ayant normalement l'opinion la mieux informée sur les faits en question –, et étant entendu que cette hypothèse peut s'étioler dans de multiples circonstances, alors on pourrait se demander ce qui permettrait de la dépasser complètement, peut-être grâce à quelque future science de l'esprit. Une vision relativement modeste comprendra l'idée d'« autorité de la première personne » non comme une idée entraînant un accès infaillible ou parfait, mais comme une propriété du discours, comme l'autorité qui est habituellement octroyée au sujet parlant pour déclarer ce qu'il pense et ce qu'il ressent, et pour que sa déclaration soit considérée (normalement de façon décisive) comme une information sur son attitude. Naturellement, tout discours ne présuppose pas cette hypothèse, et son abrogation n'est pas non plus restreinte à des cadres institutionnels comme celui de la psychothérapie. Mais comme il est *possible*, en une occasion donnée, ou par rapport à un sujet donné, de suspendre l'hypothèse que c'est l'énoncé du sujet parlant qui fait connaître sa véritable attitude, on peut facilement avoir l'impression que l'idée d'une telle autorité était, dès le départ, une hypothèse superflue. De nombreux philosophes contemporains ont certainement eu l'impression que cette hypothèse reflétait un préjugé préscientifique que nous ferions bien d'abandonner. Et pourtant, ce serait un problème très différent d'imaginer une suspension de l'autorité de la première personne à tous les niveaux et d'imaginer une telle suspension par rapport à tel ou tel lieu particulier de conflit psychique. Dans un contexte thérapeutique bien connu, nous pourrions imaginer, par exemple, qu'on traite ce que *dit* quelqu'un sur sa réaction à la mort de sa grand-mère, sans y attribuer la moindre autorité, simplement comme une donnée de plus, un comportement (verbal) de plus à interpréter, à partir duquel on pourrait peut-être, en l'associant à d'autres informations, inférer son attitude réelle. Le thérapeute prend en compte ce que la personne dit de son état, mais seulement comme un indice qui, en soi, ne fait pas plus autorité que de nombreux autres aspects de son comportement et de son histoire.

Et bien sûr, le client lui-même peut être tout à fait conscient que l'on considère ses paroles de cette manière. Cependant, si la personne, consciente de cet aspect de la situation peut seulement dire ce qu'elle *semble* croire ou ressentir ici, ce n'est pas seulement sa capacité d'y voir clair dans les contenus de son esprit et de décrire ce qui s'y trouve qui est limitée. Dans la veine de ce genre de discours, imaginons que cette personne exprime à présent son incertitude sur ce qu'elle pense vraiment de cet événement. Pour être honnête, l'expression de son incertitude ne peut faire autorité, mais a seulement valeur de symptôme – indiquant, mais peut-être du coup de manière fourvoyante, son état d'esprit réel, qui n'est peut-être pas du tout incertain. A ce moment-là, elle pourrait bien ressentir le besoin d'exprimer sa frustration ou son désespoir, mais désormais, chaque parole prononcée peut seulement prétendre à signaler verbalement son propre état d'esprit, et non à dire ce qu'elle pense. Elle pourrait assister à ses propres paroles, à ce qu'elle est maintenant en train de dire, pour voir ce que celles-ci pourraient révéler sur sa pensée. Mais alors, en prenant une telle distance, ses paroles perdraient jusqu'à la valeur de symptôme qu'elles avaient quand elle les disait naïvement et avec conviction. Car leur valeur d'indice dépendait de son appui; mais à présent qu'aucune conviction ne les anime, *de qui ou de quoi* ces simples paroles s'échappant de quelque part au-dedans devraient-elles être le signe[1] ?

Si nous tentons d'imaginer une abrogation généralisée de l'autorité de la première personne, couvrant toutes les questions sur les croyances de la personne dans son présent, sur ses désirs et autres attitudes, il est difficile d'envisager les formes les plus simples de raisonnements explicites et de conclusions. Si quelqu'un peut seulement décrire ce qu'il a l'impression de croire, peu importe le sujet, alors, si on lui pose par exemple une certaine question factuelle, qui requiert une certaine détermination, il ne peut même pas soutenir que sa réponse rend nécessairement compte de la croyance réelle à laquelle il est parvenu. Dans cette optique, ce qu'il présente avec certitude comme la conclusion de sa réflexion est une chose (par exemple « Oui, je pense que tu gagnes du temps si tu évites le tunnel, mais tu risques davantage de te perdre »), mais sa croyance réelle, en tant que fait psychologique empirique, en est une autre. Si on abroge radicalement l'autorité de la première personne, cela signifie qu'il ne peut pas

1. Même la pression à diviser la personne en plus d'un seul Moi témoigne du caractère inévitable de cette autorité à un certain niveau de description. Dans ses remarques sur le Paradoxe de Moore, Wittgenstein présente cette situation : « Si l'on en juge d'après ce que j'ai dit, "c'est *ce que* je crois". On pourrait imaginer des circonstances dans lesquelles ces mots auraient un sens. Et alors il se pourrait aussi que quelqu'un dise : "Il pleut, et je ne le crois pas", ou "Il me semble que mon *ego* croit cela, mais ce n'est pas le cas." A cette fin, il faudrait imaginer un comportement qui montrerait que deux êtres parlent par ma bouche. » (*Recherches philosophiques*, *op. cit.*, p. 270). Nous divisons la personne en deux, l'une décrivant l'autre, parce que si l'on veut comprendre le discours comme une assertion, il nous faut traiter *un* Moi comme se donnant une énonciation qui fait ici autorité. Donc dans ce cas, l'un des Moi peut *parler des* croyances apparentes de l'autre seulement s'il abandonne la position symptomatique et s'arroge l'autorité de dire ce qu'il pense *en propre*, de déclarer comment les choses lui apparaissent réellement (« Il me semble que mon ego croit cela… »). Avec ces mots, le Moi parlant abandonne l'attribution pour la reconnaissance.

accepter que la conclusion tirée soit à présent ce qu'il croit vraiment. Ainsi, le problème n'est pas seulement que le courant de ses vraies croyances et sentiments passe quelque part hors du *champ de vision* de la conscience, mais aussi que ce courant semble suivre son propre cours, sans lien avec la réflexion explicite de la personne à propos des gens et des choses sur lesquels ses sentiments sont censés porter.

Ainsi, l'autorité qui ferait ici défaut n'est pas simplement l'autorité épistémique de l'observateur fidèle, mais aussi l'autorité de la décision, considérée comme un élément déterminant pour notre croyance. On ne répare pas la perte de cette autorité en y suppléant par un savoir expert provenant de l'extérieur, sur ce que sont nos véritables attitudes, le savoir que peut nous offrir un docteur ou quelque autre informateur bien intentionné. Il ne suffit pas de nous fournir simplement l'*information* sur notre croyance. Car si on ne voit pas que la question empirique de savoir ce qu'on croit est tributaire de notre réflexion actuelle explicite sur le sujet, alors, le fait d'être seulement informé de ce qu'on croit ne nous dit pas si on devrait considérer ou non cette information comme une *raison*. En l'état, on ne se porte pas mieux que si on nous avait dit qu'une autre personne avait cette croyance ou qu'on l'avait déjà eu nous-même à un autre moment. Ainsi, ce qui est primordial dans l'idée d'« autorité de la première personne » n'est pas que la personne elle-même doit toujours « mieux connaître » ce qu'elle pense, mais plutôt que c'est *son affaire*, que cela dépend d'elle. En déclarant sa croyance, elle n'exprime pas tant sa position comme témoin expert d'un domaine de faits psychologiques, que son autorité rationnelle dans ce domaine.

Immédiateté et autorité de la première personne

Après avoir vu combien nous avons raison de relier la capacité de la conscience de soi à la rationalité de la personne, il nous faut une meilleure caractérisation des notions de « conscience de soi » et de « contrôle rationnel ». Sinon, nous n'avons pas encore distingué la simple conscience (*awareness*) en première personne et *son* type d'autorité, du type de conscience des croyances et autres attitudes d'autrui, requis pour exercer sur elles une influence rationnelle. Bien sûr, on pourrait simplement introduire l'« immédiateté » ou l'indépendance de l'observation dans la description du type de conscience que l'on cherche à saisir, mais en quoi cela nous aiderait-il? Surtout, une fois qu'on a admis que ce type particulier de conscience simple ne relève pas de la possibilité *générale* d'un tel contrôle rationnel, il est difficile de voir en quoi cela nous aiderait à comprendre pourquoi, dans le cas de nos propres attitudes, une conscience stipulée comme « immédiate » devrait être importante pour la rationalité. Aussi longtemps que nous pensons la relation en termes d'exigences d'un « contrôle rationnel », l'exigence d'immédiateté semble immotivée, puisque le commandement rationnel d'autres éléments (incluant les attitudes d'autrui) peut nécessiter d'en être simplement conscient, sans réclamer une manière particulière de parvenir à cette conscience. Il nous faut une conception moins « externe » de notre conscience simple, et de notre position rationnelle envers nos attitudes, si nous voulons voir comment ces capacités sont liées à l'autorité spécifiquement en première personne au nom de laquelle on prétend, dans les circonstances normales, dire ce qu'on pense.

Il y a bien un contexte analogue où nous affrontons la question de la connaissance, en particulier « immédiate » : celui où l'agent connaît sa propre action intentionnelle. C'est un point bien connu depuis *L'intention* de Anscombe, qu'une série indéfinie de descriptions vraies s'applique au comportement qui constitue l'action de quelqu'un et que c'est seulement sous certaines de ces descriptions et pas d'autres que l'action sera considérée comme intentionnelle[1]. Dans l'un des exemples de Anscombe, quelqu'un est en train de pomper l'eau d'une citerne et en faisant cela, il fait cliqueter la poignée de la pompe à un rythme particulier. La première description nous donne une partie de sa visée; nous pouvons supposer que la seconde, non. Anscombe concentre sa discussion de l'action intentionnelle sur l'affirmation (ce qui est plus une hypothèse de travail qu'une définition) que « Les actions intentionnelles sont donc celles auxquelles s'applique la question "Pourquoi ?" dans un sens spécial (…) »[2]. Alors qu'elle distingue les types de cas où la question *n'a pas* d'application, elle en mentionne deux qui sont particulièrement intéressants pour la présente discussion. Le premier est la situation familière où la personne ne *sait* simplement pas que la description en question (par exemple, faire cliqueter à ce rythme-là) s'applique à ce qu'elle était en train de faire. Peut-être cette exclusion est-elle assez claire; si quelqu'un ne sait pas qu'il a pris mon parapluie au lieu du sien, il n'y aura aucun sens à lui demander *pourquoi* il a fait cela ou à considérer que c'est intentionnel (il saisit le parapluie intentionnellement, mais il ne saisit pas intentionnellement *le mien*).

Mais Anscombe ajoute une restriction supplémentaire, qui va dans le sens de notre questionnement sur l'immédiateté. Après avoir introduit l'idée d'une « connaissance sans observation » (c'est-à-dire la « conscience immédiate » au sens qui est le nôtre) et illustré cette idée par l'exemple de notre conscience ordinaire de la position de nos membres, elle dit qu'on refuserait *aussi* d'appliquer la question pertinente « pourquoi » si l'on disait « Je

1. G.E.M. Anscombe, *L'intention*, *op. cit.*
2. *Ibid.*, p. 65.

savais que je faisais cela, mais seulement par observation »[1]. Ici, nous nous rapprochons de notre question sur la conscience « purement attributive » d'un état d'esprit. Car si je reconnais que le point soulevé par Anscombe est intuitif, nous pouvons poser le même genre de questions au sujet de cette conscience. Autrement dit, nous accorderons tous qu'il faut qu'une personne *sache* ce qu'elle est en train de faire pour pouvoir lui demander ses raisons de le faire. Mais quelle serait l'incidence de sa *façon* particulière d'acquérir ce savoir sur son statut intentionnel? Pourquoi ne suffit-il pas de savoir, peu importe la manière d'y parvenir? Et pourquoi le statut de l'action comme action intentionnelle (sous cette description) devrait-il dépendre du fait que l'agent est conscient de son fondement très spécial, à savoir un fondement qui est indépendant de l'observation, d'indices ou d'une inférence?

Ce que nous pourrions appeler la Condition d'Anscombe à propos de l'action intentionnelle nous dit que la question pertinente « pourquoi » ne saurait s'appliquer si l'agent n'est pas conscient de ce qu'il est en train de faire (sous la description appropriée) de manière « immédiate » au sens qui est le nôtre. Anscombe elle-même ne propose pas d'argument explicite pour cette affirmation, ou en tout cas, son argument n'est pas plus court que l'argumentation du livre entier en faveur d'une « connaissance pratique » distinctive, ignorée par « une conception de la connaissance qui est irrémédiablement contemplative »[2] dans la philosophie moderne. Mais nous pourrions reconstruire les considérations suivantes en faveur de la condition, en les rattachant à notre questionnement sur la reconnaissance et la rationalité. Une action est intentionnelle sous une certaine description lorsqu'on

1. *Ibid.*, p. 51.
2. *Ibid.*, p. 108.

peut considérer que cette description (par exemple, « pomper de l'eau ») répond à un certain but que l'on poursuit. Si quelqu'un est en train de faire cette action intentionnellement, alors il le fait pour des raisons qui selon lui, justifient cette action, au sens où elle contribue à sa visée. Ces raisons seraient spécifiées par la réponse à la question « pourquoi ? », dont l'applicabilité est, selon Anscombe, la marque des actions intentionnelles. Pour l'agent, être en train de pomper de l'eau pour des raisons justificatives, c'est considérer que cette action contribue à sa visée; s'il ne considère pas qu'elle contribue à sa visée, alors nous pourrions conclure qu'il ne fait pas cette chose pour le genre de raisons (c'est-à-dire, des raisons justificatives) qui font qu'une action est intentionnelle. La description sous laquelle une action est intentionnelle donne la raison principale pour laquelle l'agent agit ainsi, et l'agent connaît cette description en connaissant cette raison principale. Il connaît cette description parce qu'elle est la description sous laquelle il conçoit l'action dans son raisonnement pratique. C'est la description sous laquelle il considère que l'action mérite d'être choisie, et vise quelque bien à accomplir. L'agent considère qu'en décidant de ce qui mérite d'être poursuivi, il répond à la question de ce qu'il est en train de faire, et que celle-ci n'est pas une question prédictive ni explicative à laquelle on répond par l'observation de soi. De là, nous arrivons à la Condition d'Anscombe : s'il pouvait seulement savoir par observation ce qu'il est en train de faire, ce serait parce que, décrite en *ces* termes (par exemple, faire cliqueter sur ce rythme), son action *ne serait pas* déterminée par sa raison principale, il ne l'entreprendrait pas comme la poursuite de quelque but. Autrement, il saurait ce qu'il est en train de faire d'après ses raisons pratiques d'adopter ce but. Pour lui, dire « Je savais que je faisais cela, mais seulement par observation » impliquerait que sous cette description, l'événement ne participe pas à sa visée. Pour qu'un agent puisse se concevoir comme capable de former une intention et de la mettre en œuvre (ce qui, je le crois, est le minimum nécessaire pour se concevoir comme un agent), il doit considérer que son action intentionnelle est déterminée par ses raisons, et ainsi, il est en position de connaître une description véridique de son action en connaissant ses raisons.

On peut exprimer le point fondamental ici dans un style d'inspiration kantienne, bien que l'idée ne soit plus guère exclusive de Kant. La position à partir de laquelle une personne parle avec une certaine autorité spéciale au sujet de sa croyance ou de son action n'est pas une position d'explication causale, mais la position de l'agir rationnel. Dans la croyance comme dans l'action intentionnelle, la position de l'agent rationnel met en jeu les raisons justificatives, et c'est donc à partir d'elle que l'on déclare l'autorité de la raison sur notre croyance et notre action. On ne pose pas la question anscombienne « pourquoi ? » pour savoir ce qui pourrait mieux expliquer le mouvement qui constitue l'action de l'agent, mais pour connaître les raisons qui justifient à ses yeux son action, sa visée. Ici, il peut et doit répondre à la question de sa croyance et de son action, expression de l'autorité de la raison, en réfléchissant aux raisons en faveur de cette croyance ou de cette action. S'il en allait autrement, cela signifierait qu'il considère le cours de sa croyance ou de son action intentionnelle comme indépendant de son appréciation des meilleures raisons, et s'il pense *cela*, alors il n'y a aucun sens à ce qu'il délibère sur ce qu'il doit faire. En effet, il n'y a plus de sens à appeler cela « délibération », si pour lui, la question de savoir si cette activité déterminera ce qu'il fait ou croit réellement, est ouverte. S'engager dans une délibération revient avant tout à remettre la question de notre croyance ou de notre action intentionnelle sous l'autorité de la raison.

Bien sûr, cette autorité peut être partielle ou se dérober de multiples façons. Lorsque je sais que c'est le cas, par exemple lorsque je sais que je suis akratique face à une question, cela compromet le degré auquel je peux penser que mon action est intentionnelle, ou que mon état d'esprit implique une croyance plutôt qu'une pensée obsessionnelle ou une compulsion. Et une personne ne parle pas non plus de ce genre d'états avec l'autorité de la première personne.

L'autorité avec laquelle parle l'agent (quand il le fait), ainsi que sa possibilité de faire une affirmation qui ne repose sur aucune observation de soi, découlent toutes deux du fait que la relation de la personne envers ses propres attitudes et ses actions intentionnelles doit exprimer la priorité des raisons justificatives sur les raisons purement explicatives. En ceci, sa position est fondamentalement différente de celle d'une autre personne, comme un interprète rationalisant, qui cherche à expliquer ses actions ou ses attitudes. Les raisons qui *expliquent* une action sont des états d'esprit de l'agent, qui peuvent eux-mêmes être véridiques ou erronés. Lorsqu'une croyance, qui est une raison explicative, est une fausse croyance, cela n'affecte pas nécessairement sa validité explicative. Mais naturellement, il ne s'agit pas ici de la relation de l'agent envers ses propres raisons, qui doivent être des raisons *directrices* ou justificatives, et qui sont des faits distincts et indépendants de ses croyances[1]. Ce qui fournit une raison de parier sur un certain cheval est le *fait* qu'il va gagner, ou les indices de ce fait, et non la *croyance*, si forte soit-elle, qu'il va gagner. Et ce fait constituerait une raison du pari, même en l'absence de la croyance correspondante. (La pertinence de la croyance du cheval confiant dans la victoire est, bien sûr, un autre problème, faisant partie des

1. Voir J. Raz, *Practical Reasoning*, Oxford University Press, 1978, p. 3. La distinction de Raz entre les raisons directrices et explicatives est semblable à la distinction de Francis Hutcheson entre les raisons « justificatives » et « incitatives ». Voir F. Hutcheson, « Illustrations sur le sens moral », in *Epistémologie de la morale*, trad. fr. O. Abiteboul, Paris, L'Harmattan, 2010, p. 174-175.

indices eux-mêmes). L'attitude d'une personne envers la manière dont ses croyances et ses désirs sont liés à son action n'est pas « subjectiviste ». Elle n'est pas non plus une simple question de bon ajustement entre les états eux-mêmes. Sa croyance n'est pas *pour elle* une donnée psychologique qui pourrait, même en principe, justifier son comportement par son simple rôle d'état psychologique. Autrement, du moment qu'elle aurait une croyance, elle aurait toujours autant raison de parier, que celle-ci soit vraie ou fausse. D'un autre côté, un interprète rationalisant considèrera *effectivement* que ce comportement est rationalisé par la croyance, qu'elle soit vraie ou fausse. L'interprète peut se permettre de traiter la croyance comme une donnée psychologique et de partir de là pour l'utiliser dans une explication rationalisante. L'agent n'a pas lui-même cette option et comme nous l'avons vu, il ne serait pas rationnel s'il le faisait. L'interprétation rationalisante doit avant tout chercher à préserver l'hypothèse de la rationalité du sujet. Ainsi, la posture de l'interprète et son succès présuppose la posture de l'agent raisonnant; et de plus, ils présupposent que la croyance soit traitée *différemment* depuis chacune de ces deux postures.

Comme ci-dessus dans la discussion de Rey, ce genre de considérations peut suggérer que nous avons affaire à deux types d'attitude différents ou à deux concepts différents de la croyance. Mais en fait, je pense que ces mêmes considérations, incluant les différences entre les croyances considérées comme des raisons explicatives et comme des raisons justificatives, sont des caractéristiques inévitables du type d'unité manifestée par le concept de croyance ou de n'importe quelle autre attitude « relative au jugement ». A travers cette discussion, j'ai cherché à ajuster l'hypothèse selon laquelle les significations des termes psychologiques ne changent pas d'un contexte en première personne à un contexte en troisième personne, tout en insistant en même temps sur certaines asymétries fondamentales entre ces deux contextes. On n'a pas cherché à montrer que des concepts comme la croyance ne jouent qu'un seul rôle, car il est difficile de voir comment quelque chose qui ressemble vaguement à notre concept de croyance pourrait ne pas jouer une sorte de rôle double : explicatif du comportement et porteur de valeurs de vérité. Aussi longtemps qu'il y aura des sujets de croyance et aussi longtemps que les croyances prétendront représenter le monde, on pourra demander pour chaque croyance à la fois si elle est vraie ou fausse et comment elle dispose le sujet de croyance à agir. Les deux aspects de la croyance dépendent l'un de l'autre, puisque l'aspect explicatif requiert une hypothèse de rationalité, et *celle-ci* requiert que le sujet de croyance lui-même ne traite pas sa croyance comme un fait psychologique opaque. Conscient de ses croyances, ou bien il agit en fonction d'elles comme il agit en fonction de la reconnaissance d'un certain aspect du monde indépendant, ou bien il les soumet à révision.

Au lieu de poser deux types d'attitudes ou deux concepts de croyance différents, nous pourrions parler de différents intérêts pour le même concept. Dans la perspective de l'agent, la question de la vérité de ses croyances est prioritaire sur la question de la manière dont elles vont le disposer à agir. Les croyances « visent la vérité » et entrent dans son raisonnement pratique sans mettre entre parenthèses la question de leur vérité. L'interprète, d'un autre côté, sera intéressé par la manière dont les croyances expliquent le comportement, et il s'agit d'un rôle que jouent les croyances fausses presque aussi souvent que les vraies. Tout état représentationnel aura un tel aspect double ; sous l'un de ces aspect, il sera traité comme, pour ainsi dire, transparent au monde, sous l'autre, il contribuera au comportement de l'agent. Naturellement, ces différents intérêts pour la croyance ne sont pas *restreints* aux usages respectivement en première et en troisième personne. En communiquant et en raisonnant avec les autres, par exemple, nous sommes concernés par la vérité des croyances que nous leur attribuons, et pas seulement par leur adéquation explicative; alors que, d'un autre côté, on aura parfois besoin pour se comprendre de mettre entre parenthèses la question de la vérité de notre croyance et de se concentrer sur son rôle explicatif. Et le fait que, *au passé*, la relation de quelqu'un à sa propre croyance peut se rapprocher de celle d'un interprète extérieur fournit une raison supplémentaire contre l'idée que ces deux rôles impliquent des concepts différents. Car il n'est pas crédible que la signification change lorsque l'on dit (ou pense) quelque chose de la forme « Je le croyais jadis et je le crois encore ».

La Condition d'Anscombe ne nous dit pas que l'observation ne joue aucun rôle chez l'agent conscient de son action intentionnelle et de son exécution. Le monde empirique (par exemple, sous la forme d'une poignée de pompe et de ce qui lui est ou non connecté) doit coopérer et l'agent de Anscombe, comme n'importe qui d'autre, devra faire attention à ce qu'il fait. La question n'est pas qu'une action compte comme intentionnelle seulement si l'agent possède un savoir complet de ce qu'il effectue, sans l'aide d'aucune observation, car aucune action ne satisfera une telle condition. En revanche, cette condition dit que la question spéciale « pourquoi » est rejetée si la *seule* manière dont une personne a conscience de cette action (sous cette description) est son auto-observation empirique. Le rejet de la question signifie que, sous cette description, la personne n'a pas de raisons justificatives de ce qu'elle est en train de faire.

C'est parce que la perspective de l'agent est caractérisée par la prédominance des raisons justificatives sur les raisons explicatives que l'immédiateté de la reconnaissance n'est pas seulement une possibilité pour l'agent, mais aussi une exigence, au sens où il assume la responsabilité de sa pensée et de son action. Mais la responsabilité en question et le sens pertinent du contrôle ne sont pas restreints à la production des effets. Car il y a vraiment ici deux aspects de l'immédiateté, que nous pourrions appeler immédiateté

« épistémique » et « pratique ». Eu égard au second, c'est parce que le sujet délibérant déclare l'autorité de la raison sur sa pensée et son action, que parvenu à la conclusion de sa réflexion, il n'a rien de plus à *faire* pour que cette conclusion devienne sa croyance réelle ou son intention. Le but de la délibération, qu'elle soit théorique ou pratique, est la conviction de ce qu'il faut faire ou penser. Dans le cas de la délibération pratique, parvenir à une conclusion signifie prendre une décision, et de là, former une intention; parvenir à une conclusion dans la délibération théorique signifie parfaire la conviction sous la forme d'une croyance sur ce qui est le cas. Dans les deux formes de raisonnement, ce serait un véritable échec si le raisonnement ne débouchait pas sur la conviction, mais plutôt sur l'appréhension d'une pensée particulière, ou même que j'estime être la meilleure, qu'il me faut ensuite trouver un *moyen* de m'approprier, pour en faire mon état d'esprit réel. (Comme dans d'autres situations désespérées, ayant perdu l'autorité, je ne peux que me replier sur le *contrôle*).

Une fois de plus, le problème n'est pas l'impossibilité de diverses formes d'aliénation, parfaitement courantes, mais plutôt la description des états non aliénés de la perspective en première personne, pour voir en quel sens ces formes *sont* des états d'aliénation, et même *de quoi* elles sont l'aliénation. Dans un certain cas, je peux voir tous les indices tendre vers une conclusion que je ne peux me résoudre à croire, ou je peux par un raisonnement parvenir à une conclusion sur ce que je dois faire, qui me laisse avec la tâche supplémentaire de réussir d'une manière ou d'une autre à m'y engager. Mais si je me retrouve dans un tel état, je dois admettre qu'ici, dans cette situation, face à ce problème particulier, je suis incapable de parvenir à une conviction. Dans ce qui doit être la situation standard de la délibération, cependant, la conclusion de quelqu'un *est* sa croyance ou son intention, et non quelque chose qu'il lui faut ensuite trouver un moyen de s'imposer. Ici, il n'est pas en train d'« étudier » ses états d'esprit, comme il pourrait le faire à propos de quelqu'un d'autre, et il n'est pas non plus en train d'essayer de produire des résultats en lui-même[1]. Si c'était le cas, alors il lui faudrait « voir » en effet ce que sont les états d'esprit qu'il tente de manipuler, la façon dont la personne akratique est liée à son désir. Au lieu de cela, en concevant la question qu'il pose comme appartenant à l'activité spécifique de délibération, il a déterminé la réponse par des raisons justificatives plutôt que par des raisons explicatives.

Voici donc en partie ce que je voulais dire plus tôt en affirmant que la relation entre la rationalité et la connaissance de soi suggérée par McGinn fournit « de l'extérieur » une image du genre de « contrôle » ou d'autorité qu'une personne exerce sur ses attitudes. Cela reviendrait à dépeindre le rôle de la connaissance de soi comme un besoin périodique d'aller voir sous le capot et de regarder ce qui s'y passe avant de faire le moindre ajustement (et dans une telle perspective explicative, les états ou les entités découvertes devraient être quelque chose comme les Attitudes Centrales de Rey, le mécanisme psychologique pilotant le système, occultant la question de l'adhésion à ce qui est découvert ou du refus de le reconnaître). Nous pourrions comparer ceci avec les deux manières dont une personne peut « bouger son bras ». Dans le cas ordinaire, elle ne fait rien de plus qu'accomplir le déplacement du bras. Elle le fait, tout simplement, et elle peut le faire les yeux fermés, sans avoir besoin d'observer quoi que ce soit (pas même « à l'intérieur »). D'un autre côté, dans un cas anormal, le bras pourrait être paralysé et elle réussit à le déplacer en le prenant avec son autre main. C'est aussi « bouger son bras ».

1. Voir S. Hampshire, *Freedom of the Individual*, *op. cit.* : « Celui qui emploie une certaine méthode ou technique pour se débarrasser d'une idée, agit sur lui-même exactement comme il pourrait provoquer un effet dans l'esprit d'autrui. L'homme qui change d'avis, en réaction à une preuve de la vérité d'une proposition, n'agit pas sur lui-même, et il ne provoque pas non plus un effet ».

Mais ici, sa relation à son bras est semblable à la relation qu'elle a avec le bras d'une autre personne et dans ce genre de cas, elle aura besoin d'observer ce qu'elle fait pour réussir. Dans le cas ordinaire de l'action intentionnelle, je ne « bouge pas mon corps » comme je pourrais bouger une pièce d'équipement, et je ne me rapporte pas non plus à mes attitudes comme à un mobilier mental à organiser[1].

De même, s'agissant de « l'immédiateté épistémique », c'est parce que l'agent rationnel déclare l'autorité de la raison sur sa pensée et son action qu'il ne s'appréhende pas sous une description particulière lorsqu'il décide quoi penser ou quoi faire. Plusieurs personnes qui ont écrit sur la conscience de soi ont souligné le fait que la notion ciblée requiert de pouvoir exprimer la conscience en question par l'emploi du pronom de la première personne dans son « usage comme sujet »; c'est-à-dire, indépendamment de toute description d'identification pour certifier la référence[2]. Cela fait cependant partie de la même exigence d'« immédiateté » de l'autorité en première personne. Lorsqu'une personne emploie le « Je » comme sujet, elle saisit son état d'esprit sans la *médiation* d'une quelconque description identifiante. Ceci est l'équivalent sémantique de l'immédiateté, au sens du genre de « connaissance sans observation » dont on a parlé à propos d'Anscombe et ailleurs. Lorsqu'une personne possède ce que nous avons appelé une connaissance « purement attributive » de son état d'esprit, son accès à elle-même *est* fondé sur l'observation

1. Voir la discussion de cette distinction chez George Wilson, *The Intentionality of Human Action*, *op. cit.*, p. 84-86 et p. 122-124.

2. La distinction entre l'usage du « Je » « comme sujet » et « comme objet » est à l'origine celle de Wittgenstein, dans le *Cahier Bleu*. Sydney Shoemaker a placé « l'usage comme sujet » au centre des discussions contemporaines de la conscience de soi dans « Self-Reference and Self-Awareness », in *Identity, Cause and Mind: Philosophical Essays*, Cambridge University Press, 1984.

et son auto-référence est médiatisée par une certaine description qui l'identifie. Au contraire, l'emploi du « Je » dans son « usage comme sujet » exprime une saisie de soi proprement en première personne, et non pas purement attributive. L'utilisation du pronom de la première personne dans son « usage comme sujet » reflète une attention totalement tournée vers l'extérieur, vers les raisons justificatives pertinentes pour la vérité d'une certaine proposition ou croyance. En dehors des cas spéciaux (et évidents), ni les faits qui se rapportent à *moi*, ni les descriptions sous lesquelles je tombe, ne sont pertinents pour la vérité d'une proposition ou d'une croyance. Lorsque je délibère sur un certain sujet, pouvant mettre en question mon stock de croyances et de désirs, je ne les tiens pas pour acquis, car se mettre dans l'esprit de la délibération rationnelle signifie admettre que réfléchir au problème peut me conduire à abandonner ou à réviser n'importe lequel d'entre eux[1]. De l'occultation des informations que je pourrais obtenir sur moi à travers l'inférence ou les indices me concernant, auxquels est ôtée toute pertinence pour la question de

1. B. Stroud soutient que « aucune description générale fixe d'une personne d'un certain type ne peut saisir entièrement la question de ce que devrait (ou aurait le plus de raisons de) croire ou faire une personne en particulier. La question de ce que je devrais croire dans la situation dans laquelle je me trouve n'est pas la même que la question de ce que devrait croire quiconque correspond à une certaine description générale, même si je corresponds à cette description et que je sais que j'y corresponds. En posant cette question à mon sujet, je pose en effet la question de savoir si cette description est *tout* ce qui est pertinemment vrai à mon propos et à propos de ma situation ou si c'est le cas, si elle devrait continuer à être vraie à mon sujet. Même si j'assure que j'ai maintenant les croyances en question, la question est de savoir si je devrais continuer à croire tout ce que je crois maintenant. La question de ce qu'il faut croire est toujours ouverte en ce sens, peu importe ce que je crois en ce moment. Je ne veux pas dire qu'on ne peut pas y répondre, mais seulement que la réponse n'est jamais simplement dictée par ce que je crois déjà. Pour dégager la meilleure conclusion, je dois être prêt à soumettre même mes croyances plus anciennes à un examen ou à une critique supplémentaires. », « Practical Reasoning », in *Reasoning Practically*, edited by Edna Ullmann-Margalit, Oxford University Press, 2000, p. 33.

ce que je dois croire, dépend l'« immédiateté » de la conscience de soi et de l'autorité de la première personne, le fait que je peux être conscient de ma croyance sans inférence ni indices.

L'introspection et le point de vue de la délibération

En cherchant à expliquer et à faire valoir la reconnaissance comme forme privilégiée de la connaissance de soi, j'ai lié la capacité d'avoir une conscience « immédiate » ou « introspective » de nos attitudes à notre capacité à prendre une décision. Et à cette occasion, j'ai essayé de comprendre « l'autorité » correspondant à « l'autorité de la première personne », non pas comme une propriété générale (sans quoi elle n'en serait pas une) de la logique de la première personne, mais en lien avec cette même capacité et donc soumise aux mêmes échecs et à la même partialité. On crédite quelqu'un de l'autorité de la première personne quand on considère que sa décision sur ce qu'il *devrait* croire règle la question de ce qu'il croit *effectivement*; et cette hypothèse n'est pas garantie par la logique seule ni par la sémantique de la première personne.

La discussion de « l'immédiateté » de la connaissance de soi s'est focalisée dans ce chapitre sur des propriétés de la situation de délibération qui pourraient, dans d'autres contextes, sembler très éloignées de l'idée d'introspection comme faculté de conscience [1]. Je veux à présent discuter de la continuité entre les deux groupes d'idées en expliquant comment la discussion de la reconnaissance fait partie de la description philosophique de la connaissance de soi. Comme on l'a mentionné au chapitre un, la connaissance de

1. Suivant en cela Shoemaker, j'utilise le terme « introspection » de façon neutre pour indiquer l'accès spécial qu'a une personne à sa propre pensée, quel qu'il soit, et non pas pour impliquer une version du Modèle Perceptuel de cet accès.

soi qui intéresse les philosophes n'inclut pas toutes les connaissances dont la personne est elle-même le sujet. En clair, la connaissance de choses telles que la filiation de quelqu'un, son poids ou sa tranche d'imposition ne soulève pas les types de questions qui ont traditionnellement préoccupé les philosophes ici. De même, la connaissance de la propre vie mentale de quelqu'un ne sera pas intégralement « introspective » au sens qui est en jeu. En revanche, il y a un large consensus parmi les philosophes sur un ensemble de propriétés que devrait posséder le type d'accès en question et qu'une description proprement philosophique aurait à expliquer. Les deux principales sont « l'immédiateté » et « l'autorité ». Une explication proprement philosophique de la connaissance de soi devrait nous dire comment cela se fait qu'une personne peut parler de son propre esprit sans faire appel à des faits la concernant, et que cette indépendance vis-à-vis de ces indices, plutôt que de nuire à l'autorité de ce qu'elle dit, y contribue. Il est aussi largement admis que la notion ciblée par une explication philosophique de la « connaissance de soi » se restreint à la conscience que l'on peut exprimer en employant le pronom de la première personne dans son « usage comme sujet », qui n'est pas seulement l'usage indexical, mais dont la référence à une personne particulière ne se fonde sur aucune description qui l'identifie[1]. Nous pouvons soit considérer cela comme un troisième élément du large consensus sur la connaissance de soi à

1. Il y a bon nombre de controverses sur la nature et les variétés de ce que Shoemaker nomme « l'immunité à l'erreur par mauvaise identification » et que Evans appelle « liberté d'identification », dans lesquelles je ne vais pas entrer. Une controverse connexe provient de l'affirmation d'Anscombe selon laquelle certaines de ces mêmes propriétés du pronom de la première personne l'empêchent totalement d'être une expression référentielle. (G.E.M. Anscombe, « The First Person », in *Collected Philosophical Papers Volume II : Metaphysics and the Philosophy of Mind*, University of Minnesota, 1981).

laquelle les philosophes s'intéressent, soit le voir en fin de compte comme une partie de la condition générale de l'immédiateté, comme on vient de le suggérer.

L'approche développée ici tente de rassembler ces propriétés, de montrer qu'elles sont liées et contribuent les unes aux autres. Après avoir obéi aux contraintes largement admises de la notion visée de connaissance de soi et cherché à en rendre compte de manière unifiée, nous sommes maintenant, je pense, en position de voir que cette notion elle-même ne désigne pas seulement une faculté de conscience simple, et que l'immédiateté en question n'a d'importance que si la connaissance de soi est une conséquence de notre capacité normale à reconnaître nos attitudes.

Une troisième propriété fait partie de ce large consensus, mais elle a reçu moins d'attention philosophique que les autres, en partie parce qu'il s'agit de quelque chose de plus dur à définir. Cette idée est qu'on devrait pouvoir comprendre l'*importance* spéciale de la « connaissance de soi », quelle qu'elle soit, pour le sujet, une importance qui dépasse l'utilité d'avoir, par exemple, un moyen de connaître sa parenté ou sa tranche d'imposition. Il y a un large consensus sur le fait que la capacité d'avoir une conscience en première personne importe d'une manière ou d'une autre pour la rationalité globale de la personne, que son absence ne serait pas seulement le manque d'une voie particulièrement efficace vers la connaissance d'une personne d'une pertinence et d'un intérêt particulier. Mais traditionnellement, cette idée clé de l'importance, bien que l'on se soit habituellement appuyé tacitement sur elle, a été étudiée indépendamment de l'immédiateté et de l'autorité. A l'exception des discussions chez McGinn, Shoemaker et quelques autres, l'idée que la capacité d'avoir une conscience en première personne est particulièrement pertinente pour la santé psychique de la personne a opéré le plus souvent comme une sorte de présupposition dans la philosophie de l'esprit contemporaine, et n'a pas fait en elle-même l'objet d'investigations. Et comme je l'ai défendu plus tôt dans ce chapitre, quand on nous *explique* combien la connaissance de soi doit être importante pour la rationalité, l'explication donnée ne nous aiguille pas vers les formes spéciales d'immédiateté qui, comme chacun l'accorde, caractérisent proprement la conscience en première personne. Ce qu'il nous faut, selon moi, c'est comprendre la façon dont la conscience en première personne est primordiale pour le bien-être de la personne, en lien avec les propriétés spécifiques d'immédiateté et d'autorité qui caractérisent les formes du discours en première personne qui ont attiré l'attention philosophique.

Mon idée est que pour élaborer une version de la notion philosophiquement pertinente de « connaissance de soi », soumise aux contraintes de ces propriétés clés, et cherchant à en rendre compte de manière unifiée, il nous faut rattacher la faculté de conscience à la position de la délibération. Car les points d'accord sur la connaissance de soi posent à quiconque en cherche une explication philosophique, les questions suivantes: Pourquoi devrait-on penser que la connaissance de soi, de cette forme spécifiquement en première personne, serait importante pour la rationalité ou la santé psychique de l'individu? C'est-à-dire, pourquoi devrait-on penser qu'elle est beaucoup plus importante que la connaissance de soi acquise par quelque autre moyen, ou que n'importe quelle « information » pertinente pour les intérêts pratiques de quelqu'un (comme sera souvent, résolument, la connaissance du *soi*)? En général, l'absence de ce genre de connaissance peut bien sûr poser des difficultés à l'individu, mais une telle ignorance ne va pas nuire à la rationalité *per se*. Deuxièmement, pourquoi cette forme *particulière* de conscience de soi, caractérisée par son indépendance à l'égard de l'observation et des indices, devrait-elle être spécialement importante pour le bien-être psychique? Ou bien, dans la veine de notre dernier questionnement: dans les cas où une personne est incapable de savoir ce qu'elle veut faute de le reconnaître, (et où elle est peut-être plutôt limitée à une conscience purement attributive d'une de ses attitudes), pourquoi devrait-on suggérer qu'il y a quelque chose qui cloche avec cette attitude et la relation de la personne envers celle-ci ? Et enfin, comment cette forme particulière de conscience assure-t-elle une autorité spéciale aux jugements qui en sont issus ? Ou bien, pour relier cette question à la propriété d'immédiateté, pourquoi faudrait-il que l'indépendance à l'égard des indices, révélée par les énoncés de quelqu'un sur son propre état d'esprit, assure une sorte d'autorité que ne partagent pas les énoncés d'autrui sur le même objet alors qu'ils *sont fondés* sur des indices valables ? Autrement dit, comment expliquer que ne pas être fondé sur des faits, plutôt que de nuire à l'autorité des jugements de ce genre, y contribue ?

La réflexion et les exigences d'autorité : appréhender, arrêter, convaincre

Pour mieux voir en quoi les réponses à ces questions concordent et pour achever l'argumentation qui nous fait voir combien la possibilité de la reconnaissance est fondamentale pour la connaissance de soi, je veux envisager brièvement une manière de considérer la conscience de soi qui saisit explicitement son importance particulière pour l'individu en affirmant sa forme spécifique d'autorité par rapport à sa vie mentale. Il existe une tradition de pensée, en gros, kantienne, mais dont les sources se trouvent à la fois chez Locke et chez les premiers stoïciens, qui allie ou même identifie la conscience réflexive avec la liberté rationnelle. L'argumentation des deux derniers chapitres a fait appel à cette tradition plus ou moins explicitement. Naturellement, ces deux idées ont sans doute l'air d'être tout à fait différentes. La « conscience de soi » donne l'impression de décrire une capacité de conscience des contenus d'un esprit particulier, le sien propre. En tant que telle, on ne voit pas clairement en quoi elle devrait être *davantage* liée à la liberté ou à la rationalité que n'importe quelle autre capacité de conscience. Le fonctionnement de cette faculté de conscience peut très bien impliquer les opérations intelligentes telles que sélectionner, remarquer et répondre ; mais on pourrait en dire tout autant de l'activité des facultés humaines de la vision et de l'ouïe ordinaires. Rien dans ces lignes ne suggère la moindre raison de penser qu'il y a une relation *plus profonde* entre la conscience *de soi* et la liberté rationnelle.

L'argument tiré de McGinn que nous avons examiné montrait comment nous pourrions accorder une place plus centrale au lien entre la capacité d'avoir conscience de soi et la rationalité, et on a alors soutenu que la conscience des contenus d'un esprit est nécessaire au maintien élémentaire de la cohérence et de la consistance de ses croyances. Cependant, même en faisant abstraction des ambiguïtés et des difficultés que nous avons discutées, l'image de la conscience de soi proposée ici est encore fondamentalement celle d'une faculté de conscience et de ce fait, comme pour la vision et l'ouïe, quelque chose qui est certainement d'une *aide* importante dans le maintien d'un bon fonctionnement rationnel, mais qui ne prétend guère être l'expression même de l'autonomie rationnelle du sujet. (Il s'agit encore d'un scénario où l'on regarde sous le capot quand il y a un problème ; en principe, les choses peuvent très bien marcher d'elles-mêmes).

Pour comprendre la tradition philosophique de « la conscience de soi comme réflexion », il nous faudrait passer des exigences du *contrôle* rationnel à une conception plus proche de l'*autorité* rationnelle. Car c'est une chose d'être capable d'exercer un certain contrôle intelligent sur les contenus et les opérations d'un esprit, qu'il s'agisse du sien ou de celui d'une autre personne, et c'en est une autre de parler ou d'agir avec autorité par rapport à lui.

Les considérations des chapitres trois et quatre, et la critique générale de l'image « théorique » de la connaissance de soi ont essayé en partie de préparer le terrain pour une meilleure compréhension de cette autre tradition à propos de la conscience de soi. Pourquoi devrait-on penser que la conscience de soi entretient une relation *spéciale* avec l'autonomie rationnelle de l'individu, au point que certains philosophes ont été enclins à *identifier* l'une avec l'autre ? L'identification ne peut avoir de sens si l'on comprend la conscience de soi comme une simple faculté de conscience et pourtant, j'ai essayé de montrer comment nous pouvions nous rapprocher de cette idée tout en restant proches d'une compréhension de la « connaissance de soi » qui soit suffisamment pratique, presque pré-philosophique, et qui émerge de certaines différences fondamentales entre moi et autrui qui ont attiré l'attention des philosophes de l'esprit contemporains sans ambition particulière de réhabiliter la tradition de réflexion post-kantienne.

Sartre a surgi dans ces pages, et bien sûr, il est particulièrement catégorique et implacable en procédant à l'identification que j'ai en tête, celle de la conscience de soi (et parfois la « conscience » tout court) avec la liberté. Dans *L'être et le néant*, il présente une image de la conscience de soi comme position de la liberté de quelqu'un par rapport aux structures psychiques, aux pulsions ou aux traits de caractère quels qu'ils soient, qui sont découverts dans la conscience. Il décrit cette activité comme une « négation » ou « une néantisation » des éléments qui sont les objets de la conscience de soi ; et cela implique à la fois que je me vois comme *distinct* de ces forces et facticités, et que je *suspende* temporairement leur réalité psychologique, soumise à mon adhésion renouvelée, à mon identification avec elles. A certains égards, cette idée peut se présenter à juste titre comme *le* thème conducteur qui traverse le livre, et qui est exprimé dans des passages comme celui qui suit : « elle [la conscience] est pure et simple négation du donné, elle existe comme dégagement d'un certain donné existant et comme engagement vers une certaine fin encore non existante »[1]. Et sans plus de détour : « Choix et conscience sont une seule et même chose. [...] Mais s'il est bien établi que la conscience est néantisation, on conçoit qu'avoir conscience de nous-même et nous choisir ne font qu'un »[2].

Supposons que nous soyons ici en train de parler de données « *psychiques* », c'est-à-dire d'une de mes attitudes, dont je deviens conscient de cette manière particulière, en première personne, qui caractérise la conscience réflexive. Pourquoi la conscience d'un certain « donné » de ma propre vie psychique devrait-elle être liée à (et même équivalente à) l'affirmation de ma liberté à l'égard de ce donné ? On lit souvent Sartre comme un philosophe qui souscrit à une sorte de volontarisme sommaire dans des passages comme ceux-ci (sur l'attitude ou sur le caractère de quelqu'un), mais rien ne nous oblige à le lire ainsi. Lorsqu'il dit des choses telles que « il n'y a aucune inertie dans la conscience » (p. 96), nous pouvons comprendre qu'aucune attitude ou impulsion appréhendée par la conscience réflexive n'a droit à continuer d'exister si on n'y adhère pas librement. Lorsque j'ai une conscience réflexive de l'une de mes attitudes ou impulsions, cela me rend également conscient que sa persistance en moi (en tant que « facticité ») n'est pas le résultat prévisible de l'inertie de ma vie psychique, et en particulier, que c'est à moi de la considérer comme une raison de ma pensée et de mon action présente. Cette idée a aussi ses propres zones d'ombre, mais c'est tout autre chose que de dire que je suis libre de piocher et de choisir parmi les convictions, valeurs et désirs que j'aimerais avoir. Le langage qu'emploie Sartre suggère cependant que de ce genre de réflexion résulte une situation de choix en quelque sorte *imposée* à l'individu, de sorte que quoi

1. J.-P. Sartre, *L'Être et le Néant*, *op. cit.*, p. 523.
2. *Ibid.*, p. 506-507.

qu'il fasse maintenant de ce « donné psychique », on doit considérer qu'il s'y engage ou qu'il y consent.

Sartre use en partie de la métaphore familière du « recul » et ainsi, de la « position de liberté », par rapport à un contenu de conscience. La question que je veux soulever ici est : qu'est-ce que la conscience *de soi* a de spécial, – la conscience spécifiquement en première personne d'une attitude ou d'une impulsion –, au point de mettre la personne en pleine réflexion dans une position où chacune de ses réponses face à cette conscience représente désormais un « choix » de sa part, ou est en quelque façon une expression de sa liberté ? L'intérêt d'une telle affirmation dépend de sa propension à éclairer un aspect de la position en première personne, mais c'est une intention qu'on peut facilement perdre de vue. En effet, considérons une affirmation similaire sur les conséquences de ma conscience de l'attitude ou de l'impulsion de *quelqu'un d'autre* (peu importe comment je l'ai acquise). Il semble que dans ce cas aussi, il y aurait tout autant de sens à dire qu'une fois que je suis conscient, alors on peut dire que tout ce que je fais vis-à-vis de cette connaissance représente un choix de ma part, soit de m'engager vis-à-vis d'elle, de chercher à la modifier, soit de lui donner mon assentiment, sans y toucher. Naturellement, nous dirons qu'une personne a normalement un plus grand accès ou un plus grand contrôle sur ses *propres* « données psychiques » que sur celles des autres, mais même cela n'est pas *toujours* vrai, et dans de nombreux cas, ce ne sera qu'une question de degré. Ainsi, en principe, je *peux* m'affirmer et « poser ma liberté » face à *n'importe quel* « donné psychique » que je peux rencontrer, qu'il s'agisse du mien ou de celui de quelqu'un d'autre qui s'aventure dans mon champ d'influence. Si l'identification de la conscience et du choix dans les passages ci-dessus ne mène à rien de plus que cette idée, alors sa portée se réduit au point de disparaître et elle ne nous dit assurément rien des conséquences distinctives pour la responsabilité de la conscience spécifiquement en première personne de nos propres impulsions et attitudes. Vous pourriez tout aussi bien dire que *n'importe quelle* information rencontrée « soulève la question » de ce que je devrais en faire. Ce genre d'« inéluctabilité du choix » finit par perdre son intérêt. En quoi serait-ce différent de ce que j'apprends sur mes *propres* états d'esprit par la réflexion ?

Et pourtant, il est clair que Sartre cherche ici une notion d'autorité qui *est* proprement en première personne, et inaliénable, non pas au sens où diverses formes d'aliénation sont impossibles, mais au sens où elles sont possibles *en tant que* formes d'aliénation. Autrement dit, on se figure ici que la conscience de soi impose la question d'un certain type d'engagement que l'individu ne peut pas rejeter sur quelqu'un d'autre, et qui, comme d'autres types d'engagements, demeure même lorsque la personne est aliénée, ou bien échoue à l'accomplir. Une idée assez proche s'exprime dans la psychologie morale contemporaine où l'on fait parfois une semblable équation entre la conscience réflexive et les idées de liberté et d'autorité. Dans *Sources of Normativity*, Christine Korsgaard relie ces idées de la manière suivante : « Car notre capacité à porter notre attention sur nos propres activités mentales est aussi une capacité de nous en mettre à distance et de les mettre en question. J'ai une perception, et je me retrouve avec une puissante impulsion à croire. Mais je prends du recul et je rends visible cette impulsion et ainsi, j'ai pris de la distance. Désormais, l'impulsion ne me domine plus et j'ai maintenant un problème. Dois-je croire ? Cette perception est-elle vraiment une *raison* de croire ? »[1]. Quelques pages plus loin, elle fait plus explicitement le lien entre la conscience de soi et l'injonction d'une situation de choix, quand elle dit : « La structure réflexive de

1. Ch. Korsgaard, *The Sources of Normativity*, Cambridge University Press, 1996, p. 93.

la conscience humaine nous met en présence d'un problème. La distance réflexive vis-à-vis de nos impulsions rend *à la fois possible et nécessaire* de décider laquelle va nous faire agir : elle nous *force* à agir pour des raisons »[1].

Glosant ce passage de *Sources*, Thomas Nagel condamne le langage de la « décision » et du « choix », ainsi que l'idée que la conscience de soi les rend inévitables :

> Les nouvelles données fournies par la réflexion nous confrontent toujours, en d'autres termes, à une nouvelle décision (…).
> [L]e moi réflexif ne peut pas être un simple spectateur parce qu'il n'est pas quelqu'un d'autre ; il est la personne même qui a peut-être commencé par une certaine perception, ou un désir, ou une intention irréfléchis, mais qui est maintenant en possession d'informations supplémentaires d'un type spécial, celui de la conscience de soi. Quoi que la personne conclue, ou choisisse, ou fasse à présent, même si c'est exactement ce qu'elle allait faire de toute façon, ceci bénéficiera ou non de l'adhésion de la position réflexive (…)
> Étant donné que la personne *peut* essayer de résister ou pas, et qu'elle est désormais consciente d'elle-même, tout ce qu'elle fait impliquera l'adhésion, la permission ou la désapprobation du point de vue réflexif[2].

Là encore se dessine la situation de conscience réflexive d'un donné psychique, qui met inéluctablement la personne en situation de décision, inéluctablement au sens où tout ce que la personne fait désormais représentera un de ses choix, même si c'est seulement par défaut. Et s'agissant de la première personne, nous voulons maintenir ce point à un niveau plus profond que le sens où l'on peut toujours dire que je « décide » d'adhérer ou non

1. *Ibid.*, p. 113, je souligne.

2. Th. Nagel, références *in* Ch. Korsgaard, *The Sources of Normativity*, *op. cit.*, p. 200-201.

aux désirs de quelqu'un d'autre dont je ne suis en fait que le « simple spectateur » (car une fois que je suis conscient de *ces désirs*, il sera également vrai qu'ils vont « bénéficier ou non de l'adhésion » de ma perspective et de mon évaluation). La métaphore du « recul » par rapport à nos activités mentales dans le présent est une image plus riche et plus complexe qu'il n'y paraît à première vue, et le vocabulaire du passage de Korsgaard met en relief certains de ses traits distinctifs. « Prendre du recul » par rapport à une de mes impulsions est évidemment une métaphore de la distanciation; mais c'est aussi une métaphore de l'observation et de la visibilité, de la séparation et de la distinction, (comme au sens où cette impulsion est une chose, et moi, une autre), de la confrontation et de l'affrontement, (suggérant quelque chose qui est inévitablement sur mon chemin). Mais en plus, ce n'est pas seulement une image de la réorientation de notre *position*, car l'idée de « recul » présuppose aussi un état antérieur de l'action en cours. Ainsi, « reculer » implique l'arrêt de notre mouvement précédent, l'interruption d'une action, suspendant notre geste pour poursuivre un but.

Il y a notamment deux sens de la « suspension » à l'œuvre dans le passage de *Sources*. Il est dit que la conscience de soi comprend la capacité de « mettre en question » l'une de mes croyances ou l'un de mes désirs présents, ou une certaine inclination qui me contraint à croire. Cela veut dire que je peux suspendre sa légitimité, cependant que je la soumets à un examen rationnel pour déterminer si je peux la considérer comme une raison de croire et y adhérer (ceci vaut *mutatis mutandis* pour le désir ou les autres attitudes). Mais il est dit aussi que cette prise de recul par rapport à mes impulsions signifie que « maintenant, l'impulsion ne me domine plus ». Quand cela arrive, ce n'est pas seulement la légitimité de l'impulsion qui est suspendue, mais la véritable force psychologique qu'elle exerce sur moi. Aussi longtemps qu'elle ne me domine plus, je ne suis pas seulement libre de l'*évaluer*, mais aussi libre de choisir si celle-ci devrait me fait agir ou non. Car, bien entendu, je reste libre d'approuver ou de désapprouver l'impulsion qui *continue* néanmoins à me dominer, exactement comme je le pourrais vis-à-vis des inclinations ou attitudes de n'importe qui d'autre. Il n'y a rien de particulièrement réflexif ou propre à la première personne dans la capacité à faire des évaluations normatives de perceptions ou impulsions. Mais quand je « suspends » la force d'une impulsion, en ce dernier sens « effectif », ma position envers elle modifie ce qui se passe, et je peux vraiment m'abstenir de la suivre.

Et ceci nous amène à une capacité qui, en effet, est spécifique à la première personne, et que nous voyons dans l'interaction entre ces deux sens de « suspension », rien que dans la façon dont le rejet de l'adhésion peut changer (et normalement, change) le rôle empirique de l'état en question. Si nous pouvions oublier un moment les cas complexes de conflit interne, si communs soient-ils, où la réflexion, quelle qu'elle soit, est impuissante à desserrer l'emprise d'une impulsion dominante, nous pourrions voir cette capacité à l'œuvre dans la situation de délibération ordinaire. Et nous pourrions voir que l'autorité effective que nous tenons pour acquise détermine les considérations qui jouent un rôle dans la réponse à une certaine question que nous rencontrons. (« Dois-je aller à la mer cet été puisque c'est ce que je fais toujours ? Ou est-ce que ce fait même est une raison d'aller plutôt à la montagne ? ») Ici, il semble bien que nous rencontrions une asymétrie entre moi et autrui, qui jette une certaine lumière sur la relation entre la conscience de soi et la liberté rationnelle. Car c'est seulement dans le cas de la première personne que lorsque je « suspends » une impulsion à croire, au premier sens « évaluatif », (en gros, le sens de « mettre en question » ou de « soumettre à mon adhésion »), ce faisant, je la « délégitime » au niveau de l'inférence et de ses interactions avec mes autres attitudes. Dans la délibération ordinaire, lorsque j'en viens à remettre en question une croyance initiale, cela signifie que je lui refuse le rôle de prémisse dans mon raisonnement ou celui de guider mon action. Le « recul » signifie qu'elle n'a plus le rôle inférentiel ou fonctionnel ordinaire qui appartient par nature à une croyance de cette sorte. Je peux ne pas être capable sur le moment de « la rejeter hors de mon esprit », mais je peux mettre son rôle entre parenthèses dans mon raisonnement explicite. C'est une authentique différence empirique dans mon état d'esprit, et pas simplement son évaluation extérieure. Et cette altération est l'expression d'une capacité réservée à la réflexion en première personne. Ce type de réflexion sur soi n'est pas une simple question d'*évaluation* d'un état d'esprit ; la réponse à une telle question n'est pas simplement l'estimation normative de cet état, comme bon ou mauvais, valable ou non valable. Car encore une fois, je peux m'engager dans l'estimation normative de n'importe quelle attitude qui peut me passer par la tête, qu'il s'agisse de la mienne ou de celle de quelqu'un d'autre. Mais c'est seulement par rapport à mon propre état d'esprit que je suis en position de déterminer ce qu'il est par une réflexion délibérative. Par contre, si mon évaluation de l'impulsion ou de l'attitude de quelqu'un d'*autre* vient modifier son fonctionnement réel, je vais avoir considérablement plus à faire que simplement y réfléchir et parvenir à quelque conclusion de mon cru à son sujet (telle que lui en *parler*, au moins, et trouver que cela vaut la peine d'écouter, etc.)

L'idée n'est pas que les attitudes du sujet sont toujours déterminées par les conclusions de la réflexion, sans médiation, et rien dans les passages de Korsgaard ou de Nagel ne le suggère. En revanche, la thèse est que la réflexion en première personne implique des responsabilités spéciales parce qu'elle est l'expression d'une capacité exclusivement en première personne, bien que soumise à ses propres possibilités d'infirmités. Et cette capacité n'est pas simplement celle d'une conscience spéciale, ni, comme nous venons de le voir, celle d'une conscience à laquelle s'ajoute une certaine forme d'évaluation. La question posée par l'agent à la fin du passage de *Sources* est « Que *dois*-je croire ? », qui se distingue de la question théorique (prédictive) « Que vais-je croire ? » ou même de la question normative « Que suis-je obligé de croire ? »[1]. Il est démontré que c'est une « question délibérative » au sens introduit au chapitre deux, une question à laquelle on répond par une décision ou un engagement de soi plutôt que par la découverte de quelque vérité antécédente sur soi-même. C'est une affirmation parfaitement simple de notre liberté. C'est ce que l'on exerce dans les situations dédramatisées où l'on prend une décision sur une certaine question : je décide que ma conclusion était hâtive ou fondée sur un défaut d'imagination et cette conclusion elle-même est ainsi retirée de la circulation, temporairement ou pour de bon ; je décide que je ne peux pas continuer à chercher mes clefs et à retenir tout le monde, et dès lors, je modifie mon intention ; je décide, à la réflexion, que mon ardeur à raconter une histoire embarrassante sur mon ex-femme me discrédite en réalité davantage qu'elle, et mon désir change. Penser qu'on est en position de poser et de répondre à cette sorte de question sur notre croyance ou notre intention, c'est penser qu'on est en position de *rendre* quelque chose vrai quand on y répond. Ce n'est pas notre position vis-à-vis de l'état d'esprit de quelqu'un d'autre, quelle que soit l'*influence* que l'on peut exercer sur lui. La capacité à estimer si quelque chose compte ou non comme une raison, et le

1. Par cet usage des différences modales, l'auteur souhaite ici marquer la spécificité de la première question, « *Shall I..?* », qui comporte à la fois une dimension évaluative, interrogeant ce que je devrais croire du point de vue normatif, mais aussi une dimension pratique quant à ce que je vais réellement croire et faire. Ainsi, « *Shall I... ?* » se distingue de la question purement prédictive « *Will I... ?* » et de la question plus normative « *What ought I... ?* ». En outre, ce passage insiste sur la dimension en première personne de la question, qui n'est pas adressée à un tiers dépositaire de la réponse, mais à moi seul.

fait que l'agent soit conscient qu'en exerçant cette capacité, il peut comprendre son engagement premier dans la réflexion, voilà ce qui explique pourquoi, pour reprendre les mots de Nagel, « le moi réflexif ne peut pas être un simple spectateur ». La raison est que, contrairement à l'enquête descriptive ou évaluative, le questionnement réflexif (délibératif) prend en charge la capacité de jouer un rôle constituant dans la détermination des faits psychologiques eux-mêmes.

Je suggère que c'est la compréhension du statut spécial de cette capacité qui permet d'expliquer la relation de la conscience de soi aux catégories de liberté, de choix et de décision, comme cela émerge dans de multiples traditions de pensée ; et en particulier, la compréhension du sens dans lequel on dit que pour la personne, la conscience de soi rend l'applicabilité de ces catégories *inévitable*. Lorsque Nagel dit que « *Quoique* la personne conclue... cela bénéficiera ou non de l'adhésion de la position réflexive », et que « *tout* ce qu'elle fait impliquera l'adhésion, la permission ou la désapprobation » (je souligne), il est naturel de comprendre le sens de l'inévitable invoqué ici comme un sens logique ou grammatical. Mais la nécessité descriptive en question est d'un genre conditionnel – il faut que la personne soit consciente de soi et capable d'essayer de résister ou non. On fait un énoncé du même genre quand on dit que, étant donné certaines conditions générales, un objet doit avoir *une certaine* température, ou qu'il doit être d'*une certaine* couleur. Ou plutôt, celui-ci est apparenté à ce type d'énoncés, mais avec une prise plus réelle sur ce à quoi il s'applique, puisque dans ce cas, il s'agit d'un énoncé que nous nous appliquons à nous-même et auxquels nous nous tenons. Dans le contexte du discours sur la pensée et l'action humaines, prétendre qu'un certain prédicat issu d'une série spécifique de descriptions possibles *doit* s'appliquer (dans certaines conditions données) revient à prétendre qu'une certaine catégorie de responsabilité est nécessairement applicable à l'individu. Par exemple, on dit parfois que pour toute personne consciente et capable de se mouvoir, il y a toujours une réponse à la question de ce qu'il ou elle est en train de faire (même si ce n'est rien de plus capital qu'attendre et s'inquiéter). Et cela signifie qu'il y a toujours un ensemble d'actions ou d'omissions dont l'individu est responsable, puisqu'être un agent, c'est avoir un éventail d'actions ouvert. Ici encore, on entend cela comme une affirmation de nécessité catégorique, l'affirmation qu'un ensemble de prédicats de l'action doit s'appliquer à l'individu, (exactement comme – même si c'est plus élémentaire – l'individu physique doit avoir *une certaine* posture donnée).

Je considère qu'une thèse parallèle sur la réflexion est exprimée dans le passage de Nagel, qui nous rapproche de la compréhension de l'alliance entre les idées de liberté (ou de décision, de choix) et la conscience de soi réflexive que l'on trouve chez Sartre et ailleurs. Toute personne consciente de soi qui réfléchit à son état d'esprit pourra répondre à la question de savoir quelle posture adopter vis-à-vis de ce qu'elle découvre alors, s'il s'agit de « l'adhésion, la permission ou la désapprobation »[1]. Étant donné sa conscience, il est inévitable qu'elle adopte l'une de ces postures, parce que c'est inévitablement son problème de savoir si elle doit considérer un certain « contenu mental donné » comme une raison ou non. Ainsi, la personne se retrouve inévitablement en situation de choix, puisqu'elle est réflexivement consciente de sa pensée, et être capable de penser, c'est reconnaître la possibilité, en principe, de penser autrement. Dans ces conditions, même l'évasion ou l'abandon à une impulsion pour

1. Le mot même de « posture » a un emploi catégorique familier qui indique non pas une chose particulière, faite ou non, mais plutôt une catégorie générale d'estimation, à l'intérieur de laquelle un certain prédicat spécifique issu de l'éventail défini par cette catégorie doit avoir une application. Sur les plans à la fois étymologique et logique, « attitude » appartient à ce même type.

déterminer sa pensée ou son action future doit compter comme un « consentement tacite », exactement comme dans le cas de la posture basique de quelqu'un, où, compte tenu de la possibilité du changement, l'inaction totale peut exprimer un « choix par défaut ».

Si cette ligne de pensée est sur la bonne piste, la signification modale de « la réflexion exige une raison » ne sera pas qu'un acte de réflexion réussit toujours à trouver ou à produire une raison. Il s'agit plutôt d'affirmer que la posture réflexive, à partir de laquelle on peut constituer ou suspendre le statut *de raison* d'un certain « donné psychique », est telle qu'on peut maintenant comprendre n'importe quelle réponse à ce « donné » en termes de responsabilités de l'individu, impliquant dès lors « l'adhésion, la permission ou la désapprobation », ou simplement l'acceptation passive. Si je sais que je suis ici irrationnel, et que j'essaye d'être psychologiquement réaliste à mon sujet, alors quand je réfléchis sur mon état, je ne dirai pas que je peux déterminer exactement (de manière ultime, pleine) quelles forces en moi produiront effectivement mes actions et ma pensée future. Mais ce sera toujours mon problème, et non l'affaire d'une autre partie de moi, de savoir ce que je considère comme une raison (bien que je puisse craindre que j'agirai finalement à l'encontre de mes raisons). Et même une attitude aussi « prudente » ou « réaliste » envers ma réflexion n'évite pas les engagements de la posture réflexive, car même la résignation et l'assentiment impliquent l'acceptation d'une raison prédictive de ce que je vais effectivement faire. C'est-à-dire que même si je suis engagé à ce degré « d'objectivation de soi », néanmoins, je ne peux cesser d'assumer l'autorité avec laquelle j'accepte mon histoire de récidives comme une véritable raison de croire que davantage de résistance de ma part serait vaine. Ce qui est alors inévitable, c'est la posture depuis laquelle la question que j'affronte fonctionne comme une question délibérative de ce que je *dois* croire, ou vouloir ou viser.

La réflexivité de l'agent

Ainsi, nous pouvons commencer à voir une sorte de convergence au sujet de l'importance spéciale assignée à la capacité de connaissance de soi, à la fois par la philosophie de l'esprit contemporaine et par ce que j'ai appelé la tradition philosophique de la réflexion. La conscience de soi authentique, la conscience proprement en première personne, ne peut être simplement une question de chemin spécial de la conscience vers une connaissance d'un domaine spécifique de faits psychologiques. En revanche, en plus de l'idée de conscience, la notion (ciblée) de croyance consciente amène elle-même l'hypothèse d'une *posture* particulière en première personne vis-à-vis de la croyance en question, la posture de l'agentivité rationnelle. Concluons cette partie de la discussion avec quelques remarques finales sur le sens d'« agentivité » pertinent ici.

Plus tôt, nous avons tenté d'imaginer un cas où l'autorité de la première personne serait systématiquement suspendue. Dans une telle situation, les énonciations et messages de quelqu'un ne pourraient être traités que comme autant de données ou d'indices à partir desquels on pourrait inférer ses croyances réelles. Dans un certain cas particulier, ceci pourrait être la relation de quelqu'un à ce qu'il dit ou pense au sujet de sa propre croyance ou de son désir. Nous sommes désormais dans une meilleure position pour voir ce qu'il y aurait d'incohérent si on généralisait cette situation.

L'image de la connaissance de soi, que l'on désigne habituellement comme « cartésienne », est une image totalement perceptuelle ; c'est la métaphore bien connue de « l'œil intérieur ». Mais il y a *une* façon de lire Descartes sur la croyance et l'introspection, selon laquelle il offre une expression canonique de l'image du spectateur, *et en même temps*, diagnostique en quoi elle est fallacieuse, quand il en vient à expliquer comment l'erreur est possible. C'est-à-dire que nous pourrions supposer qu'il y a réellement quelque chose comme un « théâtre des idées » et que chaque personne y a une sorte d'accès privé. Mais alors, dans la situation généralisée décrite à l'instant, le spectacle éphémère dont je suis le témoin est réellement pour moi autant de « données », dont il m'incombe maintenant d'affirmer ou non qu'elles représentent les faits. « Car par l'entendement seul (…) je conçois seulement les idées des choses que je puis assurer ou nier. Or, en le considérant ainsi précisément, on peut dire qu'il ne se trouve jamais en lui aucune erreur »[1]. Une idée en tant que telle est ce par rapport à quoi je peux être passif. Elle peut m'être implantée par Dieu ou le monde extérieur ou un Malin Génie. Mais pour cette même raison, elle ne peut être identique à ma croyance sur un certain sujet, car mes jugements sont *mon* problème, quelque chose dont je suis responsable à travers l'exercice de ma liberté infinie d'affirmer ou de nier. (Dieu n'est responsable ni de l'utilisation correcte ni de l'utilisation incorrecte de mon pouvoir de juger).

Le problème avec l'idée de généraliser la position théorique envers les phénomènes mentaux est qu'un individu ne peut traiter totalement ses événements mentaux comme autant de *data* ou de faits sur son état d'esprit et être encore doté d'une vie mentale (incluant croyances, jugements, etc.) à traiter en premier lieu comme des *data*. Pour tout contenu mental donné, de même que pour chaque énoncé, il est peut-être vrai que je *peux* les traiter comme des *data*, quelque chose qui me donne une plus ou moins bonne indication sur ma véritable croyance. Mais pour qu'il y ait simplement des délibérations et des jugements, je ne peux pas adopter de façon tout à fait générale ce point de vue sur ma vie mentale. A un moment donné, il me faut cesser d'essayer d'inférer ma croyance d'une certaine occurrence, et au lieu de

1. Descartes, *Méditations métaphysiques*, IV, Paris, Vrin, 1978, p. 56.

cela, m'*impliquer*, et me rapporter à ma vie mentale, non pas comme à quelque chose qui aurait une valeur symptomatique, mais comme à mon engagement présent envers la façon dont les choses sont à l'extérieur. Et ainsi, pour cette raison, l'abrogation de l'autorité de la première personne n'est pas compensée par l'amélioration de l'accès théorique à moi-même.

Dans ce chapitre, j'ai soutenu qu'il fallait considérer la capacité à reconnaître notre croyance comme la forme fondamentale de la connaissance de soi, une forme qui donne une place adéquate à l'immédiateté de la conscience en première personne et à l'autorité avec laquelle ses affirmations sont prononcées. En poursuivant cet argument, j'ai aussi essayé d'apporter quelques fondements au lien entre cette capacité et la liberté, ainsi que la rationalité de l'individu, lien auquel d'autres traditions de pensée font allusion. Cet argument a impliqué d'accorder une place plus centrale à l'individu en tant qu'*agent* réflexif, et de critiquer à la fois certains comptes rendus théoriques de la connaissance de soi et certaines postures ordinaires envers soi-même qui présupposent (ou prônent) une relation plus « contemplative » entre l'individu et sa propre pensée. L'agent a ici toute sa place, parce que la différence entre être en position d'attribuer une croyance à quelqu'un et être capable de la reconnaître est un problème d'engagement de l'individu, plutôt que quelque chose qu'on détermine grâce à des indices le concernant. Lorsque notre analysant apprend de manière attributive qu'il se sent trahi par quelqu'un dans sa vie, ou que quelqu'un l'a privé de quelque chose, la question demeure pour lui ouverte, de savoir s'il prend ces sentiments pour argent comptant, en leur ajoutant peut-être d'autres choses qu'il sait, et accepte cela conjointement comme une raison suffisante de croire qu'il a été effectivement trahi ou dépossédé. La question reste ouverte pour lui, puisque apprenant cela, il doit reconnaître qu'il pourrait aussi bien *ne pas* accepter la proposition « Cette personne m'a trahi » comme une prémisse du raisonnement qui s'ensuit sur ce qu'il doit penser ou faire. Il n'y a rien dans l'attribution psychologique qui lui impose cette conclusion ; c'est à lui qu'incombe de décider du problème. (C'est ainsi que je suggère que nous comprenions la thèse sartrienne selon laquelle « il n'y a aucune inertie dans la conscience » [p. 96], comme disant que toute « découverte » de ce genre sur soi-même nourrit seulement sa propre vérité pour l'individu « jusqu'à présent ».) La transition de l'attribution à la reconnaissance est ainsi une expression de la liberté rationnelle de l'individu, une affirmation de l'autorité. C'est cette affirmation, cet engagement, qui rendent possible la conformité de sa déclaration avec la Condition de Transparence, annonçant sa croyance sans s'appuyer sur aucun indice psychologique à son propos. Cette proposition est alors admise comme fondement de sa pensée à venir, à la fois pratique et théorique. Et cela exprime la prédominance, dans sa réflexion sur lui-même, des raisons justificatives sur les raisons explicatives, car les prémisses du raisonnement ne sont pas des propositions au sujet des croyances de quelqu'un, mais des propositions à propos de leurs objets, des faits eux-mêmes. Ceci exprime une relation à notre état d'esprit qui est exclusivement en première personne et que ne partagent pas les meilleurs télépathes de notre imagination philosophique. L'agent est à sa place au cœur du tableau, car si je suis capable de reconnaître ma croyance, et ainsi, de dire ce que je pense sans l'appui d'aucun indice, c'est parce que, du moins dans ce contexte, je considère que ce que je crois dépend de moi.

CHAPITRE 5

L'IMPERSONNALITÉ, L'EXPRESSION ET LA DISSOLUTION DE LA CONNAISSANCE DE SOI

> Le Dr Richards a noté « le large accroissement de l'aptitude qu'a l'esprit moyen à l'introspection auto-dissolvante, le renforcement général de la conscience que nous avons de ce qui se passe dans notre esprit comme de purs événements. » Cela n'est rien comparé à l'accroissement général de la conscience que nous avons de ce qui se passe dans l'esprit des autres gens comme de purs événements [1].

Ce dernier chapitre ne vise pas tant à poursuivre l'argument du quatrième qu'à mettre en lien la conception précédente de l'autorité de la première personne avec quelques-uns des problèmes plus généraux de la psychologie morale, dont elle devrait nous permettre de mesurer la spécificité – ces problèmes dépassent la question fondamentale de la connaissance de nos propres croyances. Par exemple, dans l'épigraphe ci-dessus, le lien qui se dessine à travers Stevens et I. A. Richards, entre un point de vue objectivant sur le moi (« comme de purs événements ») et en même temps, destructeur (« l'introspection auto-*dissolvante* »),

1. W. Stevens, *L'ange nécessaire. Essai sur la réalité et l'imagination*, trad. fr. S. Bechka-Zouechtiagh et Cl. Mouchard, Belfort, Circé, 1997, p. 24. Traduction modifiée pour restituer l'idée d'objectivation dont il est question dans l'analyse de l'auteur. [N.D.T.]

est suffisamment connu pour ne pas avoir besoin de la glose de l'un ou l'autre de ces écrivains. Et pourtant, l'image elle-même évoque deux mouvements qui *s'opposent*, d'abord le regard intérieur « fixant » un état et dans le même temps, le détruisant pour ainsi dire, ce qui suggère qu'on ne peut pas réduire la différence à un simple problème d'existence de deux noms pour le même phénomène. Ainsi, il nous faut mieux comprendre les raisons pour lesquelles l'adoption d'une posture d'observateur de notre propre vie mentale (ce que nous avons appelé « une perspective théorique ») contribuerait, pour un certain éventail de cas, à détruire l'état même qui est soumis à ce regard objectivant. On devrait déjà avoir une partie de la réponse à cette question et l'intégrer à une série de cas plus complexes dans la discussion qui suit. Ce qui devrait émerger, c'est une articulation des relations entre les images philosophiques de la nature de l'introspection (par exemple, le « modèle par observation » sous ses divers aspects) et le diagnostic d'une classe de pathologies du rapport à soi.

Les asymétries moi/autrui et leur interprétation sceptique

Si la conscience de soi réflexive impose soit d'assumer soit d'esquiver des responsabilités propres à la position en première personne, responsabilités qui impliquent la reconnaissance de notre rôle délibératif, et pas seulement théorique, par rapport à nos propres états d'esprit, alors nous devrions nous attendre à ce que la saisie de notre propre esprit ne soit pas seulement l'affaire d'un privilège et d'une autorité spéciaux, mais implique aussi ses propres complexités et incertitudes qui ne caractérisent pas celle des autres esprits. Dans cette optique, les privilèges de la position en première personne sont intrinsèquement liés à ses limites et à ses infirmités particulières, et la conscience de notre propre vie mentale présente des difficultés que ne partage *pas* la perspective correspondante en troisième personne. De la sorte, on peut détacher l'accent mis sur la capacité des asymétries moi / autrui à définir le mental de l'image traditionnelle des privilèges de la conscience de soi.

Les problèmes philosophiques de la saisie de l'esprit d'une autre personne ont une relation complexe avec la discussion philosophique de la connaissance de notre propre esprit. Quelles que soient les difficultés que l'on affronte pour proposer une compréhension philosophique des propriétés spéciales de la connaissance *de soi*, celle-ci est habituellement représentée comme la possession la plus sûre comparée aux difficultés conceptuelles et aux risques épistémiques qu'implique la connaissance de l'esprit d'une autre personne. En effet, le contraste entre les deux perspectives sur les « faits mentaux » est décisif au moins pour présenter le problème sceptique des autres esprits, dont le défi est de démontrer comment je peux connaître la pensée ou la sensation d'une autre personne « comme *elle* les connaît » [1], où la perspective en première personne passe pour privilégiée et même pour définir ce que doit être la *véritable* connaissance d'une vie mentale. Alors, la connaissance *de soi*, sans pour autant nier son propre caractère problématique, est conçue comme une sorte de point d'ancrage pour notre compréhension de ce qu'est la connaissance du mental, et l'appréhension de l'esprit d'une *autre* personne n'aura ainsi valeur de connaissance que dans la mesure où elle peut se rapprocher de ce type de conscience. Et si l'on compare l'apparente dépendance inévitable de tout jugement de connaissance en troisième personne basé sur une inférence à partir de ce que l'autre dit et fait, avec une telle indépendance dans le cas

1. C'est quelque chose que Cavell souligne dans sa discussion du scepticisme concernant les autres esprits, dans *Les voix de la raison, Wittgenstein, le scepticisme, la moralité et la tragédie*, *op. cit.*

de la première personne, il semble assurément qu'il ne pourra jamais s'agir que d'un très lointain rapprochement.

En plus de ce problème plus proprement épistémique, se pose le problème plus strictement conceptuel des autres esprits, qui commence aussi par voir la position en première personne comme privilégiée ou définitoire, et se demande ensuite si et de quelle façon une perspective externe peut espérer saisir ou reproduire ce qui est accessible à la perspective interne. Cette version « conceptuelle » du solipsisme fait émerger le doute avant même d'interroger la façon dont une inférence à partir d'un comportement peut aboutir à la connaissance de la pensée ou de la sensation d'une autre personne. Elle se demande plutôt comment je peux avoir ne serait-ce que l'idée d'une telle chose (sans parler des indices suffisants pour juger de sa présence dans un cas donné). Selon cette ligne de pensée, si la véritable signification de mon usage d'un terme comme « douleur » ne peut que faire référence à « l'expérience vécue » de cette douleur, et que je ne peux avoir de connaissance de ce genre de chose qu'« à partir de mon propre cas », alors je ne peux même pas entreprendre d'appliquer ce terme dans la vie des autres. Ou si je le fais quand même, alors le terme sera gouverné par une ambiguïté implacable et indépassable, car il fera référence à une expérience authentique à la première personne et à quelque chose de tout à fait différent (par exemple, des modèles comportementaux, peut-être) à la troisième personne[1]. Ici, encore une fois, on considère la position en première personne comme privilégiée, mais l'asymétrie n'est pas présentée comme la différence entre la « certitude immédiate » d'une part et une référence incertaine de l'autre, mais plutôt comme une différence radicale du point de vue des capacités conceptuelles. Dans cette optique, le problème n'est pas que je ne

1. Voir Wittgenstein, *Recherches philosophiques*, *op. cit.*, § 293-302.

peux jamais avoir de (réelle) certitude au sujet de la sensation d'une autre personne, mais plutôt qu'il n'y a pour moi aucun sens à croire *ou* à douter de la pensée ou de l'expérience d'une autre personne, car mon usage d'un terme comme « douleur » n'exprime en aucun cas une conception de ce genre de chose. Il s'ensuivrait qu'il y a toute une classe d'attitudes qu'il n'y a simplement aucun sens à adopter envers une autre personne ; non seulement les possibilités de *connaître* ou même de simplement croire à la douleur d'une autre personne ou une autre sensation sont exclues, mais il en va de même pour les possibilités de douter, de craindre ou d'espérer, et pour n'importe quelle attitude envers ce *quelque chose* en l'autre, pour lequel je n'ai pas de concept et ne *peux* en avoir aucun.

Alors, selon certaine forme de solipsisme, nous serions en principe incapables ne serait-ce que d'entretenir certaines pensées ou d'adopter certaines attitudes envers autrui, attitudes dont il serait parfaitement compréhensible que nous les adoptions envers nous-mêmes. Comme ce n'est pas le lieu pour engager la discussion en détail avec l'une ou l'autre des formes de scepticisme à propos des autres esprits, je les esquisse ici pour insister sur la séparation entre chacune de ces formes de solipsisme et le fait plus fondamental des asymétries moi/autrui elles-mêmes, les différences de formes et de possibilités entre nos relations à nous-mêmes et nos relations aux autres. Chacun de ces deux types de scepticisme est une *interprétation* particulière de ces différences (et l'expression d'un intérêt plutôt restreint pour elles), de même que le scepticisme à propos de la connaissance du monde « externe » est une interprétation des faits plus fondamentaux concernant des choses telles que le caractère situé du sujet épistémique, les possibilités d'erreur, la nature et les normes de justification. Dans les deux cas, (c'est-à-dire les particularités de la position en première personne ou les contingences et les exigences normatives de la connaissance), ces propriétés ont un statut et une importance philosophique indépendants de toute conclusion sceptique que l'on peut en tirer. Insister sur la priorité des asymétries elles-mêmes ou de ces autres propriétés de notre situation épistémique, ne remet pas en question le scepticisme. Mais si une conclusion sceptique est justifiée ou si elle s'avère inéluctable, ce sera pour des raisons épistémiques qui reposent sur une description non déformée de ces faits. Cependant, l'idée centrale de l'une ou l'autre variété de scepticisme, est que l'asymétrie moi/autrui, ainsi que les propriétés fondamentales de la situation perceptuelle et normative du sujet épistémique, ont leur propre intérêt philosophique, que n'épuise pas leur rôle dans la controverse pour ou contre le scepticisme. Cela est obscurci dans le cas de l'asymétrie moi/autrui car on considère souvent qu'une conclusion sceptique équivaut à une description de ces propriétés elles-mêmes.

Dans les chapitres précédents, j'ai soutenu qu'un certain ensemble d'asymétries entre moi et autrui fondent l'idée de la personne, et que ces asymétries, bien qu'irréductibles, ne nous contraignent au scepticisme ni au sujet de l'authenticité ou de la substantialité de la connaissance de soi, ni au sujet de la possibilité de connaître l'esprit d'autrui. Il y a des différences parmi les asymétries considérées comme fondamentales : ainsi, la crédibilité de ce que je dis de moi ne se fonde pas toujours sur des faits relatifs à mon comportement, alors que je ne suis conscient de la pensée d'autrui qu'en fonction de ce que je peux glaner en observant son action. Les possibilités d'erreur et de correction ne sont pas les mêmes dans les deux cas. Chacun des types de scepticisme décrits est une *interprétation* de ces asymétries dans la mesure où il privilégie le point de vue de la première personne. Car si nous commençons par comprendre la position en première personne comme le paradigme de ce que doit être une véritable conscience du mental, et qu'ensuite, on l'associe à un sens aigu de la différence avec la saisie en troisième personne, on sera naturellement et presque inévitablement frappé de voir combien notre conscience d'autrui, même la mieux fondée, ne sera jamais à la hauteur de notre paradigme en première personne.

Mais si ce sont les asymétries elles-mêmes qui sont fondamentales, alors leur importance première repose sur le fait qu'elles ne privilégient en elles-mêmes aucun des deux points de vue, ni la perspective de l'intérieur, ni celle de l'extérieur. Le premier type de saisie « n'est pas à la hauteur » de l'autre dès lors qu'on a supposé que l'un des deux est privilégié, et que l'aspiration interne de la position en troisième (ou seconde) personne est de se rapprocher aussi près que possible des propriétés spéciales de la première personne. Dans la mesure où l'intérêt philosophique pour ces asymétries provenait de leur interprétation sceptique, on a posé le problème en termes de travail « de l'intérieur vers l'extérieur », c'est-à-dire, en considérant la perspective « de l'intérieur » comme paradigmatique et en essayant de voir comment une perspective « de l'extérieur » pouvait combler le fossé et se rapprocher de l'immédiateté et de la certitude du point de vue de l'intérieur (ou encore, désespérant d'y parvenir, en comprenant les implications de l'ersatz d'« accès » qui nous reste)[1]. D'un autre côté, si nous séparons le fait fondamental des asymétries de leur interprétation sceptique, et que nous les traitons philosophiquement en tant que telles, alors je pense que nous pouvons voir que l'image du « privilège » est ici plus ambiguë, et que les différences entre moi et autrui qui définissent

1. Cela signifie que la position en première personne est traitée comme un paradigme par ces philosophes qui prennent au sérieux le phénomène de la connaissance de soi et ses différences essentielles avec la connaissance des autres. Ces temps-ci prédomine peut-être plus couramment en philosophie de l'esprit une perspective exclusivement « externe » ou en troisième personne, qui rejette l'idée des asymétries elles-mêmes et considère que la connaissance de soi, quelle qu'elle puisse être, et si elle est digne de ce nom, est fondée sur exactement les mêmes types de faits que la connaissance de quoi que ce soit d'autre.

le concept de personne impliquent aussi bien une *absence* de privilège de la position en première personne. Lorsque nous considérons les asymétries elles-mêmes comme fondamentales, nous pouvons voir qu'en plus des phénomènes qui s'expriment dans le problème philosophique du « privé », il y a les phénomènes du «contre-privé» (*counterprivacy*[1]), c'est-à-dire les divers modes de saisie qui semblent réservés aux relations avec les *autres*, et ne peuvent avoir qu'une application problématique à soi-même. Une investigation de certains de ces modes, dans leur relation avec les exigences de la conscience réflexive, sera d'une grande aide pour circonscrire à la fois les motivations et les limitations d'une perspective totalement impersonnelle sur le moi.

La partialité de la posture impersonnelle

Une telle perspective impersonnelle est énoncée par Thomas Nagel dans sa discussion des parallèles entre les problèmes liés au solipsisme (de l'espèce conceptuelle esquissée plus haut) et ceux relatifs à l'égoïsme comme conception de la nature des raisons pratiques[2]. On peut dire que les deux conceptions partent de l'hypothèse d'une priorité de la perspective en première personne, pour douter ensuite que ce qui provient de cette perspective puisse avoir une quelconque application (ou une application suffisante) quand on pense aux autres. Le solipsisme considère que ma propre expérience d'états comme la douleur m'offre tout ce que je peux

1. Ce terme est tiré de l'article d'André Gombay en 1988 : « Some Paradoxes of Counter-Privacy », qui esquisse de précieuses connexions entre le paradoxe de Moore et le « paradoxe socratique », en lien avec le scepticisme au sujet de l'*akrasie.* Voir aussi M. Gilbert, « Vices and Self-Knowledge », *Journal of Philosophy*, vol. 68, n° 15, August 5, 1971, qui discute Sartre dans cette optique.

2. Th. Nagel, *The Possibility of Altruism*, *op. cit.*, en particulier chap. 21.

savoir sur l'application de ce concept et qu'il est donc douteux ou incohérent de supposer que je pourrais employer mon concept de douleur pour saisir une dimension de la vie d'autrui. L'égoïsme considère que mes propres besoins et intérêts m'offrent tout ce que je peux savoir de la contrainte immédiate qu'exercent les raisons d'agir et qu'il est ainsi douteux ou incohérent de supposer que je pourrais considérer en lui-même le besoin d'une autre personne comme une raison motivante d'agir. Les traits fondamentaux des deux conceptions rendent possibles diverses « constructions secondaires » qui permettent de se rapprocher de l'hypothèse naïve d'une pensée directe des expériences d'autrui ou d'un intérêt immédiat pour le besoin d'autrui, mais qui seront toujours ancrées dans le paradigme du cas égocentrique.

La prédominance conceptuelle de la perspective égocentrique, exprimée sous l'une ou l'autre de ces formes, est en conflit avec une perspective moins exclusive, que Nagel décrit comme « une conception de soi-même comme étant simplement une personne parmi d'autres, appartenant tous à un seul et même monde »[1]. Assurément, il s'agit là d'une pensée que nous voudrions préserver dans toute approche de la première personne. Nagel décrit chaque forme d'égocentrisme comme la négation tacite d'une certaine exigence de la pensée rationnelle, une exigence qu'il faut reconnaître même dans les limites d'une telle perspective. En particulier, un solipsisme « conceptuel » du type décrit plus haut et selon lequel je ne peux pas même entretenir des pensées sur les expériences des autres (étant donné la fondation égocentrique de ces concepts dans *mon* expérience) violerait le principe fondamental selon lequel il « doit être possible de dire des autres personnes, et dans le même sens, ce que l'on peut dire de

1. *Ibid.*, p. 100.

soi-même »[1]. Exprimée ainsi, l'exigence conduit à insister sur l'univocité des termes psychologiques, qui traverse les contextes en première et en troisième personnes, aussi bien que les changements de temps, comme on l'a soutenu au chapitre trois puis au chapitre quatre[2]. Mais chez Nagel, cela mène au développement d'un principe plus fort d'impersonnalité, qu'il faut traiter avec une certaine attention si l'on ne veut pas que la négation de l'une ou l'autre forme d'égocentrisme nous entraîne à nier les différences fondamentales elles-mêmes entre les perspectives en première et en troisième personnes.

A un moment donné, Nagel formule les exigences du point de vue impersonnel dans les termes suivants : « Une description impersonnelle complète du monde comportera une description de la personne qui est « Je » dans la description personnelle, et retraduira en termes impersonnels tout ce que l'on peut dire à la première personne sur cet individu. Ainsi, le point de vue impersonnel devrait pouvoir adapter tous les phénomènes descriptibles du point de vue personnel, y compris les faits sur le sujet lui-même »[3]. Une page plus loin, il résume cela sous forme d'un principe : « Pour se considérer soi-même sous tous rapports simplement comme une personne parmi d'autres, il faut être capable de se considérer soi-même sous tous rapports de façon

1. Th. Nagel, *The Possibility of Altruism*, *op. cit.*, p. 101.

2. « Le point de vue impersonnel joue un rôle dans l'explication de l'idée que l'on est juste une personne parmi d'autres, tout comme le rôle joué par les énoncés atemporels dans une explication de ce que cela signifie de considérer simplement le présent comme un temps parmi d'autres. On ne peut permettre aux changements de personne grammaticale, comme aux changements de temps, de modifier le sens de ce qui est affirmé à propos de la circonstance qui est le sujet de l'énoncé. Ceux-ci représentent seulement des changements du point de vue d'où est faite l'observation. » (*Ibid.*, p. 101).

3. *Ibid.*, p. 101.

impersonnelle »[1]. Ce principe n'est pas présenté en lui-même comme une solution aux problèmes du solipsisme ou de l'égocentrisme dans le raisonnement pratique, mais plutôt comme une description de l'une des conditions d'une solution possible, une contrainte communément admise à laquelle les solutions proposées doivent se conformer. Mais nous avons déjà vu qu'il y avait plus d'une façon de comprendre le principe ainsi présenté, qui ne sont pas simplement équivalentes. L'une des interprétations s'exprime par le principe sémantique d'univocité à travers les changements de temps ou de personne. Les termes qui décrivent un certain état d'esprit doivent être applicables sans changement de sens à la fois au présent et au passé, à la première et à la troisième personne. Selon une autre interprétation, ce principe exige que lorsqu'on pense à soi, on respecte le fait d'être « simplement une personne parmi d'autres ». Et cela signifie en outre que je dois reconnaître qu'il y *aurait un sens* à avoir envers autrui le même type de pensée qu'envers soi-même (ce qui se rapproche du principe sémantique), *de même que* je dois pouvoir traduire toute pensée sur moi-même dans une pensée exprimée en troisième personne, sans en altérer le sens, comme une description de la personne qui se trouve être moi.

Je ne pense pas que cette dernière exigence normative soit équivalente au principe sémantique d'univocité, ni qu'elle revienne à admettre que l'on est simplement une personne parmi d'autres. En effet, comme j'ai tenté de le montrer ici, il y a des exigences dans la pensée de la perspective en première personne, qui n'apparaissent pas dans les descriptions impersonnelles de la personne qui se trouve être moi. Dire cela ne revient ni à affirmer le privilège celui de la perspective « subjective » ni de la perspective « impersonnelle », mais seulement à affirmer qu'il y a

1. *Ibid.*, p. 102.

des exigences rationnelles distinctes propres à chacune; et en particulier, qu'une position d'observateur sur soi-même n'est pas moins limitée, à sa manière, que ne l'est une perspective « égocentrique » sur la vie des autres. Ce n'est pas pour suggérer que l'affirmation du Principe Impersonnel de Nagel vise à nier cela. Ce que l'on cherche, je crois, c'est une explication des deux perspectives qui n'affirme pas la prédominance de l'une des deux (comme c'est le cas dans les deux formes de solipsisme, exposées par Nagel, où la perspective égocentrique est privilégiée), mais qui ne nie pas non plus les exigences spécifiques propres à chacune. Cela semble sans doute suffisamment évident. Mais il y a une façon naturelle (et non moins courante) d'interpréter le Principe Impersonnel présenté ici comme négation de toute exigence spécifique à la perspective en première personne, que ferait disparaître une reformulation impersonnelle de ses affirmations. Ce principe est alors interprété, en fin de compte, comme l'affirmation de la prédominance d'une perspective sur l'autre, plutôt que (ce que l'on veut, à mon avis) comme celle de leur ressemblance en même temps que de leur différence. Car le diagnostic du solipsisme dans cette perspective décrit ce principe comme *incomplet*, omettant quelque chose, à savoir la pleine réalité des autres. Alors que le Principe Impersonnel lui-même prétend à une complète description des faits, il parle au nom d'un réalisme total à propos du monde et de la position du moi en son sein. Mais en fait, chaque perspective est en soi complète, au sens où elle définit l'espace des réponses à ses propres questions tout en étant partiale concernant les exigences auxquelles elle se croit soumise.

Pour éviter un tel privilège occulte de l'une ou l'autre des perspectives, nous devons nous rappeler qu'à sa manière, la prédominance d'une perspective impersonnelle sur notre pensée entraîne des déformations aussi sérieuses et bien connues (bien que peut-être ce ne soit pas sous cette description) que celles issues de la prédominance de la perspective égocentrique, qui, telle qu'elle est présentée par Nagel, trouve sa pleine expression philosophique dans le solipsisme et l'égoïsme rationnel. Quand je pense à ma propre vie mentale et à mes habitudes, je peux reconnaître que je suis une personne dans le monde parmi d'autres; mais je suis aussi la personne dont la pensée sur elle-même introduit une différence constitutive dans les faits moraux et psychologiques eux-mêmes. Ainsi, la position en première personne a des exigences relatives à la responsabilité envers des faits concernant la vie mentale en question, exigences qui ne s'appliquent pas à la saisie de la vie des autres qui ne sont justement *pas* moi. Dans de nombreuses situations de réflexion, nous affrontons la possibilité d'un conflit entre la pensée qui concerne la description, l'estimation ou l'explication de notre état, et la pensée qui concerne sa détermination; entre, par exemple, la réflexion *à propos de* notre désir, et la réflexion dont la *conclusion* est un certain désir. Il y a là un conflit entre les deux perspectives, chacune faisant autorité au sein de son domaine propre. Donc, on ne résoudra pas le conflit simplement en affirmant la prédominance des affirmations de l'une sur celles de l'autre.

Dans la perspective impersonnelle, le joueur akratique est obligé d'être empiriquement réaliste envers lui-même; en particulier, il est obligé d'admettre qu'il a pris la résolution, par le passé, de cesser de jouer et qu'il n'a pas réussi à la tenir. Dans cette perspective, la question « Que vais-je faire ? » n'est pas différente de la question « Qu'est-ce que cette personne (répondant à une certaine description, avec une certaine histoire empirique) va faire ? » et ici, la description et l'histoire nous amènent à supposer qu'il va retourner à la table de jeu, en dépit des résolutions, quelles qu'elles soient, qu'il prendra maintenant ou à l'avenir. Compte tenu de son état présent, sa propre perspective d'agent sur la question « Que vais-je faire ? » ne parvient pas à fournir une réponse crédible, quand, en tant que sujet délibérant, il répond qu'il va *abandonner* les tables de jeu. Un certain « réalisme » exige qu'il reconnaisse que, dans la situation présente, sa « décision » d'arrêter ne répond *pas* pleinement à la question de savoir ce qu'il va vraiment faire. (Et pourtant, qu'est-ce qu'une décision est supposée faire d'autre ?) Il doit considérer que sa décision présente et son histoire empirique donnent des réponses incompatibles à la question de ce qu'il va faire. Et il peut savoir ça de lui aussi bien que de n'importe qui d'autre. Néanmoins, il est également forcé de constater qu'il ne peut pas se contenter d'évincer les prétentions de l'une ou l'autre des perspectives. Car il ne peut pas choisir d'abandonner purement et simplement la posture de l'agentivité (quoi qu'on veuille dire par là) et de dire que ce n'est tout bonnement pas à lui de prendre des décisions et de former des intentions. Non seulement *cette* déclaration elle-même constitue une décision de sa part (de la résignation ou un assentiment), mais en plus, la question de son action future se pose toujours à lui, et cette question *va* recevoir une réponse dans la mesure où il prendra une voie plutôt qu'une autre, où il saisira ou anticipera certaines opportunités. La question « Que vais-je faire ? » reçoit inévitablement une réponse d'une manière ou d'une autre au cours de la vie.

Néanmoins, les exigences de chaque perspective paraissent incontournables, et réclament une réponse en leurs termes spécifiques. D'un côté, la perspective théorique lui dit d'être un réaliste empirique envers lui-même, sans quoi son attitude ne peut qu'être une tentative pour faire de sa capacité à dissimuler, ou à prendre ses désirs pour des réalités, une vertu. Mais quoi qu'il en soit, elle ne peut lui dire quand un tel « réalisme » est simplement le masque de son acceptation ou de son évitement de la question pratique à laquelle il fait face. D'un autre côté, la perspective délibérative lui dit qu'il n'est pas lié par son histoire empirique, qu'il doit répondre à la question de ce qu'il va faire en la considérant comme une question sur ce qu'il *doit faire*, sans quoi il esquive la question.

Mais en même temps, cette perspective ne peut pas lui dire quand son agentivité supposée n'est qu'un pur simulacre – quand, pour des raisons empiriques, il a perdu le droit de former une intention par rapport à cette question et d'espérer que cela compte. Aucune des perspectives ne *nie* les vérités de l'autre. L'affirmation de la position délibérative que «je ne suis pas *lié par* mon histoire empirique» ne nie en aucun cas ce que sont les faits de mon histoire. Elle ne nie pas non plus la vérité de ces affirmations ni leur pertinence pour la question posée; mais elle refuse de les considérer comme suffisantes et, en un mot, décisives.

Ainsi, même si la morale et la métaphysique insistent toutes deux pour que nous prenions un point de vue objectif sur nous-mêmes et que lorsque nous délibérons, chacun de nous se considère comme n'étant qu'une personne parmi d'autres, cette exigence n'est pas dépourvue d'ambiguïté. Dans les contextes éthiques, l'exigence d'impersonnalité peut avoir plusieurs significations, et les problèmes relatifs à certaines formes d'impersonnalité ne se limitent pas aux difficultés concernant les *exigences* de moralité de l'agent, qui ont récemment été le centre de l'attention des théoriciens de la «relativité à l'agent» en éthique[1]. D'autres auteurs moins récents, comme Sartre, ont vu le caractère problématique de la prétention à l'impersonnalité en éthique, car la position en première personne du sujet délibérant exigeait *moins* qu'elle n'aurait dû le faire d'après lui. Selon lui (du moins suivant une certaine lecture), si je me considère impersonnellement comme quelqu'un qui a un certain caractère et une certaine histoire, avec certaines croyances et désirs qui entrent ensuite dans ma délibération morale aux côtés du caractère et des désirs des autres, je perds de vue ma *responsabilité* envers ce caractère et

1. Depuis Nagel certaines de ces discussions initiatrices se retrouvent chez D. Parfit, S. Scheffler et B. Williams.

ces désirs. Car ceux-ci ne peuvent être pour moi un ensemble de données pour lequel je dois simplement faire une place dans mes délibérations, de même que je peux avoir à m'adapter au fait empirique des croyances et des désirs des autres gens. Dans mon propre cas, je demeure responsable d'y adhérer, de les justifier et de leur rôle continu dans ma vie, et ceci détermine si oui ou non ils doivent avoir la moindre place dans mes délibérations. Ma réflexion sur le problème auquel je fais face peut m'obliger à abandonner certaines des croyances ou désirs qui m'y ont conduit, les attitudes qui ont initialement transformé cette situation en problème, et la rationalité ordinaire implique qu'une telle révision reste possible. On pourrait très bien dire que les attitudes que j'introduis dans la situation forment pour moi le « cadre » du problème, mais dans un cas donné, je peux aussi être obligé de les retirer du cadre et de les placer dans le champ du problème lui-même, sur la table de négociation, et alors ma relation envers eux est différente de celle de n'importe qui d'autre. Dès lors, ils ne peuvent pénétrer ma réflexion comme les croyances et les désirs déterminés d'une personne ou d'une autre, qui se trouve être moi. Ainsi, une certaine forme d'impersonnalité est ici interprétée non comme une exigence étrangère, oppressante, envers le moi, mais plutôt comme une forme de *dérobade* morale.

Il ne serait pas surprenant qu'une meilleure compréhension des différents sens de l'impersonnalité en jeu dans ces contextes requiert plus d'attention à ce qu'il y a généralement de distinctif dans le discours en première personne. Cependant, ces considérations (comme celle, parmi d'autres, de l'autorité de la première personne) ont été habituellement discutées à l'écart des questions plus larges de la psychologie morale, où l'on pourrait penser que se jouent certaines des conséquences les plus profondes d'une telle asymétrie moi/autrui. Il y a un domaine général où s'esquissent de telles connexions, c'est celui de l'étude des modes d'appréciation qui semblent réservés à nos relations aux autres, mais qui peuvent avoir une sorte d'application instable ou problématique à soi-même. Les sources et les degrés de tension entre les cas en première et en troisième personne seront variés. Par exemple, quelque chose que l'on appellera à juste titre se tromper *soi-même* peut être parfaitement possible, et même commun, mais cela ne ressemblera pas au fait de tromper quelqu'un d'autre et ne sera pas possible de la même manière. Ici, la relation de tromperie « axée sur autrui » aura une importante application à soi-même, mais il y aura néanmoins des limites conceptuelles aux propriétés de l'acte de tromper les autres (par exemple, croire un témoignage mensonger), que l'on pourra raisonnablement considérer comme des possibilités pour la première personne. Ainsi, pour prendre un autre cas, l'auto-apitoiement ne suscitera sans doute pas le même type de difficultés conceptuelles que le cas où l'on « se ment à soi-même », mais la signification morale et psychologique de l'auto-apitoiement sera certainement différente de son analogue en troisième personne. Et pour finir, parcourant tout le spectre jusqu'à un point de vue *exclusivement* en troisième personne, l'envie et la gratitude peuvent avoir l'air d'être exclusivement tournées vers autrui, et n'avoir aucune application possible en première personne[1]. J'espère que la discussion des précédents chapitres, qui a tenté de déployer un ensemble de différences fondamentales et irréductibles entre les perspectives en première et en troisième personnes, se concentrant sur l'exemple central de la croyance, fournira une

1. Dans un domaine philosophique plus éloigné où l'on rencontre l'idée d'attitudes et de positions « tournées vers autrui », nous pourrions penser à Aristote et à son souci de savoir s'il est possible qu'une personne se traite *elle-même* de façon injuste. (1985, Aristote, *Éthique à Nicomaque*, Livre V, chap. 9-11), ainsi qu'à l'affirmation de Wittgenstein selon laquelle *savoir* que quelqu'un a mal, ou savoir ce que quelqu'un pense, sont des possibilités uniquement par rapport aux *autres* et non par rapport à soi. (*Recherches Philosophique*, *op. cit.*, § 246).

sorte de point de départ pour explorer certains des domaines plus complexes de notre vie affective où nous rencontrons ces contraintes et cherchons parfois à les combattre ou à les nier. A partir de là, je veux explorer dans le reste de ce chapitre les exigences légitimes de l'impersonnalité envers soi-même, après avoir étudié comment cet appel à l'impersonnalité peut être mal appliqué ou quand, en agissant sur lui, on tend à l'affaiblir. Plus spécifiquement, je vais discuter un certain nombre de cas où un certain trait de caractère, que l'on applique aux autres sans problème, semble comporter quelque chose d'instable ou de désagréable quand on se l'applique à soi. Et j'élaborerai l'idée qu'une certaine variété d'asymétries moi/autrui sont des propriétés incontournables de l'action et de la réflexion humaines, compliquant et déterminant ce que l'on peut attendre d'un appel à l'impersonnalité. Nous consacrerons une attention prolongée à un exemple sur les vicissitudes de la réflexion sur la honte de soi, qui devrait nous aider à élargir le champ des asymétries moi/autrui au-delà du cas de la simple croyance, qui a été le point d'ancrage de tant de discussions jusqu'ici.

L'auto-effacement et le privilège de la troisième personne

On trouve un ensemble général de problèmes qui rassemble certaines de ces questions en psychologie morale et dans l'épistémologie des perspectives dans les récentes discussions sur la possibilité de conflit entre ce qu'une théorie morale peut nous dire au sujet du bien moral et ce qu'elle nous recommande de *croire* au sujet du bien moral. Ainsi, par exemple, la question de ce que Derek Parfit nomme le possible « auto-effacement » d'une théorie morale [1] – la possibilité qu'elle puisse se discréditer, car ce serait

1. D. Parfit, *Reasons and Persons*, Oxford, Clarendon, 1984, p. 24.

l'attitude qui, suivant ses propres indications, contribue le mieux au bien moral – a attiré l'attention sur des choses comme le contraste entre les raisons de croire qu'une certaine théorie est vraie et les raisons pour lesquelles quelqu'un peut croire cette théorie. Cette question a attiré l'attention sur les différences entre les raisons théoriques de recommander certaines dispositions de caractère et les jugements sur ce qui est bon (y compris ce qui constitue un bon caractère) effectués par les gens qui sont justement dotés de telles dispositions de caractère. En considérant les vertus du caractère, le théoricien moral peut ainsi se trouver parfois confronté à ce que Bernard Williams désigne dans *L'éthique et les limites de la philosophie* comme le possible « conflit entre l'idée qu'a le théoricien de ces dispositions, et l'idée du monde issue de ces dispositions »[1]. Le véritable auto-effacement d'une théorie morale requerrait une scission entre d'un côté, notre conception de la valeur et de la justification, et de l'autre, les types de raisons auxquels nous sommes vraiment disposés à faire appel dans nos délibérations. Il y aurait ainsi des différences systématiques entre ce qu'une autre personne peut croire au sujet de mes attitudes et dispositions (par exemple, que d'une certaine façon, elles peuvent être illusoires tout en étant, en un autre sens, celles qui sont pour moi « les bonnes ») et ce que je peux croire moi-même à leur sujet. Et à l'intérieur de la personne, un tel manque d'unité poserait ainsi des limites aux possibilités de la conscience de soi morale.

C'est une question controversée de savoir quelles seraient les conséquences d'un tel auto-effacement pour l'acceptation d'une théorie morale. Mais l'importance de ces asymétries moi/autrui pour les vertus du caractère ne se limite pas aux contextes

1. B. Williams, *L'éthique et les limites de la philosophie*, trad. fr. M.-A. Lescourret, Paris, Gallimard, 1990, p. 122.

impliquant une théorie morale qui, en fait, s'auto-efface. En dehors du contexte de la *théorisation* morale, et au sein de la réflexion morale ordinaire elle-même, il y a des situations concernant les vertus du caractère où la conscience de soi semble avoir un certain effet déstabilisateur sur les vertus et les dispositions qu'elle a pour objet. Dans les premières pages de *L'éthique*..., Williams lui-même suggère justement une semblable différence entre les possibilités en première et en troisième personnes par rapport aux vertus du caractère : « Mais – et c'est là l'important – il arrive que la description qui s'applique à l'agent et à son action soit la même que celle suivant laquelle l'agent choisit son action. "Juste" est un cas de ce genre, l'un des rares, et une personne juste ou loyale est une personne qui choisit des actions parce qu'elles sont justes et qui en repousse d'autres parce qu'elles sont injustes ou déloyales. Mais une personne courageuse ne choisit pas typiquement des actions courageuses. Et c'est une vérité notoire qu'une personne modeste n'agit pas au titre de la modestie. La personne bienveillante ou tendre fait des choses bienveillantes, mais les fait en suivant des descriptions comme "Elle en a besoin", "Cela lui remontera le moral", "Cela fera cesser la douleur" »[1]. Il poursuit en disant combien le *culte* délibéré des vertus, s'il est tout à fait familier comme exercice à la troisième personne, « comporte quelque chose de suspect, de poseur, d'illusoire » lorsqu'il est à la première personne. Et il explique cela par le fait que la fonction évaluative des termes de vertu a pour usage premier l'application aux *autres* et non au contexte de la réflexion morale en première personne[2].

1. B. Williams, *L'éthique et les limites de la philosophie*, *op. cit.*, p. 16.

2. C'est ainsi que je comprends son diagnostic de ce qui ne va apparemment pas dans ce genre de cas. Le problème, dit-il, n'est pas que la pensée soit tournée vers nous-même, mais que notre pensée ne soit pas, en un sens, suffisamment tournée vers nous-même. « Penser vos dispositions en terme de vertus ne consiste pas à penser à

Cependant, nous devrions distinguer ici deux affirmations relativement différentes, l'une concernant le rôle des concepts de vertu dans la délibération morale, et l'autre concernant le culte délibéré des vertus. Pour ce qui est du dernier, il est difficile de voir ce qui n'irait pas chez quelqu'un qui, disons, travaillerait à surmonter sa lâcheté et tenterait consciemment d'avoir un peu plus de courage dans certaines situations. Et si l'on suppose que cela implique de se tromper soi-même, on ne voit pas très clairement *en quoi* exactement la personne est supposée être trompée. En tout cas, c'est différent de la première affirmation que quelque chose cloche dans l'idée que l'expression ou la manifestation du courage ou de la modestie seraient notre motif principal d'agir. S'il est possible de défendre une critique de tels motifs, elle doit néanmoins admettre des différences pertinentes entre les vertus sur ce point. Car certaines sont liées intrinsèquement à l'*expression* de certaines réponses, comme pour la gratitude ou le remords, auquel cas considérer leur manifestation comme notre but immédiat ne semble pas contraire à leur esprit. Et il faut aussi faire une place aux variations historiques et culturelles, et se souvenir qu'on pourrait très bien dire de quelqu'un comme Achille, par exemple, qu'il « choisit typiquement les actions courageuses ». Mais en dépit de telles exceptions, il semble encore qu'il y ait des situations ordinaires de la réflexion où une forme de conscience de

vos actions, non plus distinctement qu'à penser aux termes dans lesquels vous pourriez ou devriez penser à vos actions : c'est plutôt penser à la façon dont les autres pourraient décrire ou commenter la façon dont vous pensez à vos actions. Et si c'est là l'essentiel de vos délibérations, cela à tout l'air d'un égarement de l'attention éthique. » (B. Williams, *L'éthique et les limites de la philosophie*, *op. cit.*, p. 17). Dans la discussion qui va suivre, j'essaye d'expliquer le sens auquel l'attention tournée sur soi participe à, ou se calque sur une perspective extérieure sur notre action et ce qu'elle exprime. De la sorte, nous pouvons voir que ce qui ne va pas dans la réflexion sur ce genre de cas, est en fait que, malgré les apparences, il n'y a « pas suffisamment de Je ».

soi tournée vers un aspect de notre caractère semble incompatible avec le trait de caractère lui-même ou avec son évaluation normale (telle qu'elle s'appliquerait aux autres). De sorte qu'un certain « auto-effacement » s'appliquerait aux aspects du caractère moral aussi bien qu'à de possibles théories morales, limitant autrement la formation de l'estimation morale de soi, neutre et impersonnelle, sur le modèle de l'estimation des autres.

Au regard de cette possibilité, il est important de se rappeler que les vertus ou les vices du caractère impliquent des *attitudes* aussi bien que des manières caractéristiques de se comporter. Les exemples de courage et de modestie qui sont ceux de Williams, par exemple, impliquent aussi bien des modèles de pensée et de ressenti caractéristiques que des modèles de comportement. En général, l'attitude de quelqu'un envers lui-même modifie ce que nous pensons de lui, et une attitude que *nous* prenons envers son caractère peut dépendre de faits comme l'attitude qu'*il* prend envers lui-même. Naturellement, cela ne revient pas à dire que de telles attitudes doivent toujours correspondre (notre attitude envers lui correspondant à sa propre attitude envers lui-même) et ce ne sera souvent pas le cas. Normalement, l'attitude suffisante d'auto-satisfaction d'une personne ne nous conduit pas à nous sentir très satisfait d'*elle*; et, curieusement, il ne sera pas rare que l'auto-apitoiement de quelqu'un, bien loin d'inspirer de la pitié aux autres, chasse toute pitié authentique que l'on pourrait avoir commencé à éprouver pour cette personne, avant de découvrir qu'elle aussi ressentait la même chose. Mais est-ce parce que nous pensons ici que la pitié d'une seule personne est amplement suffisante et que nous pouvons alors laisser cette tâche en de bonnes mains? Ou est-ce que nous pensons que, même si une attitude de pitié envers elle peut être justifiée, à la différence des autres, la personne elle-même est exclue de cette tâche, pour une certaine raison, même si elle est la seule personne alentour qui soit en position de reconnaître le caractère pitoyable de sa situation? Il se peut qu'en me considérant simplement comme une personne parmi d'autres, je sois en quelque sorte obligé de ne pas me privilégier. Mais on pourrait penser que pour autant, je ne suis pas obligé de me *dés*avantager non plus. Après tout, l'appel à l'impersonnalité est supposé être au service d'une sorte d'équité dans nos rapports avec les gens, y compris avec nous-même.

On peut intérioriser ce type de cas pour exposer certaines propriétés de l'auto-effacement. Nous avons vu que l'attitude d'une personne envers elle-même pouvait inspirer une attitude différente, peut-être directement contraire, chez une autre personne. Et nous pouvons désormais voir la possibilité de cas où c'est une seule et même personne qui répond de cette manière contradictoire. Ce qui, à l'origine, soulève des questions sur ce genre de cas, c'est qu'ils n'ont pas besoin d'impliquer que la personne change d'avis, si nous entendons par là son rejet de l'attitude précédente, qu'elle trouve quelque peu injustifiée ou infondée. Ce revirement pourrait plutôt avoir lieu, comme dans le cas des réponses à l'auto-apitoiement ou à l'autosatisfaction de quelqu'un, sans le moindre sentiment que l'attitude-type générale serait injustifiée ou inappropriée quand on la lui applique ; c'est-à-dire, sans nier que la personne mérite bien en un certain sens de la pitié ou un sentiment de satisfaction. Bien sûr, cela met la personne elle-même dans une situation instable. Car tout en reconnaissant la valeur de son auto-estimation morale ordinaire, on aura l'impression que la conscience même de son attitude (et le caractère qu'elle exprime) la déstabilise, même si le manque de justification de l'attitude originale n'entre en rien dans sa réflexion. En tout cas, c'est la possibilité qui s'est présentée à bon nombre d'auteurs et que j'ai l'intention d'explorer dans les exemples qui suivent.

Paradoxes de l'auto-censure

Un peu plus haut, j'ai cité Williams disant que « une personne modeste n'agit pas au titre de la modestie », même lorsque cette description s'applique vraiment à l'agent. Que nous accordions ou non que la modestie puisse être parfois un authentique motif d'action, (ou au moins une façon de *s'abstenir* délibérément d'une action qui m'expose), on affirme ici l'idée somme toute familière qu'il appartient à la modestie, dans la mesure où elle est une vertu, de ne pas penser qu'elle est donc louable, en particulier de ne pas insister pour s'en attribuer le mérite[1]. Indubitablement, il y a de la place pour une certaine souplesse et une certaine variation dans l'emploi du terme et dans l'attitude prise envers la qualité qu'il désigne, mais dans un usage central, cette qualité est digne d'éloge et l'éloge s'inscrit dans la description même de quelqu'un de modeste. Dès lors, si l'on considère que la qualité de modestie exclut un tel éloge de soi, il apparaîtra que cette qualité ne peut pas survivre lorsqu'on y pense, ou qu'elle est au moins mitigée par le fait d'en être conscient. La modestie est un cas spécial, bien entendu, et semble conçue pour illustrer le caractère d'« auto-effacement » qui intéresse Williams. Dans ce cas, cette propriété découle presque immédiatement de la logique du trait de caractère lui-même, (que l'on définit en termes d'une certaine *absence* de réflexivité) et ne requiert pas une réflexivité d'un type particulier, qu'elle soit en quelque sorte « objectivée », ou bien qu'elle soit une mauvaise application du principe impersonnel. Tout concept défini de *cette* façon sera réservé à l'évaluation des autres et non de soi, et fournira ainsi l'occasion du « conflit entre la façon dont le théoricien voit ces dispositions et la façon dont il voit le monde grâce à ces dispositions ».

1. Voir J. Driver, « The Virtues of Ignorance », *Journal of Philosophy* 86, 1989.

Mais il y a d'autres cas où c'est la nature particulière du regard sur soi et de l'*usage* que l'on tente d'en faire, qui crée de l'instabilité. Samuel Johnson remarque quelque part que « toute autocensure de la part d'un homme est une louange indirecte. Elle vise à montrer tout ce qu'il est prêt à sacrifier[1] (*spare*) »[2] et nous savons tous, dans une certaine mesure, ce qu'il veut dire. Mais en réalité, quelle est ici l'objection et pourquoi devrait-on penser que le cas de la première personne s'inverse de cette façon ? Après tout, la censure d'une *autre* personne n'est pas elle-même impliquée dans la louange adressée soit à la personne jugée soit à celle qui juge. Certes, on peut penser que le cas de la première personne se distingue fondamentalement de la censure des autres, lorsqu'on pense que faire face sans détours à ses propres vices et les dénoncer peut être *digne* de louange, une vertu de clarté et de volonté. Mais dans ce cas, l'homme peut demander lui-même « Alors pourquoi ne puis-je pas accéder à cette même vérité et m'attribuer le mérite que j'ai gagné aux yeux des autres ? Est-ce que l'équité ou l'objectivité en la matière ne l'exige pas ? »

Johnson parle de l'autocensure comme d'une manifestation de ce que l'on est prêt à « sacrifier » et cela suggère à la fois une situation d'exposition publique et une division du moi en parties (superflues). Ce que montre cette activité, c'est que je suis à la fois suffisamment perspicace pour voir mes défauts, suffisamment ferme pour les regarder en face *en tant que* défauts, les censurer

1. L'auteur joue ici sur le double sens de « spare », qui signifie aussi bien « sacrifier », dépenser, que « épargner ». Ici, l'auto-censure, qui désigne une forme d'auto-critique, peut être interprétée comme une façon de sacrifier une partie de soi-même, d'exposer une partie que l'on désapprouve, ou comme une façon de s'épargner dans l'acte de jugement et d'auto-évaluation, en mettant en valeur ce premier sacrifice. [N.D.T.]

2. Dans *Life of Johnson* de Boswell, 25 avril 1778. Voir J. Boswell, *Life of Johnson*. edited by R. W. Chapman, Oxford University Press, 1791.

devant les autres et encore capable de me présenter au monde. L'idée de ce que je peux « sacrifier » vise, je crois, à saisir l'aspect de séparation et de désapprobation dans toute censure. La partie qui est nommée et jugée est rejetée, délégitimée en tant que partie du moi continuant à réclamer de la reconnaissance, alors que, pendant ce temps, le moi qui juge maintient son droit d'investir ses mots de l'autorité de cette même évaluation. La partie nommée et rejetée est ce que je suis prêt à « sacrifier », me présentant tout de même aux autres en tant que sujet parlant, dont les paroles n'ont pas seulement une valeur de symptômes. Mais nous ne sommes pas obligés de penser cela dans le contexte de l'énonciation publique, de l'autocensure devant témoins. Ce genre d'autocritique peut avoir lieu dans le domaine privé de notre propre tribunal mental, tout comme l'estimation de ce que *démontre* cet acte de juger à propos de la personne en question. Le scénario tout entier et l'activité sont assez souvent internes. Néanmoins, l'idée que l'on puisse profiter de la perspective d'un autre moi est ici la base de la critique de Johnson, et de son soupçon, autrement sans fondement, qu'on engage une telle autocensure au motif ultérieur de *montrer* « ce que l'on est prêt à sacrifier ».

On trouve quelque chose de très proche en filigrane de l'insistance de Sartre sur le dédoublement de l'esprit inhérent à cette conception de soi : « L'homme qui s'avoue qu'il est méchant a troqué son inquiétante « liberté-pour-le-mal » contre un caractère inanimé de méchant ; il *est* méchant, il adhère à soi, il est ce qu'il est. Mais du même coup, il s'évade de cette chose, puisqu'il est celui qui la contemple (…) en avouant [ma méchanceté], je pose ma liberté vis à vis d'elle ; mon avenir est vierge, tout m'est permis. (…) on se libère de soi par l'acte même par lequel on se fait objet pour soi »[1]. Ainsi, je me retrouve face à mon caractère

1. J.-P. Sartre, *L'Être et le Néant*, *op. cit.*, p. 100.

comme face à une donnée psychologique déterminée, objective, quelque chose que, dans la perspective de cette confession, je peux sacrifier. Mais en même temps, l'acte même de juger démontre que je ne suis pas l'esclave de ce « caractère », puisque je peux le juger d'un point de vue supérieur à la fois en clarté et en liberté. Je me libère en quelque sorte de moi-même quand j'examine mon caractère comme « juste ma façon d'être », car il m'absout d'une sorte de responsabilité envers lui. En même temps, un autre type de libération est impliqué quand on pense que l'acte même de dénommer et de juger démontre que je suis vraiment supérieur à ce caractère donné, qu'il ne me détermine pas. Ainsi, je réclame pour moi le meilleur des deux mondes : je suis déchargé de ma responsabilité car je suis obligé d'exprimer ma « nature », et en même temps, je ne suis *pas* contraint par ma nature, car en en faisant ainsi l'objet de mon jugement, j'exprime ma liberté et ma distance à son égard.

Par ailleurs, il existe une autre lecture de la notion de « sacrifice » de Johnson, qui rapprocherait son observation sur l'autocensure de ce que dit Sartre ici. Car la première lecture de l'orgueil, que Johnson voit dans le geste d'autocensure, interprète l'acte comme une sorte de potlatch de la valeur personnelle, un étalage des richesses sur le bûcher de nos propres vanités. Mais d'un point de vue plus sévère sur la vanité de ce même geste, le point important est que le sens du « sacrifice » est ici bien plus de sauver ou de préserver une partie du moi que de l'hypothéquer ou de s'en affranchir. Au bout du compte, ce que l'on critique dans l'énoncé de Johnson, c'est que le moi qui juge *est épargné* (*spared from*) par la censure qu'il exerce, comme s'il s'épargnait la punition qu'il inflige au reste du moi. La signification de cette interprétation de « ce que l'on peut sacrifier » va ainsi à l'encontre de la précédente (qui était en substance : l'étalage de pouvoir à travers notre capacité à absorber la perte), car il n'y a rien à *admirer* dans la façon dont un juge s'exempte de la censure même qu'il impose ailleurs. Selon cette lecture de « montrer ce qu'il est prêt à sacrifier », l'orgueil de l'homme est ainsi quelque chose que l'on expose et que l'on perd, plutôt que quelque chose que l'on avance à la dérobée, comme dans la première lecture ; et c'est seulement par inadvertance, malgré lui, que son autocensure révèle en quoi il *désire* (bien qu'avec peu de justice) s'épargner ce jugement.

Là où Johnson parle de la personne qui juge comme d'une personne montrant « ce qu'elle est prête à sacrifier » de la personne jugée, Sartre parle d'« exprimer sa liberté » par rapport à la personne jugée. Et dans les deux cas, on pense que les faits exprimés par notre autocensure contestent la légitimité du jugement d'origine. Cependant, on dirait que, comme pour les remarques de Williams sur le rôle des termes de vertu, il y *a* quelque chose d'instable ou de blâmable à cet endroit, qui demeure encore mal identifié. Car l'individu suffisant n'est pas *le seul* à agir au titre d'une vertu de caractère, et la censure de notre propre moi n'est pas *en soi* un acte calculé, accompli *en vue de* montrer ce que l'on est prêt à sacrifier. Et parallèlement chez Sartre, on ne doit pas supposer que tout acte de réflexion sur notre caractère propre implique de se prendre pour objet, du moins pas au sens où c'est blâmable. Au minimum, il devrait être possible de faire une distinction entre les cas où une telle réflexion a ce pouvoir d'autodestruction, et ceux où elle ne l'a pas. A cette fin, je veux examiner en détail une histoire très courte, et la suggestion que je veux suivre est que nous pouvons comprendre ce qu'il y a parfois de paradoxal et de moralement douteux dans ce genre de cas, en les voyant comme des tentatives infructueuses d'adopter envers soi une position qui n'est stable et cohérente que lorsqu'on l'adopte envers une autre personne. Nous pouvons voir ainsi comment même les exigences légitimes d'impersonnalité dans la réflexion peuvent être déformées pour servir les buts d'une sorte de narcissisme moral, quelque chose qui n'est pas de l'égoïsme ni de l'égocentrisme, mais la substitution de la perspective en première personne de l'agent à la perspective d'un autrui évaluateur.

Dans un passage fameux du roman de Kingsley Amis, un homme marié, avec une famille, passe à un moment de l'histoire, une soirée dans un night-club avec une autre femme qu'il connaît par son travail. Lorsque, après la rencontre, il rentre à pas furtifs, il se décrit lui-même dans ses réflexions coupables : « trouvant que j'étais un remarquable débauché, et ne m'aimant pas beaucoup à cause de cela, et trouvant que j'étais plutôt un brave type parce que je ne m'aimais pas beaucoup pour cette raison, et me détestant d'avoir trouvé que j'étais plutôt un brave type.[1] » Qu'est-ce qui a mal tourné dans les réflexions de cet homme ? Et, plus important, quelle est l'autocritique implicite qu'il fait à la fin : « me détestant » ? Le problème que nous pouvons voir immédiatement est que la chaîne des revirements de la précédente auto-évaluation pourrait aisément continuer *ad infinitum*. A l'étape où nous le rencontrons, il a des remords de s'être senti fier d'avoir eu des remords ; et il semble qu'il n'y ait aucune raison qu'il s'arrête là, en particulier puisque, en faisant un pas de plus, il pourrait penser à nouveau qu'il est quelqu'un de bien. Cela dit, l'arbitraire apparent de son point d'arrêt n'est pas qu'il *crée* des problèmes, bien entendu, mais il n'est pas facile de dire quel est le problème. A tort ou à raison, il *s'autocensure* finalement à propos de quelque chose. Quoi que ce soit, c'est quelque chose qui apparaît dans la succession de pensées qui précède, quelque chose qui permettrait de comprendre qu'il « [s]e détest[e] ».

Quelque chose dans sa position de spectateur envers son autocensure première nourrit l'illusion qu'il peut se prendre en

1. K. Amis, *That Uncertain Feeling*, New York, Harcourt Brace, 1956, chap. 7, p. 93.

main et échapper à ce jugement premier. Ce qui ne poserait aucun problème s'il réfléchissait à quelqu'un d'autre comme une personne extérieure, le plonge au contraire dans cette chaîne de revirements. Car nous pouvons remarquer d'emblée qu'il n'y aurait rien d'étrange dans cette ligne de pensée si plus d'une personne étaient impliquées. Avoir une (meilleure) opinion de quelqu'un d'autre parce qu'il s'est durement jugé (même si c'est justifié) ne conduit pas nécessairement à l'effondrement de l'un ou l'autre des jugements. La dépréciation et le remords de quelqu'un peuvent susciter une meilleure opinion de son caractère aux yeux des autres, et cette situation peut être parfaitement stable. Mais pour notre débauché, il semble que quelque chose ne va pas dans sa manière de traiter son premier jugement sur lui-même comme un pur *fait* psychologique, comme une action presque aussi louable que son action première était blâmable, un fait qui indique qu'après tout, il n'est pas si mauvais.

Au premier stade de sa réflexion, il croit qu'il a agi de manière honteuse, ce qui diffère de l'*attitude* pleinement vécue de la honte de soi, même si évidemment, c'est étroitement lié. Il s'offre ensuite une interprétation expressive de la honte de soi, où elle indique qu'en réalité, il est plutôt un brave type, après tout. Dans la mesure où l'interprétation expressive implique une meilleure opinion de lui-même, elle tempère naturellement son sentiment premier de honte. Arrivé là, cependant, il se blâme d'autant plus à cause de l'ordre de pensées qui précède et de ce qu'il voit maintenant comme l'exploitation éhontée de son attitude. Si nous pouvions voir exactement ce qui *n'allait pas* dans le premier stade de la réflexion, jusqu'à l'adoption de la nouvelle attitude d'autosatisfaction et sa réponse, alors nous aurions une raison de conclure par la réprimande qu'il atteint à la fin. Il faut commencer par reconnaître qu'il y a quelque chose qui ne tourne pas rond quand on utilise notre conscience d'un certain fait comme une raison de le mettre en doute. Cependant, on pourrait penser que ce n'est pas vraiment ce qui se passe ici. Car la nouvelle attitude, plus en sa faveur, ne nie pas à strictement parler la simple croyance d'avoir agi de manière honteuse ; c'est plutôt le déni, ou du moins, le désir de supplanter l'épreuve présente de l'*attitude* de honte de soi, l'entière configuration émotionnelle. Mais bien sûr, cela semble très proche. Néanmoins, *en un sens important*, la vérité de sa croyance initiale d'avoir mal agi n'est absolument pas remise en question par ses réflexions ultérieures. A la place, il en vient à réaliser qu'il a l'attitude appropriée envers les faits représentés dans cette croyance, et cette prise de conscience l'amène à une évaluation plus favorable, non de ce qu'il a fait (c'est du passé), mais de lui-même (ici, maintenant). Toutefois, bien qu'il ne répudie pas sa croyance initiale, nous pourrions parler en termes de remplacement d'une attitude par son contraire, qui *répond* à sa prise de conscience de l'attitude initiale, et cela serait suffisamment paradoxal. Cette interprétation nous oblige à rendre compte de ce sens paradoxal comme de quelque chose d'autre qu'une tension au sein des croyances, et par la suite, nous rencontrerons les raisons qui s'opposent à l'interprétation de la situation comme un conflit de croyances.

Néanmoins, l'aspect paradoxal fondamental ressortira plus clairement si nous considérons la situation dans la perspective des simples croyances. Dans ce cas, l'objection mentionnée à l'instant serait opérante (dans les termes les plus simples possible) : être conscient qu'il *croit* qu'il est mauvais ne peut être pour lui une raison de ne plus croire qu'il *est* mauvais. Cela impliquerait qu'il adopte une sorte de position en troisième personne envers ses propres attitudes, en prenant l'une de ses croyances et en regardant seulement ce qu'elle exprime ou dit de lui. Voilà ce qui arrive lorsqu'il passe de sa croyance concernant sa honte à l'interprétation salvatrice selon laquelle il est un assez chic type après tout. Et en procédant ainsi, son attention à sa croyance comme *fait* éclipse l'attention envers l'objet de cette croyance. Ainsi, sa conscience de sa croyance ne fonctionne pas comme une conscience de l'*objet* propositionnel de la croyance (sa honte), même s'il considère toujours que cette croyance est *vraie*. Donc il n'y a pas nécessairement de problème chez une personne qui réfléchit à sa croyance comme à un fait psychologique, quelque chose dont on peut tirer certaines conclusions à son sujet. Ce qui est inquiétant dans le cas du débauché, cependant, c'est qu'en apparence, son attention au fait qu'il croit P (vraiment, et de manière justifiée) le conduit, à travers cette prise de conscience, à abandonner ou à nuancer cette même croyance. Paradoxalement, il abandonne la croyance sur sa honte, alors même que dans toute la succession de ses pensées, cette croyance ne lui apparaît à aucun moment comme injustifiée. En fait, il l'abandonne parce qu'il considère qu'elle est *justifiée*, car la « lecture expressive » de sa croyance, qui le mène à son propre éloge, suppose que la honte originelle soit parfaitement appropriée et requise. Il doit continuer à penser que l'attitude originale est justifiée et appropriée pour que sa réflexion sur lui-même débouche sur l'attitude contraire.

Naturellement, le débauché nous fait lui-même douter de l'authenticité de son sentiment initial de honte, puisqu'il donne l'impression qu'il est si facile de s'en débarrasser, que c'est une affaire de volonté. Vous avez honte, vous vous servez de ce que ce sentiment implique pour vous, et ensuite, vous cessez d'avoir (tant) honte. Si nous voyons la honte et son soulagement comme des états absolus, non mitigés, cela donne l'impression que personne ne pourrait jamais avoir honte rationnellement : puisque si c'était le cas, alors la réflexion rationnelle sur la signification de votre sentiment rendrait votre honte superflue. Et on peut savoir tout cela à l'avance. Ainsi, seul quelqu'un qui serait incapable d'avoir honte devrait en éprouver; ou encore, le seul véritable objet de la honte est de ne pas avoir honte. Il peut alors sembler que curieusement, la honte s'auto-efface; et la raison en est qu'elle est une émotion auto-référentielle et qu'elle est (souvent) une émotion « louable ». On fait l'éloge d'une personne parce qu'elle a honte, alors que la honte semble incompatible avec le sentiment d'être digne d'éloge[1].

Ici, il vaut la peine de noter que, eu égard à tout « auto-sabotage », bien des choses dépendent de notre attitude envers des attitudes d'un type particulier. Par exemple, Nietzsche fait souvent l'éloge de l'attitude de mépris et il est clair qu'il admire la capacité à en éprouver, signe d'une nature forte; en d'autres termes, quelque chose qui mérite le respect. Dès lors, le mépris *de soi* est pour lui une attitude intrinsèquement instable. Il écrit donc que « Celui qui se méprise se prise tout de même de se mépriser », affirmant ainsi une sorte de caractère auto-limitatif de cette attitude[2]. Comme chez Johnson, lorsque le jugement porte justement sur soi, il manifeste ce que l'on peut sacrifier. Ainsi, une sorte de mépris *absolu*, sans le moindre soupçon de respect pour son objet, n'est pas une attitude possible envers soi. (Incidemment, voici un cas où les asymétries au sein des attitudes morales possibles désavantageraient systématiquement *les autres* plutôt que soi. Ce n'est qu'envers autrui que l'on peut éprouver un mépris pur et sans mélange, sans aucune compensation). Cependant, Nietzsche ne remarque pas qu'au mieux, cela ne sera vrai que pour ceux qui partagent sa conception spéciale de cette attitude et d'autres attitudes. Une autre personne, même si elle est

1. Cependant, ce qui ne va pas ici ne dépend pas d'une interprétation des attitudes en question en termes absolus ou de tout-ou-rien, car de semblables objections s'appliqueraient à la tentative d'une personne pour répéter ce processus jusqu'à réduire son degré de honte à zéro. Cela signifie qu'une fois qu'elle a conclu qu'elle n'était pas mauvaise, il semble qu'elle pourrait réfléchir sur le fait du degré résiduel de honte qu'elle peut encore éprouver, et elle pourrait conclure que ce sentiment est lui-même tout aussi louable, la conduisant (même) à avoir moins honte etc.

2. Nietzsche, *Par-delà bien et mal*, trad. fr. G. Colli et M. Montinari, Paris, Gallimard, 1987, § 78, p. 81.

suffisamment consciente d'elle-même pour réfléchir au fait qu'elle se méprise, pourrait en plus avoir honte de *ce* fait. Alors, sa réflexion sur elle-même descendrait en flèche, contrairement à celle de Nietzsche qui a le potentiel de nous élever complètement hors du mépris.

Ainsi, l'interprétation expressive que fait le débauché de sa honte présente une telle récupération, laquelle dépend de son *adhésion* au jugement de la honte, de son engagement envers ce jugement, et cette échelle ne peut pas être repoussée d'un coup de pied une fois parvenu à la conclusion qu'il est plutôt un brave type. Après tout, on ne fait aucun éloge du sentiment de honte *in*justifié de quelqu'un. Et ce jugement rédempteur dépend du maintien de la croyance initiale que ce qu'il a fait était honteux, pour autant qu'il se voit sous cette nouvelle lumière favorable. Car lorsqu'il reconnaît qu'il se *juge* honteux, il ne s'agit pas d'une sorte d'*impulsion* momentanée à réinterpréter ce sentiment de honte, comme s'il signifiait qu'il est vraiment une personne plutôt *bonne*. Il s'agit plutôt de ce qui le *fonde* à croire cela sur lui-même ; sans quoi il n'a aucune raison particulière de le croire. Continuer à adhérer au jugement premier de honte est donc nécessaire, et cela veut dire qu'il doit continuer à se considérer et à considérer ses actions à travers cette croyance et ne pas l'abandonner pour quelque chose d'autre [1].

1. Comprendre cela comme un phénomène particulier à la première personne requiert de le distinguer d'un fameux paradoxe similaire tiré de Pascal. Dans les *Pensées* (§ 397 et § 416), il écrit : « La grandeur de l'homme est grande en ce qu'il se connaît misérable, un arbre ne se connaît pas misérable. C'est donc être misérable que de se connaître misérable, mais c'est être grand que de connaître qu'on est misérable. » (§ 317) ; « Il est donc misérable puisqu'il l'est, mais il est bien grand, puisqu'il le connaît » (§ 416). Comme ci-dessus, ce qui est paradoxal dans ce raisonnement, c'est qu'il tire une conclusion de l'attitude justifiée de quelqu'un envers lui-même (l'homme et sa misère), qui semble incompatible avec cette même attitude (même s'il est clair que ce qui intéresse Pascal n'est pas qu'elles soient en contradiction directe).

Cependant, comme auparavant, on pourrait dire que, strictement parlant, il satisfait cette condition, puisqu'il n'abandonne *pas* la croyance représentée dans l'autocensure initiale. Mais il ne fait que remplacer par une autre l'attitude de honte éprouvée ou ressentie. Ainsi, il n'est pas impliqué dans une totale auto-contradiction, et c'est la différence entre la simple *croyance* sur soi-même ou sur son action, et *l'attitude* de honte totale, sans affectation, qui lui fournit une marge de manœuvre. Car cesser d'avoir honte ou de se sentir honteux n'est pas la même chose que de cesser de croire que l'on a fait quelque chose de honteux. Après tout, personne n'est obligé de continuer à avoir honte pour toujours ; mais en même temps, on ne devrait pas abandonner sans raison la croyance initiale sur soi. Et ici, il manque justement une raison de penser qu'elle est fausse. Même l'abandonner au sens de l'*oublier* pourrait être blâmable si tout cela se déroulait en l'espace de quelques minutes ou de quelques jours. Les croyances ne sont pas épisodiques comme les émotions ; elles ne suivent pas un cours naturel typique pour ensuite s'évanouir, comme un accès de colère ou une vague de soulagement. Il y a une dimension temporelle de la signification morale des multiples attitudes qu'il

Dans ce cas, comme dans le cas initial du débauché, le sentiment que l'attitude d'origine est justifiée doit être maintenu pour atteindre le jugement qui s'y oppose. Mais ce qu'il y a de paradoxal dans l'inférence de Pascal n'est en fait pas un phénomène essentiellement en première personne. Il requiert effectivement que l'attitude originale soit une attitude envers soi-même, autrement il n'y aurait aucun conflit entre la croyance initiale et la conclusion tirée de ce qu'on la croit. Mais il est tout aussi paradoxal, dans le cas de la *troisième personne*, d'inférer de la croyance justifiée, que P, de quelqu'un d'autre à la conclusion que P n'est pas réellement vrai. Pascal s'inclue en effet dans ce passage, dans cette mesure, c'est donc une expression en première personne, mais le paradoxe est conservé quand on le lit sur le mode de la troisième personne. Il regarde l'homme dans sa misère, mais conclut, en se fondant sur la conscience que l'homme a de sa misère, qu'il est « vraiment grand ». Ceci est paradoxal, qu'on l'applique à soi-même ou aux autres.

est difficile, peut-être impossible, de saisir dans les termes de la critique développée pour l'évaluation des croyances vraies ou fausses, justifiées ou injustifiées.

Ainsi donc, si sa conscience d'une de ses croyances (qu'il considère comme justifiée) n'opère pas comme une raison d'abandonner cette même croyance, alors il devrait pouvoir maintenir l'interprétation expressive du mérite de son sentiment de honte sans tomber immédiatement dans l'incohérence. Car selon cette lecture, il maintient du début à la fin la *croyance* initiale de son caractère honteux, et il ne se contredit pas par une attitude ultérieure. Il accède à cette interprétation de ce qu'il fait grâce à la distinction entre les croyances (dont les objets sont les propositions) et les attitudes émotionnelles générales dont les objets sont les individus, des choses comme les personnes et leurs actes. Cependant, cette même distinction menace maintenant d'amorcer une autre difficulté. Car il nous faut nous demander si la simple *croyance* est suffisante pour atteindre une conclusion salvatrice. En effet, ce n'est pas en affirmant simplement que ce qu'il a fait était honteux, sans aucun *sentiment* ni aucune attitude dévorante de honte, qu'il sera fondé à être fier de lui, même de manière limitée. (Pensez à l'aveu hâtif et forcé : « D'accord, d'accord, je me suis planté. Tu es content maintenant ? ») Mais à défaut, c'est la même différence, qui l'a d'abord sauvé de l'incohérence en préservant le jugement de son caractère, du sentiment de honte réel, et qui l'empêche à présent de parvenir légitimement à l'approbation de l'interprétation expressive. Et cette différence concerne les émotions *éprouvées* par opposition aux croyances, et le fait qu'une attitude émotionnelle constitue quelque chose de très proche d'une orientation totale du moi, de l'acquisition d'une perspective particulière [1].

Car supposez que bien après l'une de ses actions, bien après la honte qu'il en a éprouvé sur le moment, il juge comme il le fait ici, que ce qu'il a fait était honteux. L'évaluation froide et sans affects d'une de ses actions distante dans le temps, de son « moi passé » dont les actions honteuses ne *lui* font plus honte, ne lui procurera pas la même raison d'être fier, à supposer que la fierté ait une place dans notre cas initial. Ou au mieux, elle lui procurerait bien *moins* de raisons de l'être. Et puisque le lien entre son sentiment de honte originel et sa nouvelle attitude envers ce sentiment, vue comme l'expression d'une sorte de vertu, était d'emblée fragile, l'affaiblir maintenant en cessant de tenir compte de l'aspect distinctif de l'attitude émotionnelle de la honte réelle rendra probablement impossible tout passage à une nouvelle attitude envers soi. Ce qui importe au succès ou à la légitimité de l'interprétation expressive, c'est la honte elle-même : la façon dont elle oriente l'individu, le fait qu'elle soit difficile à subir, et ce qu'elle implique d'*éprouver* face à l'attitude de l'individu envers ce qu'il a fait et envers le futur. Donc pour synthétiser, il semble que son expérience authentique de la honte est nécessaire, au moins au début, pour parvenir finalement à une quelconque estime. Et il a besoin de la croyance

1. Le sens auquel une certaine attitude morale peut impliquer quelque chose comme une perspective totale sur son objet est crucial pour la façon dont Hume explique l'orgueil et l'humilité, et pertinent au regard de l'oscillation des réflexions de notre débauché. Dans le *Traité*, Hume dit : « Il est impossible qu'un homme soit en même temps orgueilleux et humble ; si des raisons différentes éveillent en lui ces passions, comme il arrive fréquemment, ou bien les passions se font jour successivement, ou bien, si elles se rencontrent, l'une annihile l'autre dans la mesure de sa force et c'est seulement ce qui reste de la passion supérieure qui continue à agir sur l'esprit. ». Voir « De l'orgueil et de l'humilité », section 2, dans *Traité de la nature humaine : essai pour introduire la méthode expérimentale dans les sujets moraux*, II, trad., préface et notes d'A. Leroy, Paris, Aubier, 1946, p. 376.

initiale d'avoir agi honteusement, non seulement au début, mais d'un bout à l'autre du cours de ses pensées. Ainsi, même si cela ne contredit pas nettement le jugement initial de son acte, la conscience de son propre *sentiment* de honte ne remplace l'attitude correspondante par une attitude contraire que de manière problématique.

Bien sûr, la dimension temporelle et vécue des attitudes comme le sentiment de honte a aussi ses zones d'ombre. Après tout, dirons-nous à un certain point, cela suffit et il est temps de surmonter son sentiment de honte et d'avancer dans la vie. Et il se pourrait qu'il y ait un temps, quelque peu antérieur à ce moment, où il est légitime que l'individu réfléchisse à sa réaction comme phénomène psychologique présent plutôt que comme attitude envers son action passée, ce qui a pour effet de tempérer ce sentiment même. Mais, comme ci-dessus, la distance temporelle qui permet de « s'attribuer un tel mérite » est aussi ce qui diminue la portée morale de l'ancien sentiment, qui montrait qui il était. Le mérite ne revient qu'à ce que vous ressent*iez*.

L'incorporation et la lecture expressive

Quand on considère une personne simplement comme « une personne parmi d'autres », le fait qu'elle ait honte ou non dans une certaine situation exprime le genre de personne qu'elle est, et c'est le genre de chose que l'on prend en compte pour déterminer ce que nous pensons d'elle. Et en effet, nous aurions tort de ne pas le faire, non seulement au sens où nous serions de sévères moralistes, mais aussi et plus fondamentalement, au sens où nous ne respecterions pas « l'ensemble des indices » relatifs au cas considéré. Parce que la réaction de honte envers son action constitue un fait nouveau et parfaitement pertinent, qui appartient ainsi à l'ensemble des indices sur sa personnalité. Et si le principe impersonnel vise à exprimer une exigence d'équité dans notre réflexion sur nous-mêmes et sur les autres, alors il semblerait que ce principe exige que le même « ensemble d'indices » soit accessible à la personne qui a honte, que sa portée expressive soit la même pour elle que pour quiconque.

Le débauché lui-même prend part à une « lecture expressive » de sa honte, interprétant ce que sa propre réaction de honte indique sur lui et ce qu'elle révèle de son genre de personne, globalement évalué. Nous pouvons ainsi imaginer que le débauché fasse appel à quelque chose comme le principe impersonnel dans les termes suivants. S'il n'avait absolument pas honte, cela ferait certainement une différence dans l'opinion que nous nous faisons de lui ; donc la *présence* de la honte est un fait nouveau parfaitement pertinent qui doit jouer un rôle légitime dans son évaluation d'ensemble. Il serait à la fois arbitraire et injuste qu'un tel fait ne soit accessible qu'à nous, les personnes extérieures, et que le débauché n'ait pas le droit de le prendre en considération. De même, il serait arbitraire et injuste d'autoriser uniquement le *manque* du sentiment authentique de honte à figurer dans sa propre estimation, comme si la question de sa propre honte ne pouvait fonctionner que comme un facteur aggravant et jamais comme un facteur atténuant. Le manque d'équité serait lui-même une violation du principe impersonnel. Tout ce qui peut être vrai des autres peut être vrai de soi-même, et peut être de la même manière une expression ou une indication, comme avec la honte ou le manque de honte d'une personne.

Le débauché pourrait aussi soutenir que l'exigence épistémique générale d'indices exhaustifs lui commande de prendre en considération sa propre honte pour clore un certain problème. Quand il a mal agi, cela lui a fourni, à lui ou à quelqu'un d'autre, un ensemble de faits à prendre en compte pour savoir quel genre de personne il est véritablement. Mais alors sa réponse, « trouve[r] qu'il est un remarquable débauché » constitue un fait supplémentaire, qui demande à être incorporé à la totalité du corpus d'indices permettant de déterminer quel genre d'homme il est. C'est le minimum pour ne pas être irresponsable au plan épistémique, en procédant à une sélection arbitraire à partir de la base d'indices complète. Ainsi, il n'est pas seulement question de lui *permettre* la même « lecture expressive » qu'à une personne extérieure, mais il semble maintenant que son usage de cette interprétation pose un problème fondamental de responsabilité épistémique. Au final, on ne peut lui demander d'ignorer un fait évident, de la pertinence la plus élémentaire pour la question qu'il affronte.

Ce que nous montre l'examen de ce cas, c'est que le principe impersonnel lui-même peut nous entraîner dans différentes directions. Essayant de lui obéir, nous disons qu'on devrait accorder au débauché tous les faits et toutes les inférences qu'utilise une personne extérieure. Mais on peut alors donner l'impression qu'il s'est accordé la capacité de se tirer d'affaire, d'échapper à chaque état comme la honte, qui est à la fois humiliante d'un côté et louable de l'autre. Et cette possibilité semble privilégier le moi subjectif d'une façon qui va à l'encontre de l'esprit même du principe impersonnel. C'est un problème pour la réflexion sur soi, quand elle prend pour objet ce qui est en soi une attitude réflexive, comme le sont la honte ou la culpabilité. La possibilité d'un tel conflit découle ici de l'impossibilité de tenir la réflexion théorique (à savoir, « Qu'est-ce donc que je ressens ici et qu'est-ce que cela m'indique sur moi-même ? ») à l'écart de la réflexion délibérative (à savoir, « Que dois-je penser de moi maintenant ? ») dans la perspective en première personne. Et donc, les faits eux-mêmes sont modifiés par notre réflexion. Au moins, on ne peut pas dire que selon le principe impersonnel, toutes les attitudes, positions et conclusions qui peuvent être appropriées dans l'évaluation des autres peuvent ou doivent être possibles dans la réflexion *sur soi*. Et bien souvent, lorsqu'elles *sont* des possibilités légitimes pour les deux perspectives, elles seront quelque peu *différentes* pour la première personne.

Dès lors, le débauché se trouve face à un problème : pour lui, le simple fait de s'interroger sur la portée expressive de son sentiment de honte revient à modifier les faits sur lesquels doit reposer toute lecture expressive de ce type. Il veut qu'on lui permette d'incorporer sa honte actuelle à la base d'indices complète déterminant le genre de personne qu'il a l'air d'être. Et, tel que nous imaginons sa demande, une telle insistance est requise à la fois par l'équité ordinaire et la responsabilité épistémique. Pourtant, l'incorporation de sa honte actuelle à ses réflexions actuelles sur lui-même n'est pas une initiative innocente (encore moins obligatoire) au plan épistémique, comme ce serait le cas venant d'une autre personne. Et nous pouvons le voir ainsi : s'il se pose une question et que pour la résoudre, il en appelle à certains indices, alors le sens de cette activité présuppose que pour lui, cette question est en fait ouverte, et qu'elle est résolue par le recours à des indices (plutôt que par une décision ou une résolution, par exemple). S'il en appelle à sa propre honte comme à un indice de quelque chose, nous devons nous demander : « Un indice de quoi ? », et la réponse est clairement : un indice du genre de personne qu'il s'est révélé être, un indice pour savoir ce qu'il doit penser de lui-même. Mais supposons qu'il a juste répondu à cette question pour lui-même ; c'est précisément à cela que répond la honte elle-même. Il lui faudrait donc une *raison* de rouvrir cette question, fondée sur un certain mécontentement vis-à-vis de sa *réponse* initiale, c'est-à-dire sa réaction de honte. Et pourtant, il n'y a rien dans ses réflexions qui expose les raisons d'un tel mécontentement – des raisons qui sont donc internes à la justification d'une réaction comme la honte (par opposition aux raisons pratiques d'éviter les embarras qu'elle suscite). Il y a des raisons particulières de rouvrir cette question. Comme avec les décisions en général, nous pouvons admettre que oui, en principe, on *peut* rouvrir une telle question et la reconsidérer, ou on *peut* vérifier les données encore une fois. Mais malgré cette possibilité générale, il n'est pas toujours ou à tout moment rationnel de le faire. Et en admettant qu'on ait une raison de rouvrir la question, subsiste le problème plus profond des conséquences de cette réouverture pour parvenir à la conclusion expressive ultimement désirée. Cette difficulté est fondée sur les exigences de la position en première personne que le débauché cherche à esquiver. Car la véritable conclusion qu'il tente maintenant de tirer *est basée* sur le fait qu'il a résolu cette question, et qu'il l'a résolue d'une façon particulière, à savoir grâce à son propre sentiment de honte. Cette réaction constitue le fait même d'où est *tirée* sa seconde conclusion (« trouvant que j'étais plutôt un brave type parce que je ne m'aimais pas beaucoup »).

La « valeur expressive » particulière qu'il veut exploiter ici dépend de son sentiment de honte, selon qu'on peut le considérer comme sa réaction définitive envers son acte. Mais en interrogeant maintenant sa signification expressive, il déstabilise cette même réponse, parce que ce faisant, il rouvre la question de savoir ce qu'il doit penser de lui. Il veut s'attribuer le *mérite* d'avoir honte, et investir ce mérite dans une délibération renouvelée de ce qu'il doit penser de lui, dont la conclusion atténuera la honte même sur laquelle il fonde son mérite. Mais en rouvrant la question de ce qu'il doit penser, il défait l'aspect méritoire de la honte qui figurait comme son attitude définitive. Le mérite de cette réponse dépendait du degré de sa *résolution* sur ce qu'il doit penser de lui. De là, la réouverture de la question le coupe de cette signification, et du mérite qu'il cherche à lui attribuer. La valeur épistémique ou expressive de sa honte, en tant qu'indicateur de son caractère, variera en proportion de son degré d'identification avec elle, degré auquel il pense avoir réglé la question de ce qu'il doit penser de lui. De cette façon, le degré auquel il pense que la question a besoin d'une réponse, le degré auquel il a besoin des conclusions de la lecture expressive de sa réaction, correspondront au degré de *diminution* de la portée expressive de ces mêmes conclusions [1].

La tactique qui consiste à incorporer sa réaction actuelle à ses réflexions se présente sous l'apparence du souci épistémique ou de la complétude, mais pour que le débauché parvienne à cet indice salvateur (sa honte première et sa signification expressive), il doit s'en dégager, compromettant ainsi son statut d'indice sur lui-même. Ou peut-être devrions-nous dire qu'il ne peut pas saisir cet élément sans compromettre son statut, qu'il considère comme une *sorte* d'indice rédempteur. Car en se servant de la stratégie expressive, et en suspendant le sens de sa honte initiale, il a maintenant constitué un nouvel ensemble de faits à son sujet, faits qui sont eux-mêmes mûrs pour une interprétation expressive, mais une interprétation un peu moins flatteuse cette fois-ci. Il commence à voir la nature « tactique » de cette seconde réflexion (« trouvant que j'étais plutôt un brave type »), le fait que ce point d'arrêt soit arbitraire et immotivé du point de vue épistémique, et il l'exprime dans le jugement par lequel il s'interrompt (« et me détestant pour avoir trouvé que j'étais plutôt un brave type »).

1. Je crois que ces considérations fournissent une façon de comprendre la description phénoménologique que Sartre donne d'un certain éventail d'évaluations du caractère comme « irréalisable » dans la perspective en première personne, impliquant « un sens thématique et hors de portée » pour la personne elle-même (Sartre, *L'Être et le Néant*, *op. cit.*, p. 592). Voir la discussion générale sur l'irréalisable qui commence p. 572. L'idée est anticipée auparavant dans la fameuse section sur « Le regard » : « ces qualités de "méchant", de "jaloux", de "sympathique ou antipathique", etc., ne sont pas de vains songes : lorsque j'en use pour qualifier autrui, je vois bien que je veux l'atteindre en son être. Et pourtant je ne puis les vivre comme mes propres réalités : elles ne se refusent point, si autrui me les confère, à ce que je suis pour-moi ; lorsque autrui me fait une description de mon caractère, je ne me "reconnais" point et pourtant je sais que c'est moi. Cet étranger qu'on me présente je l'assume aussitôt, sans qu'il cesse d'être un étranger ». (*Ibid.*, p. 313-314).

Voilà ce qu'il se reproche au bout du compte. Ce qu'il réalise, c'est que dans la mesure où il peut réfléchir à ce que son attitude actuelle dit de lui-même, il peut le faire par rapport à chaque acte de réflexion présent, *ad infinitum*. Les raisons douteuses pour lesquelles il a agi en recourant en premier lieu à l'interprétation expressive vont maintenant compter comme raisons de défaire la conclusion de cette même interprétation. Et ce qui se présente d'abord comme une enquête sur son caractère est en fait un va-et-vient continuel entre deux perspectives sur le moi, afin de pouvoir continuellement rouvrir la question, différer sa clôture, maintenir la réponse en suspens le temps qu'il faudra pour que reste à l'œuvre une « interprétation rédemptrice ».

Pas assez de Je ?

Naturellement, toute réflexion ne subira pas le genre de revirements auxquels aboutissent les réflexions du débauché. Cela est dû pour une large part aux deux propriétés de la honte qui ont guidé la discussion : elle est en elle-même une « attitude axée sur soi », de sorte que la réflexion en première personne sur sa signification entraîne une modification de tout le rapport à soi ; et en tant qu'état, la honte peut être à la fois humiliante et louable, et elle a donc des significations « affectives » opposées du point de vue de l'observateur et de l'agent. En principe, *n'importe quelle* réponse de l'agent permet ces deux perspectives et ainsi, même sans l'espèce d'équivoque baroque que nous avons décrite dans ce cas, de multiples formes du rapport à soi vont se retrouver en conflit avec les exigences du point de vue de l'agent, même si on ne trouvait rien à redire quand ce même type de rapport était appliqué à une autre personne.

Dans ce que j'ai appelé la position de spectateur envers soi-même, notre attention est détournée de l'objet de notre état intentionnel vers l'état lui-même, et cet état est traité comme un phénomène psychologique avec divers effets et implications pour notre personne. Cependant, avoir en premier lieu l'attitude intentionnelle nous engage à voir le monde de ce point de vue, sinon à changer d'avis sur ce qu'est l'objet de cette attitude. Aucune de ces exigences ne s'applique à notre conscience des états intentionnels des autres gens. Il semble que le débauché, tel qu'on l'a décrit, tente de se rapporter à sa honte première sans que cela n'implique de voir le monde à travers elle (dans ce cas, lui-même et ses actions), mais il traite plutôt la *possession* de cette attitude comme un fait psychologique opaque sur lui-même, un fait dont il peut tirer certaines conclusions – conclusions qui, dans ce cas, entrent en conflit avec l'attitude première. Et une telle position peut impliquer une attention déplacée au moi, même si elle ne produit *pas* un renversement du jugement initial : la personne se focalise sur le fait ou l'expérience de sa honte plutôt que sur ce qui est supposé en être l'objet. Une telle focalisation de l'attention sur notre propre réaction est normalement une manière de fuir l'attention plus douloureuse aux actions et aux conséquences qui ont suscité la réaction et sont son objet intentionnel présumé.

Par exemple, nous pouvons voir que, avec sa rigueur habituelle, George Eliot traque le moi errant même lorsqu'il trouve le havre de paix où il s'absorbe dans la culpabilité. Dans *Middlemarch*, lorsque Fred Vincy perd l'argent qu'il avait emprunté aux Garth, il est sincèrement désolé, bien que quelque peu détaché de son action comme de ses effets :

> Chose assez étrange, la souffrance de Fred dans cette affaire avait été jusqu'alors constituée presque exclusivement par le sentiment qu'il allait paraître infâme aux yeux des Garth et baisser dans leur estime ; il ne s'était pas intéressé aux difficultés et aux torts que son manque de parole allait peut-être leur causer ; un tel exercice de l'imagination à propos des besoins d'autrui n'est pas ordinaire chez les jeunes gentlemen optimistes. De fait, nous

> sommes presque tous élevés à croire que la plus noble raison de ne pas commettre une injustice est indépendante des êtres qui auraient à souffrir de cette injustice. Mais à cet instant, Fred se vit soudain comme un minable scélérat qui dépouillait deux femmes de leurs économies [1].

Fred Vincy évalue la signification morale de ce qu'il a fait selon ce qu'elle reflète de son caractère, plutôt qu'en référence aux conséquences pour autrui ou même à quelques considérations déontologiques impersonnelles. Son attention à la manière dont on va l'estimer interfère avec la réflexion sur la signification de ce qu'il a fait, une sorte de dérobade rendue possible par le fait qu'il calque sa réflexion sur lui-même sur la perspective imaginaire d'une autre personne. A dire vrai, il en est ainsi en partie parce qu'il aime tant Mary Garth et qu'il accorde plus de valeur à son estime qu'à la sienne propre, on pourrait même dire aux dépens de la sienne propre. Elle est le témoin dont le jugement lui importe plus que tout et ici, sa situation de détresse encourage l'idée confuse qu'il peut se situer par rapport à sa pensée et à son action *comme* un tel témoin [2]. La conversation qu'il a plus tard avec Mary, quand il doit avouer qu'il a perdu les économies de sa mère, illustre magnifiquement sa confusion entre le point de vue qu'il est obligé de prendre sur ses propres actions et la perspective extérieure qu'il souhaite lui substituer, bien qu'elle soit sévère.

1. G. Eliot, *Middlemarch*, trad. fr. S. Monod, Paris, Gallimard, 2005, p. 343-344.

2. Quelques pages plus tôt, évoquant le rôle joué par Mary dans l'économie mentale de Fred, Eliot souligne le côté « spectateur » de ce rôle : « Il arrive même à des mortels plus forts que Fred Vincy de situer la moitié de leur droiture dans l'esprit de l'être auquel ils sont le plus attachés. "Le théâtre de toutes mes actions s'est effondré", déclara un haut personnage de l'Antiquité à la mort de son meilleur ami ; heureux ceux à qui est donné un théâtre où le public exige d'eux le meilleur. Les choses eussent assurément paru très différentes à Fred en cet instant si Mary Garth n'avait pas nourri des idées aussi tranchées sur ce qui dans un caractère mérite l'admiration » (*Ibid.*, Livre III, chap. 24, p. 334.)

Pour rien au monde je n'aurais voulu vous faire tant de mal, Mary, finit-il par dire. Jamais vous ne pourrez me le pardonner.

— Quelle importance cela aurait-il que je vous pardonne ou pas ? demanda impétueusement Mary. Est-ce que cela adoucirait pour ma mère le fait de perdre l'argent qu'elle a gagné en donnant des leçons depuis quatre ans, pour pouvoir envoyer Alfred chez M. Hanmer ? Est-ce que cet état de choses vous paraîtrait plutôt agréable si je vous pardonnais ?

— Dites tout ce que vous voudrez, Mary. Je le mérite.

— Je n'ai pas envie de dire quoi que soit, reprit Mary plus calmement ; ma colère ne sert à rien [1].

Fred est faible, mais il veut être bon. Chez lui, ce désir prend la forme d'une tentative pour assimiler le regard externe de l'« autre évaluateur », et usurper le rôle de l'être dans lequel il situe plus de la moitié de sa droiture. Ce jugement sur lui-même lui importe davantage que les considérations « tournées vers l'extérieur » vers lesquelles son remords devrait plus proprement se tourner, et il regarde ainsi sa propre action du point de vue externe d'une autre personne imaginaire. Il n'essaye pas de se tirer d'affaire hors de ce remords, mais il reste coincé dans la position où il s'y intéresse objectivement, sachant que seul le jugement rédempteur de Mary pourrait lui permettre de changer de point de vue. C'est quelque chose qu'il ne peut faire tout seul – le pardon requiert une personne véritablement différente de soi. Mary elle-même voit bien sa détresse et son impuissance égocentrique, et la reconnaissance de sa propre position en tant qu'« alter ego évaluateur » de Fred crée un piège qu'elle est déterminée à éviter. Car elle se rend compte que rien qu'en abordant cette question avec lui, elle est nécessairement dans la position de l'évaluateur, et que c'est à cette évaluation, qu'elle soit bonne ou mauvaise, que Fred se

1. *Ibid.*, p. 349-350.

cramponne. En même temps, elle voit de façon saisissante qu'un tel jugement, à ce moment, serait hors de propos, et que l'annoncer à Fred reviendrait à nourrir le véritable égocentrisme qui est à l'origine de ce problème pour tous deux. Elle doit donc lui annoncer un jugement de la forme : « tu dois maintenant cesser de te préoccuper ainsi de la manière dont je te juge, la portée morale de la situation réside ailleurs ». Et ainsi, la conversation se termine par son refus d'exprimer le moindre jugement sur lui ou ses actions : « Je n'ai pas envie de dire quoi que soit ».

Ainsi, il y a quelque chose qui ne va pas, à la fois sur les plans moral et psychologique, quand la réflexion sur soi, portant sur la question des vertus du caractère, inhibe ou déforme la réaction morale de quelqu'un sur ce qu'il a fait. Et je pense que nous pouvons désormais voir ceci comme le genre de chose que Williams a en tête lorsqu'il dit que le problème avec l'exercice en première personne qui vise le culte des vertus, est qu'une telle réflexion n'est pas *assez* tournée vers le moi, se concentrant à la place sur « la façon dont les autres pourraient décrire ou commenter la façon dont vous pensez à vos actions » (p. 17). Considérons un autre type de cas impliquant une telle position ; mettons, l'application à soi de termes de vertu dans un but prédictif. L'énoncé « Compte tenu de ma nature généreuse, il est probable que je lui prête l'argent s'il en a besoin » semble bizarre, non seulement parce qu'il fait présomptueux, mais parce qu'il se présente comme une prédiction là où il est difficile de voir comment pareil énoncé pourrait être autre chose qu'une déclaration d'intention. Et cela est doublement suspect, d'abord parce que la foi dans une prédiction plus ou moins probable montre que la personne est loin d'être pleinement *engagée* à prêter l'argent, comme si le sujet parlant avait ici besoin d'un indice pour saisir l'occasion de s'engager. Et deuxièmement, c'est l'*absence* même d'un plein engagement qui s'exprime dans son utilisation de termes *élogieux* à la place d'une déclaration directe de son intention, qui omettrait toute mention de son propre caractère. C'est comme si elle voulait qu'on la félicite déjà de sa tiède disposition à prêter l'argent, mais en prédisant avec confiance que son moi meilleur l'emportera en dépit de son manque actuel de résolution ou de plein assentiment. A l'opposé, l'engagement authentique et l'autorité de la première personne s'exprimeront directement dans une déclaration d'intention.

Dans ce genre de cas, cette curieuse façon de se mettre à distance de ses actions coïncide avec le sens de ce qui relève, dans le cas du débauché, de l'échec à assumer la responsabilité de ses attitudes et de ses dispositions, juste au moment où il tourne son attention sur la question de ce qu'elles révèlent sur lui. Et c'est là, je pense, que nous trouvons les particularités de la fonction *évaluative* des termes de vertu appliqués à soi-même, comme l'ont noté Williams et d'autres. Car les fonctions prédictive et évaluative reposent toutes deux sur la détermination des faits psychologiques et la concentration sur eux plutôt que sur leurs objets. Naturellement, si l'on considère que les faits dispositionnels du caractère sont fluides et changeants au point que la question reste entièrement ouverte de savoir si je vais (maintenant ou jamais) agir d'après mon trait de générosité supposé, alors m'attribuer ce trait est inutile en tant que prédiction et vide en tant qu'évaluation. Ainsi, l'appréhension et l'estimation la plus ordinaire d'une autre personne requiert une référence à des traits ou à des dispositions d'une *certaine* stabilité. Mais lorsque Sartre insiste sur le fait que la conscience de soi réflexive signifie la « néantisation » de l'aspect appréhendé, au sens où l'on « pose sa liberté » par rapport à lui, admettant que chacun peut être autrement, il y a là un fond de vérité car une telle fixation des faits psychologiques est justement ce que n'implique *pas* la position de la réflexion pratique sur soi. Par opposition, la conscience coupable que Fred Vincy a de lui-même bloque son attention envers l'objet réel de sa culpabilité : ses actions et les êtres qui en souffrent. Son auto-accusation complaisante ou même son obsession de savoir comment on l'évalue désormais, reposent sur la détermination des faits psychologiques portant sur lui. Et ils restent figés, sans se développer dans d'autres attitudes tournées vers le monde, qui seraient plus appropriées à la fois à sa situation et à son sentiment de premier ordre, son remords initial.

Même si les termes de traits de caractère ne sont pas réservés exclusivement aux relations avec autrui[1], il reste qu'en un sens, la posture de l'agentivité est soumise à des contraintes différentes de celles de la posture de l'auto-évaluation. Et pourtant, nous restons bien sûr soumis aux prétentions des deux postures, même lorsqu'aucune d'elles ne fournit les termes pour juger de leur possible conflit. Les situations de réflexion sur soi discutées ici représentent une classe de cas où une psychologie plus détaillée et plus réaliste révèle des tensions dans l'interprétation et dans une vie en accord avec l'appel du sens commun à l'impersonnalité. Même si cet appel est, à bien des égards, naturel et inévitable, (les philosophes moraux ne sont sans doute pas les seuls à nous enjoindre de « nous voir tels que les autres nous voient »), il est aussi complexe et ambigu, sujet à des interprétations antagonistes, y compris au sein d'une seule et même conscience réflexive. Il y a des ambiguïtés particulièrement saisissantes dans la tentative de concilier cet appel avec certaines des asymétries fondamentales entre les perspectives en première et en troisième personnes, comme nous l'avons aperçu dans les chapitres précédents. En même temps, les complexités discutées ici ne discréditent pas en elles-mêmes les exhortations à l'impersonnalité. Et les préoccupations authentiques concernant ce qu'on pourrait voir

1. Comme le suggère parfois Sartre, par exemple : « le caractère n'a d'existence distincte qu'à titre d'objet de connaissance pour autrui. » (Sartre, *L'Être et le Néant*, *op. cit.*, 3e partie, chap. 2, 2, p. 389).

comme des « objectivations de soi » pathologiques ne devraient pas obscurcir la distinction entre l'idée que l'on devrait juger notre action et notre caractère comme on le ferait pour quelqu'un d'autre, et l'idée de concevoir notre action et notre caractère *comme* celui de quelqu'un d'autre ou quelqu'un qui se trouve être moi. Mais ce genre de phénomènes nous suggère de faire attention au grain très fin des différences systématiques entre première et troisième personnes, si nous voulons être capables de faire de telles distinctions de principe. L'un des objectifs centraux de cette discussion était de commencer à montrer combien certaines de ces questions apparemment éloignées de la philosophie de l'esprit ont un véritable rôle à jouer pour rendre compte des aspects de la structure et de la phénoménologie de l'expérience morale.

Tout le livre a soutenu que le concept de personne comme agent raisonnable est à la fois impossible à éliminer et charrie avec lui un ensemble de différences fondamentales dans la manière de se rapporter à soi et de se rapporter aux autres. Chez les philosophes, ces différences ont semblé parfois théoriquement suspectes ou infondées, et dans certaines situations de conflit interne à la personne, elles peuvent paraître arbitraires, coûteuses, ou pire encore. Il y a à la fois des tentatives philosophiques et personnelles pour surmonter ou éluder les asymétries entre les possibilités de relations à soi et les possibilités de relations aux autres, ou pour assimiler tout le discours psychologique soit au cas en première personne, soit au cas en troisième personne. Si les différences moi/autrui discutées ici font vraiment partie intégrante du concept de personne, alors j'espère avoir contribué à l'estimation des coûts de ce type de tentatives.

BIBLIOGRAPHIE

ADORNO Theodor, *Minima Moralia, réflexions sur la vie mutilée*, (1951), traduit de l'allemand par Éliane Kaufholz et Jean-René Ladmiral; postface de Miguel Abensour, Paris, Payot, 2003.

AMIS Kingsley, *That Uncertain Feeling*, New York, Harcourt Brace, 1956.

ANSCOMBE G.E.M., « The First Person » (1975), dans Anscombe, *Collected Philosophical Papers Volume II: Metaphysics and the Philosophy of Mind*, University of Minnesota, 1981.

– *L'intention* (1957), traduit de l'anglais par Mathieu Maurice et Cyrille Michon; préface de Vincent Descombes, Paris, Gallimard, 2002.

ARMSTRONG D. M., *A Materialist Theory of the Mind*, Routledge and Kegan Paul, 1968.

— and MALCOLM Norman, *Consciousness and Causality*, Blackwell, 1984.

ARISTOTE, *Éthique à Nicomaque*, introduction, traduction, notes et index par J. Tricot, éd. révisée, Paris, Vrin, 2007.

BOGHOSSIAN Paul, « Content and Self-Knowledge », *Philosophical Topics*, vol. XVII, n° 1, 1989.

BOSWELL James, *Life of Johnson*. edited by R. W. Chapman, Oxford University Press, 1791.

BURGE Tyler, « Individualism and Self-Knowledge », *Journal of Philosophy*, 85, 1988, p. 649-63.

– « Our Entitlement to Self-Knowledge », *Proceedings of the Aristotelian Society*, 96, 1996, p. 91-116.

– « Reason and the First Person », *in* Wright, Smith, and Macdonald (eds), 1998.

CAVELL Stanley, *Les voix de la raison, Wittgenstein, le scepticisme, la moralité et la tragédie* (1979), traduit de l'anglais par Sandra Laugier et Nicole Balso, Paris, Seuil, 1996.

CHURCHLAND Paul, *Scientific Realism and the Plasticity of Mind*, Cambridge University Press, 1979.

– *Matière et conscience* (1984), traduit de l'américain par Gérard Chazal, Seyssel, Champ Vallon, 1999.

DAVIDSON Donald, « First Person Authority », *Dialectica* vol. 38, n°2-3, 1984.

– « Knowing One's Own Mind », in *Proceedings and Addresses of the American Philosophical Association*, January 1987, vol. 60, n° 3, 1987.

DENNETT Daniel, *Content and Consciousness*, London : Routledge and Kegan Paul, and New York, Humanities Press, 1969.

– *Brainstorms*, MIT, 1981.

– *La stratégie de l'interprète : le sens commun et l'univers quotidien* (1987), trad. de l'anglais par Pascal Engel, Paris, Gallimard, 1990.

DESCARTES René, *Œuvres*, publiées par Charles Adam et Paul Tannery, 11 volumes, Paris, Vrin, 1996.

DRIVER Julia, « The Virtues of Ignorance », *Journal of Philosophy* 86, p. 373-384, 1989.

EBBS Gary, « Can We Take Our Words At Face Value ? », *Philosophy and Phenomenological Research* 56, 1996, p. 499-530.

– *Rule Following and Realism*, Harvard, 1997.

EDGLEY Roy, *Reason in Theory and Practice*, Hutchinson, London, 1969.

ELIOT George, *Middlemarch*, trad. fr. Sylvère Monod, Paris, Gallimard, 2005.

EVANS Gareth, *The Varieties of Reference*, Oxford, 1982.

FALVE Kevin and OWENS Joseph, « Externalism, selfknowledge, and skepticism », *The Philosophical Review*, vol. 103, n° 1, 1994, p. 107.

FOOT Philippa, « Moral Arguments »(1958), in *Virtues and Vices*, University of California, 1978 ; originally published in *Mind*, 67.

FREUD Sigmund, (1900), *L'interprétation des rêves*, trad. fr. I. Meyerson, Paris, P.U.F., 1973.

– « Note sur l'inconscient en psychanalyse » (1912), dans *Métapsychologie*, traduit de l'allemand par J. Laplanche et J.-B. Pontalis, Paris, Gallimard, 1976.

– « Remémoration, répétition et perlaboration » (1914), dans *De la technique psychanalytique*, trad. fr. A. Berman, Paris, P.U.F., 1981

– « L'inconscient » (1915), dans *Métapsychologie*, trad. fr. J. Laplanche et J.-B. Pontalis, Paris, Gallimard, 1968.

GIBBARD Allan, *Sagesse des choix, justesse des sentiments : une théorie du jugement normatif* (1990), traduit de l'américain par Sandra Laugier, Paris, P.U.F., 1996.

GILBERT Margaret, « Vices and Self-Knowledge », *Journal of Philosophy*, vol. 68, n° 15, August 5, 1971.

GOMBAY Andre, « Some Paradoxes of Counterprivacy », *Philosophy* 63, 1988.

GRICE H.P., « Intention and Uncertainty », *Proceedings of the British Academy* 57, 1971.

HAMPSHIRE Stuart, *Thought and Action*, Viking, 1959.

– *Freedom of the Individual*, Princeton University Press, 1975.

— and HART H.L.A., « Decision, Intention and Certainty », *Mind* 67, 1958.

HOLTON Richard, « Intention Detecting », *The Philosophical Quarterly*, vol. 43, n° 172, 1993, p. 298-318.

HUME David, *Traité de la nature humaine : essai pour introduire la méthode expérimentale dans les sujets moraux* (1740), traduction, préface et notes de André Leroy, Paris, Aubier, 1946.

– *Enquête sur l'entendement humain* (1748), trad. fr. Michel Malherbe, Paris, Vrin, 2008.

HUTCHESON Francis, « Illustrations sur le sens moral » (1728), dans *Epistémologie de la morale*, traduit de l'anglais par Olivier Abiteboul, Paris, L'Harmattan, 2010.

JOHNSTON Mark, « Objectivity Refigured : Pragmatism without Verificationism », *in* J. Haldane and C. Wright (eds), *Realism and Reason*, Oxford, Clarendon, 1991.

KANT Emmanuel, *Critique de la raison pure* (1781, 1787), trad. fr. et notes par A. Tremesaygues et B. Pacaud ; préface de Ch. Serrus, Paris, P.U.F., 2004.

– *Fondements de la métaphysique des mœurs* (1785), trad. fr., O. Hansen-Løve, Paris, Les Classiques Hatier de la philosophie,

2000 ; trad. de V. Delbos, intro. et notes par A. Philonenko, Paris, Vrin, 1992.

KENNY Anthony, « Cartesian Privacy », in *Wittgenstein : The Philosophical Investigations*, George Pitcher (ed.), Notre Dame University Press, 1968, p. 352-370.

KIERKEGAARD Soren, « La formation de la personnalité » (1843), dans *Ou bien ... ou bien*, éd. établie par Régis Boyer, trad. fr. Paul-Henri Tisseau, Paris, Robert Laffont, 1993.

KORSGAARD Christine, *The Sources of Normativity*, Cambridge, Éditeur???, 1996.

LA ROCHEFOUCAULD, *Maximes, réflexions, lettres*, (1665), Paris, Hachette Littérature, 1999.

LOCKE John, *Essai philosophique concernant l'entendement humain* (1690), trad. fr. par Pierre Coste ; établissement du texte, présentation, dossier et notes par Philippe Hamou, Paris, Librairie Générale Française, 2009 ; Livre I-II, intro., trad. et notes par J.-M. Vienne, Paris, Vrin, 2001 ; Livres III-IV et textes annexes, 2006.

LUDLOW Peter and MARTIN Norah (eds), *Externalism and Self-Knowledge*, Center for the Study of Language and Information, Stanford University Press, 1998.

McDOWELL John, *L'esprit et le monde* (1996), traduit de l'américain par C. Al-Saleh, Paris, Vrin, 2007.

– « Intentionality and Interiority in Wittgenstein », *in* K. Puhl (ed.), *Meaning Skepticism*, Berlin, de Gruyter, 1991.

McGINN Colin, *The Character of Mind*, Oxford, 1982.

MELLOR D.H., « Conscious Belief », *Proceedings of the Aristotelian Society* (1977-8), 1978, p. 87-101.

MONTAIGNE Michel de, *Essais* (1595), Paris, Gallimard, 2009.

MOORE G. E., *Philosophical Papers*, Allen & Unwin, London, 1959.

MORAN Richard, « Interpretation Theory and the First-Person », *Philosophical Quarterly*, April 1994.

NAGEL Thomas, *The Possibility of Altruism*, Princeton University Press, 1970.

– *Le point de vue de nulle part* (1986), trad. fr. Sonia Kronlund, Combas, Les édition de l'Eclat, 1993.

NIETZSCHE Friedrich, *Par-delà bien et mal* (1886), trad. fr. Giorgio Colli et Mazzino Montinari, Paris, Gallimard, 1987.

NISBETT R., and ROSS L., *Human Inference: Strategies and Shortcomings of Social Judgement*, Englewood Cliffs, NJ, Prentice Hall, 1980.

NISBETT R.E. and WILSON T. DeC., « Telling More Than We Know: Verbal Reports on Mental Processes », *Psychological Review*, 84, 1977, p. 231-59.

PARFIT Derek, *Reasons and Persons*, Oxford, Clarendon University Press, 1984.

PASCAL Blaise, *Pensées* (1670), Paris, Librairie Générale Française, 2000.

PEACOCKE Christopher, *A Study of Concepts*, Cambridge, MIT Press, 1992.

– « Conscious Attitudes and Self-Knowledge », *in* Wright, Smith, and Macdonald (eds), *Knowing Our Own Minds*, Oxford, Clarendon Press, 1998.

PERRY John, « Frege on Demonstratives », *Philosophical Review* 86, 1977.

– « The Problem of the Essential Indexical », *Nous* 13, 1979.

RAZ Joseph (ed.), *Practical Reasoning*, Oxford, 1978.

REY Georges, « Towards a Computational Account of Akrasia and Self-Deception », in *Perspectives on Self-Deception*, edited by A. O. Rorty and B. McLaughlin, Berkeley, University of California, 1989.

RORTY Richard, « Incorrigibility as the Mark of the Mental », *Journal of Philosophy* 67, 1970.

– *L'homme spéculaire* (1979), traduit de l'anglais par Thierry Marchaisse, Paris, Seuil, 1990.

– « Contemporary Philosophy of Mind », *Synthese 53*, 1982.

SARTRE Jean-Paul, *L'Être et le Néant. Essai d'ontologie phénoménologique*, Paris, Gallimard, 1943.

SCANLON T. M., *What We Owe To Each Other*, Harvard, Éditeur???, 1998.

SCHEFFLER Samuel, *The Rejection of Consequentialism*, Oxford, Clarendon Press, 1982.

SEARLE John, *Les actes de langage : essai de philosophie du langage* (1969), trad. fr. par Hélène Pauchard, Paris, Hermann, 2008.

– *La redécouverte de l'esprit* (1992), traduit de l'anglais par Claudine Tiercelin, Paris, Gallimard, 1995.

SELLARS Wilfred, « La philosophie et l'image scientifique de l'homme » (1962), dans *Philosophie de l'esprit*, t. 1, Denis Fisette et Pierre Poirier (dir.), Paris, Vrin, 2001, p. 55-116.

– « Empiricism and the Philosophy of Mind », in *Science, Perception and Reality*, London, Routledge and Kegan Paul, 1963.

SHOEMAKER Sydney, *Self-Knowledge and Self-Identity*, New York, Cornell University Press, 1963.

– *Identity, Cause and Mind : Philosophical Essays*, Cambridge University Press, 1984.

– « Introspection and the Self », *Midwest Studies in Philosophy*, vol. X, Minnesota, 1986.

– « On Knowing One's Own Mind », *in* James E. Tomberlin (ed.), *Philosophical Perspectives II, Epistemology*, 1988, p. 183-209.

– « First-Person Access », *in* James E. Tomberlin (ed.), *Philosophical Perspectives 4 : Action Theory and Philosophy of Mind*, 1990.

– « Rationality and Self-Consciousness », *in* Keith Lehrer and Ernest Sosa (eds), *The Opened Curtain : A U.S.-Soviet Philosophy Summit*, Westview Press, 1991.

– *The First-Person Perspective and Other Essays*, Cambridge University Press, 1996.

STALNAKER Robert, *Inquiry*, Cambridge, MIT Press, 1984.

STEVENS Wallace, *L'ange nécessaire. Essai sur la réalité et l'imagination* (1951), trad. fr. Sonia Bechka-Zouechtiagh et Claude Mouchard, Belfort, Circé, 1997.

STROUD Barry, « Practical Reasoning », in *Reasoning Practically*, edited by Edna Ullmann-Margalit, Oxford University Press, 2000.

TAYLOR Charles, « Responsibility For Self », in *The Identities of Persons*, ed. A. O. Rorty, Berkeley, University of California, 1976.

– *Human Agency and Language : Philosophical Papers*, vol. 1, Cambridge University Press, 1985.

– *Philosophy and the Human Sciences : Philosophical Papers*, vol. 2, Cambridge University Press, 1985.

VELLEMAN J. David, *Practical Reflection*, Princeton, Éditeur???, 1989.
– « On the Aim of Belief », in *The Possibility of Practical Reason*, Oxford, Clarendon, 2000.
WILLIAMS Bernard, *L'éthique et les limites de la philosophie* (1985), traduit de l'anglais par Marie-Anne Lescourret, Paris, Gallimard, 1990.
– *La honte et la nécessité* (1993), traduit de l'anglais par Jean Lelaidier, Paris, P.U.F., 1997.
WILSON George, *The Intentionality of Human Action*, revised and enlarged edition, Stanford University Press, 1989.
WILSON Margaret Dauler, *Descartes*, London, Routledge and Kegan Paul, 1978.
WITTGENSTEIN Ludwig, *Recherches Philosophiques* (1956), traduit de l'allemand par Françoise Dastur, Maurice Elie, Jean-Luc Gautero *et al.*, avant-propos d'Elisabeth Rigal, Paris, Gallimard, 2005.
– *Le cahier bleu et le cahier brun* (1958), trad. fr. M. Goldberg et J. Sackur, Paris, Gallimard, 1996.
– *Fiches* (1967), trad. fr. J. Fauve, Paris, Gallimard, 1970.
– *Remarques sur la Philosophie de la Psychologie*, vol. I et II, traduit de l'allemand par Gérard Granel, Mauvezin, Éditions T.E.R., 1980.
– *Derniers écrits sur la philosophie de la psychologie, t. I, Études préparatoires à la Seconde partie des Recherches Philosophiques*, Mauvezin, Éditions T.E.R, 1985.
– *L'intérieur et l'extérieur, Derniers écrits sur la philosophie de la psychologie, II*, édité par G.H. Von Wright et H. Nyman, trad. fr. G. Granel, Mauvezin, T.E.R, 2000.
WRIGHT Crispin, and Barry C. SMITH and CYNTHIA Macdonald (eds), *Knowing Our Own Minds*, Oxford, Clarendon Press, 1998.
WRIGHT Crispin, « On Making Up One's Mind : Wittgenstein on Intention », *in* Weingartner and Schurz (eds), *Logic, Philosophy of Science and Epistemology*, Proceedings of the 11 th International Wittgenstein Symposium, Kirchberg, Vienna, Holder, Pichler, Temsky, 1986, p. 391-404.
– « Wittgenstein's Rule-Following Considerations and the Central Project of Theoretical Linguistics », *in* George, Alexander, (ed.), *Reflections on Chomsky*, Oxford, Blackwell, 1989.

– « Wittgenstein's Later Philosophy of Mind : Sensation, Privacy, and Intention », *Journal of Philosophy*, Nov. 1989.
– « Self-Knowledge : The Wittgensteinian Legacy », *in* Wright, Smith, and Macdonald (eds), *Knowing Our Own Minds*, Oxford, Clarendon Press, 1998.

RÉSUMÉ DES CHAPITRES

CHAPITRE PREMIER
L'IMAGE DE LA CONNAISSANCE DE SOI

Fortunes et infortunes de la conscience de soi : Descartes, Freud et les sciences cognitives

Le besoin de circonscrire le type de connaissance de soi qui est pertinent en philosophie ; le type précis de connaissance de soi dont on considère le contenu et le niveau de description comme spécifiques. C'est seulement par rapport à *certains* contenus, et lorsqu'elle est identifiée aux concepts du niveau personnel ordinaire, que la connaissance de soi est particulièrement importante dans notre vie ou d'un type différent de la connaissance des autres.

Les asymétries entre les perspectives en première et en troisième personne sur la vie mentale. Le Modèle Perceptuel de la connaissance de soi et ses difficultés à saisir une perspective spécifiquement en première personne.

La critique du cartésianisme, sans rejeter la substantialité de la connaissance de soi, ni ses différences avec la connaissance des autres ; différences d'autorité des compte-rendus et différences de fondement.

La conscience en première personne est immédiate, elle n'est pas fondée sur l'observation des paroles et des actes de la personne. La différence entre l'immédiateté d'une part, la certitude et l'infaillibilité, de l'autre.

La possibilité de la connaissance de soi

Introspection, perception et déflation.

La question de savoir comment la connaissance de soi, pensée en termes d'immédiateté et d'autorité, serait au moins possible. Éviter « l'œil intérieur » : les conceptions « déflationnistes ». Elles opèrent une déflation de l'apparente authenticité des compte-rendus en première personne, qui expriment un authentique engagement cognitif.

Le scepticisme vis-à-vis de la connaissance de soi, suggéré par la théorie de l'esprit fonctionnaliste ou « l'externalisme » du contenu mental, ou les considérations sur « suivre une règle » chez Wittgenstein.

En particulier, le scepticisme inspiré de l'externalisme du contenu, qui semble présupposer une image perceptuelle de la connaissance ordinaire de nos pensées.

Relations constitutives et détectivisme

Est-ce que l'immédiateté et l'autorité des descriptions en première personne ont, en partie, un fondement *a priori*, ou est-ce seulement une question de capacités contingentes ? Suggestion : une exigence conceptuelle serait ici incompatible avec l'idée d'une authentique détection ou d'un véritable accomplissement cognitif, qui ferait de « l'autorité » de la première personne une question de concessions sociales.

Les connexions conceptuelles et les concepts « dépendants à la réponse »; l'exemple de la couleur et la classe des jugements « déterminant leur extension ».

Cependant, ce cas ne va pas dans le sens d'une conception « déflationniste » de la connaissance de soi, et l'analyse biconditionnelle n'explique aucune asymétrie entre les jugements de notre vie mentale en première et en troisième personne, phénomène dont nous avons commencé à tenter de rendre compte.

L'autorité de la première personne : elle est exigée autant que concédée aux autres.

« Croyance consciente » : localiser la première personne

Le Modèle Perceptuel et la conception purement théorique de la connaissance de soi. Pour comprendre *l'importance* accordée d'ordinaire à la connaissance de soi, aussi bien que les caractéristiques de la conscience spécifiquement en première personne, il faut relier la connaissance de soi non seulement à l'observation ou à l'auto-attribution de nos états d'esprit, mais à son rôle dans leur détermination.

L'analyse de la « croyance consciente » en termes d'états de second ordre : croire que l'on croit.

Mais la présence d'une croyance de second ordre ne suffira pas à rendre consciente une croyance inconsciente ou tacite, et cela ne saisira pas non plus la différence entre la conscience spécifiquement en première personne de notre croyance et les autres manières (en troisième personne) dont on peut parvenir à s'attribuer une croyance.

Une description de la connaissance en première personne devrait non seulement expliquer comment on peut avoir une telle conscience « immédiate » de nos propres attitudes, mais aussi pourquoi seules nos propres attitudes peuvent être connues de cette façon.

Les phénomènes intentionnels (incluant à la fois les attitudes et les pratiques) admettent une distinction entre les perspectives interne et externe. Il faut relier le privilège accordé à la manière dont une personne conçoit son état d'esprit à de semblables thèses que l'on soutient parfois vis-à-vis du rôle « constitutif » de l'auto-interprétation. Il faut entendre cette idée à son tour (en partie) en fonction du rôle « délibératif » que l'on joue dans la détermination de nos propres états d'esprit.

CHAPITRE 2
PRENDRE UNE DÉCISION : AUTO-INTERPRÉTATION ET CONSTITUTION DE SOI

Auto-interprétation, objectivité et indépendance

Le réalisme « ordinaire » par rapport au mental suggère une relation logique d'indépendance entre la description d'une certaine propriété de la vie mentale (par exemple, une pensée ou une réaction émotionnelle) et la propriété ou l'état lui-même. Mais dans les cas d'*auto*-interprétation de différents aspects de la vie psychologique et sociale, certains philosophes ont soutenu que cette indépendance n'a pas cours. La tradition herméneutique et la thèse constitutiviste de Taylor.

Nous voulons comprendre pourquoi cette idée d'une relation constitutive entre l'interprétation et son objet est restreinte aux phénomènes « intentionnels » et plus encore, restreinte à leur interprétation *en première personne*.

Différence entre la thèse constitutiviste et l'idée que certaines capacités conceptuelles sont nécessaires à certaines réactions émotionnelles.

L'auto-accomplissement et ses déboires.

En disant que l'auto-interprétation est constitutive de son objet, ne serait-ce que partiellement, on suggère que dans ces cas-là, la nouvelle interprétation suffit à rendre vraie la nouvelle description de l'objet (peut-être une description conforme à la nouvelle interprétation elle-même). Parfois, il suffit de croire que l'on est ceci ou cela (par exemple, mal à l'aise, ambivalent) pour que cette caractérisation soit vraie. Dimension négative de ce genre de descriptions « qui discréditent le soi », et auto-accomplissement de la logique de contamination. L'exigence de la thèse constitutiviste peut tirer sa force de tels cas, mais on ne peut pas dire qu'ils expliquent la vie psychologique en général.

États distincts / état global de la personne

Il ne faut pas restreindre le privilège accordé à la manière dont une personne interprète son propre état aux cas où la relation constitutive implique la *conformité* de cet état à son interprétation. Même si d'un point de vue extérieur, nous considérons qu'une interprétation est considérablement *erronée*, elle peut néanmoins prétendre définir entièrement son état, d'une façon spécifiquement différente de l'interprétation extérieure. Considérer son propre orgueil comme un péché est constitutif de cet état d'esprit et le rend très différent de ce qu'il aurait été autrement, puisque les états comme l'orgueil sont des orientations personnelles et non des particuliers, comme dans la conception atomiste.

La croyance et l'activité d'interprétation

Des verbes comme « interpréter » et « décrire » désigneraient des activités ordinaires que l'on peut réaliser à notre guise, mais en ce sens, on ne s'attendra pas à ce que l'activité de « pure description » d'un état d'esprit soit constitutive de cet état et le modifie, pas plus que la simple description ne modifie les autres objets du monde de manière constitutive. Par contre, les exemples les plus significatifs de la thèse constitutiviste concernent l'auto-interprétation d'un état émotionnel, où « interpréter » cet état signifie qu'on pense qu'il est *réellement* ainsi. Cela implique un engagement cognitif qui ne dépend pas de notre volonté, exactement comme pour la croyance. Et cela permet de clarifier pourquoi il faudrait articuler la réflexion sur nos propres états intentionnels à la transformation de leur nature.

Le processus de création de soi : questions théorique et délibérative

Parfois, réfléchir sur notre état mental est un problème purement théorique, où l'on se demande comment identifier correctement une certaine propriété de notre vie mentale. Mais bien souvent, notre réflexion prend une tournure d'esprit plus proche de la délibération, et cherche à conduire notre état d'esprit vers un certain type de résolution. On répond à ce genre d'incertitude par quelque chose qui relève de la décision plutôt que de la découverte. Différence entre « Je ne sais pas quoi en penser » et « Je ne sais pas ce que j'en pense ».

La réflexion délibérative, plutôt que théorique, sur notre état, nous aide à expliquer pourquoi on devrait dire que seule l'*auto*-interprétation « contribue à façonner l'émotion elle-même », et pourquoi on devrait *attendre* de l'auto-interprétation qu'elle joue ce rôle spécial, même lorsqu'on adhère à un « réalisme » du sens commun à propos de la vie mentale.

Relations de transparence

On prétend parfois que, du point de vue de la première personne, la question « Est-ce que je crois que P ? » est *transparente* à la question correspondante « Est-ce que P est vrai ? », une question qui n'implique absolument aucune auto-référence essentielle. Ici, la « transparence » ne signifie pas la réduction, mais elle signifie que l'on répond à la première question de la même façon qu'à la seconde. Mais sur quoi se fonde une telle transparence, s'il en est une ?

Il semble bien qu'il y ait des situations où on peut ou doit répondre à la question psychologique portant sur ce qu'*est* notre attitude, d'une façon qui *n'est pas* « transparente » au sens précisé. Loin d'être garantie par la logique, la thèse de la transparence est fondée sur le déplacement de la réflexion théorique vers la réflexion délibérative sur notre état. Respecter la condition de transparence est une exigence normative.

Le pouvoir de « transformation » de l'auto-interprétation et la « transparence » de la réflexion concomitante sont tous deux fondés sur l'interaction entre réflexion théorique et réflexion délibérative sur notre état d'esprit, et la primauté de la position délibérative chez la première personne.

CHAPITRE 3
LA CONNAISSANCE DE SOI COMME DÉCOUVERTE ET COMME RÉSOLUTION

Wittgenstein et le paradoxe de Moore

Pourquoi la connaissance de soi ordinaire, au lieu d'être une question d'auto-attribution théorique, ne devrait pas être « empirique », et pourquoi cette différence compte. Le paradoxe de Moore : une manière de décrire des situations où l'auto-attribution d'une attitude ne correspond pas à l'attitude que l'on exprimerait ou approuverait explicitement (d'où la violation de la Condition de Transparence).

La dimension paradoxale du Paradoxe de Moore ne se limite pas aux situations de discours, ni à la pragmatique de l'assertion.

La Conception Présentationnelle, selon laquelle le verbe « croire » à la première personne du présent de l'indicatif n'a pas de référence psychologique, mais sert uniquement à « présenter » l'énoncé enchâssé (c'est-à-dire qu'en disant « Je *crois* qu'il va pleuvoir », on exprime une incertitude au sujet de *la pluie*).

Rejet de cette conception et de son attribution à Wittgenstein.

Autorité et assujettissement de la première personne; points aveugles.

Comment la transparence est-elle compatible avec les différents faits relatifs aux deux questions (l'état d'esprit, l'état de la météo)? La croyance comme fait psychologique empirique à propos de quelqu'un et la croyance comme engagement envers un état de choses, par-delà le moi. Opposition entre la relation d'inférence : quelqu'un a une croyance et on en infère que cette croyance est vraie; et la relation catégorique : j'ai une croyance (en première personne) et je pense qu'elle est vraie.

Sartre, la conscience de soi et les limites de l'empirique

Le « moi comme facticité » (voir la croyance comme un fait psychologique relatif à soi) et le « moi comme transcendance » (voir la croyance comme un engagement de soi-même). Le cas du joueur : une illustration du conflit entre ces deux perspectives, qui ont chacune des thèses imparables. Le premier type de « mauvaise foi » : l'exploitation d'une perspective purement théorique sur soi-même; le second type :

l'affirmation transcendantale vide de notre liberté et de notre ardoise vierge.

Pour la première personne, sentiment de la primauté de la question pratique, délibérative, sur la question théorique, prédictive.

Reconnaissance (avowal) et attribution

On exige de l'agentivité rationnelle une certaine « transparence » (exigence normative).

Opposition entre décrire son état d'esprit, où il s'agit d'une attribution fondée sur les faits, au service de l'explication psychologique, et exprimer ou reconnaître son attitude, où il est question de déclarer son engagement. La description de formes de conflits psychiques, tels que la tromperie de soi-même, ou l'*akrasie*, requiert une explication de la confrontation entre des attitudes appartenant au *même* type fondamental, faute de quoi « la description » et « l'expression » pourraient simplement suivre chacune leur propre voie, comme dans le paradoxe de Moore.

Anscombe et la signification de « Je vais me coucher à minuit ». L'énoncé d'une intention en première personne nous engage à la fois sur les plans pratique et empirique.

Si nous rejetons la Conception Présentationnelle et affirmons que l'on peut préserver l'univocité des termes psychologiques comme « croire » d'un contexte en première personne à un contexte en troisième personne, car ils décrivent le même état de choses, alors on peut considérer que la reconnaissance d'une attitude et son attribution explicative sont des voies différentes vers la connaissance d'une même chose. D'où les termes de « posture » appliqués aux questions délibératives et théoriques. Ceci nous amène à nous demander, s'agissant de la connaissance de notre croyance ou d'une de nos autres attitudes, en quoi il serait important que l'on y parvienne par une voie plutôt qu'une autre. En quoi la voie spéciale de la reconnaissance est-elle importante (philosophiquement et psychologiquement) pour la connaissance de soi ?

Prise en considération d'une « position symptomatique idéale » envers soi, pour montrer que l'importance de la reconnaissance ne peut être une question de spontanéité, de certitude plus grande ou de fiabilité.

Wittgenstein et Sartre contre l'image purement théorique de la connaissance de soi ; l'auto-télépathie.

Les deux aspects de la perspective en première personne sur notre attitude : « l'immédiateté », au sens où la description ne se fonde pas sur un fait comportemental; et « l'adhésion », au sens où l'on considère normalement l'expression de notre attitude comme un certain type d'affirmation sur son *objet*.

La perte d'autorité quand on parle de nos attitudes ou sentiments n'est pas compensée par un accès théorique amélioré à ces derniers.

Engagement et désengagement

La délibération vise à trancher la question de ce que je pense ou ressens, ou de ce que je vais faire. Lorsqu'au lieu de déboucher sur une croyance ou une intention établie, la délibération s'achève par une tentative pour exercer une certaine influence sur ma croyance ou ma volonté, ou par un certain état d'esprit que je traite ensuite comme un fait indiquant ce que je crois ou ce que j'ai l'intention de faire, alors, elle est un échec.

Seule l'autorité de notre engagement, et non un autre indice sur nous-même, peut faire le lien entre notre réflexion délibérative présente et notre véritable croyance ou action future. Il en va de même pour l'émergence, à partir d'une relation purement attributive (« thérapeutique ») envers une certaine attitude refoulée, de la capacité à reconnaître cette attitude.

Exemple de la manière de trancher une question à pile ou face, en relançant ensuite la pièce « pour en être sûr ». La capacité de s'engager tout en admettant que l'on peut toujours se *dés*engager. De même que je ne *découvre* pas ce que signifie l'issue de ma délibération ni ce qu'exprime ma conviction, de même, je ne *découvre* pas la signification du lancer de pièce. « Pour en être sûr » : l'alibi de l'appel à un « indice supplémentaire », qui défait la connaissance de soi.

Wittgenstein et « Je crois que j'espère que tu viendras ». Esquiver la reconnaissance : la suspension de l'expression et les limites d'une attribution fiable.

CHAPITRE 4
L'AUTORITÉ DE LA CONSCIENCE DE SOI

Exprimer, décrire et reconnaître (avowing)

Si *l'acte de reconnaître* consiste en un énoncé de croyance en première personne qui obéit à la Condition de Transparence, comment peut-on penser que cet énoncé conserve le statut d'une *description* se référant à une personne particulière ? L'expressivisme comme négation du fonctionnement descriptif des énonciations « psychologiques » à la première personne du présent de l'indicatif. D'où la négation *a fortiori* du fait que ce genre d'énonciations puissent exprimer une *connaissance* de soi.

Rejet de l'expressivisme en général, et en particulier par rapport à la reconnaissance.

Rationalité, conscience et contrôle : un coup d'œil à l'intérieur

Si la reconnaissance est ce qui fait la différence entre la connaissance de soi « purement attributive » et la conscience de soi authentique en première personne, en quoi cette différence est-elle importante pour la rationalité et l'équilibre de la personne ? Cela s'explique par l'argument selon lequel le contrôle rationnel des croyances et autres attitudes exige la connaissance de soi. Mais la rationalité des croyances ne requiert pas toujours de contrôle ni d'intervention ; et, en même temps, une telle exigence ne rendrait pas compte de la nécessité d'une conscience spécifiquement en première personne de nos croyances. Importance de l'« immédiateté ».

De la supervision à l'autorité : l'agentivité et les attitudes

Autorité, responsabilité et attitudes « motivées » ou « relatives au jugement ».

Les deux manières d'être actif par rapport à son désir ; par exemple, d'un côté, en se pinçant, de l'autre, en choisissant une orientation ou en s'engageant.

L'opposition entre le raisonnement, la délibération, et l'objectif de susciter en soi une certaine croyance. L'opposition entre le fait d'assumer l'autorité envers ses attitudes (considérer qu'elles sont « de mon ressort ») et le fait d'exercer sur elles un contrôle.

Le repli sur les faits

Si « l'autorité » dont il est question quand on parle de « l'autorité de la première personne » était seulement un problème d'accès épistémique, alors il serait concevable de l'abroger ou de la remplacer par un autre type d'accès.

Mais la suspension occasionnelle de l'autorité de la première personne ne suffit pas à rendre cohérente l'idée de sa suspension généralisée. Même si l'on considère que les propres pensées et paroles d'un individu ne sont que des symptômes ou des indices de son état d'esprit réel, à un moment donné, il doit s'en remettre à son autorité pour dire ce qu'il pense.

Immédiateté et autorité de la première personne

Retour sur la relation entre l'autorité rationnelle et « l'immédiateté » propre à la conscience en première personne. En quoi la voie particulière de la conscience devrait-elle être importante pour nous ? La comparaison avec la Condition d'Anscombe sur l'action intentionnelle.

Du point de vue de l'agent, les raisons justificatives de son action priment sur les raisons explicatives.

Les deux faces de l'immédiateté : épistémique et pratique.

Le Je dans son « usage comme sujet ». On peut désormais concevoir cette exigence de la conscience en première personne en termes d'exigence d'« immédiateté » et de priorité des raisons justificatives sur les raisons explicatives. La posture de la délibération permet de répondre à la question de ce que l'on croit sans se référer à soi sous quelque description particulière que ce soit.

L'introspection et le point de vue de la délibération

On poursuit la discussion sur la délibération, dans la mesure où elle demeure un élément de la théorie de la *connaissance de soi*. La position délibérative est centrale pour qui veut rendre compte de trois propriétés de la forme générale de connaissance de soi dont l'intérêt philosophique est particulièrement sensible : l'immédiateté, l'autorité et l'importance particulière d'une telle connaissance de soi pour la santé mentale ordinaire.

La réflexion et les exigences d'autorité : appréhender, arrêter, convaincre

Le rapport de la conscience de soi avec la liberté rationnelle dans les traditions de pensée kantienne et post-kantienne (la « tradition de la réflexion »). Pourquoi *cette* faculté de conscience (*awareness*) devrait-elle être plus profondément liée à la liberté ou à la rationalité que n'importe quelle autre (c'est-à-dire que les divers modes de perception) ?

Sartre : la conscience réflexive d'un « donné psychique » ; elle « pose ma liberté » vis-à-vis de ce donné. Maintenir la référence spécifiquement en première personne de cette idée.

Korsgaard, Nagel et la conscience de soi, qui rend une situation de décision inéluctable. Pourquoi ne peut-on pas être un « simple spectateur » ici ?

La métaphore du « recul » ; la suspension de la légitimité et la suspension de la force psychique.

Opposition entre le fait d'évaluer un certain « donné psychique » et le fait d'affirmer mon autorité sur ce que je devrais considérer comme une raison. Cela nous amène en effet à une capacité qui relève strictement de la première personne, par opposition à un mode spécial de conscience (*awareness*).

La réflexivité de l'agent

Descartes contre le Modèle Perceptuel de la connaissance de soi. Les limites intrinsèques de la position symptomatique.

Un individu passe de l'attribution d'une croyance à la reconnaissance de cette croyance lorsqu'il se conforme à la Condition de Transparence. La conformité à cette condition n'a pas besoin de justification théorique, mais elle est une question d'engagement. C'est une affirmation de sa liberté rationnelle, la revendication qu'ici, sa croyance est « de son ressort ».

Sartre : « il n'y a aucune inertie dans la conscience » : la question de savoir quelles sont les forces psychiques qui peuvent opérer en moi est une question empirique ; pas celle de savoir ce que *je considère comme une raison*. Cela ne fait pas « partie » de la personne : c'est *son problème*.

CHAPITRE 5
L'IMPERSONNALITÉ, L'EXPRESSION ET LA DISSOLUTION DE LA CONNAISSANCE DE SOI

Les asymétries moi/autrui et leur interprétation sceptique

Les différences de perspective entre Moi et Autrui, en particulier le fait que les possibilités de connaître la vie mentale sont systématiquement différentes dans les deux cas, que l'importance philosophique de l'une ne dépend pas de l'autre, et qu'elles sont plus fondamentales que les conséquences sceptiques que l'on peut en tirer.

Plus loin, la description des asymétries ne privilégie en elle-même *aucun* des deux points de vue. On n'a pas besoin d'interpréter l'une des perspectives comme *aspirant* à la position ou aux possibilités de l'autre, et même l'autorité de la première personne est liée à ses points aveugles et aux possibilités du « contre-privé » (*counterprivacy*).

La partialité de la posture impersonnelle

L'égoïsme, le solipsisme et l'impératif de l'impersonnalité chez Nagel. Le Principe Impersonnel, expression d'« une conception de soi-même comme étant simplement une personne parmi d'autres, appartenant tous à un seul et même monde ».

Éviter une interprétation du Principe Impersonnel qui affirme de manière ultime la prédominance du « point de vue externe », rejetant la spécificité ou la légitimité des exigences de la perspective en première personne.

Ainsi, nous pouvons voir que chacune des perspectives formule une exigence légitime à notre encontre, et qu'aucune ne peut faire le travail de l'autre. Néanmoins, elles peuvent être en conflit et lorsque c'est le cas, aucun des deux camps ne peut prétendre dicter exclusivement les termes d'une résolution. Car le conflit a lieu entre des perspectives et non au sein de l'une d'entre elles, de ce fait, chacune peut avoir une parfaite cohérence interne et des exigences raisonnables. Cependant, chaque perspective « laisse de côté quelque chose » de l'autre.

Retour sur le joueur de Sartre et les exigences concurrentes d'être un réaliste empirique vis-à-vis de soi-même et d'être responsable de sa pensée et de son action. Du point de vue de chacune des deux perspectives, les exigences de l'autre peuvent être décrites comme des formes typiques de dérobade.

L'impersonnalité en éthique et sa critique existentialiste.

Les attitudes et les relations dont l'application fondamentale est « tournée vers autrui » et que l'on ne peut adopter envers soi-même qu'avec un certain degré de tension psychologique et conceptuelle.

L'auto-effacement et le privilège de la troisième personne

Le possible « auto-effacement » des théories morales et la « fonction évaluative » des termes utilisés pour certaines vertus du caractère. Williams et l'idée des limites du point de vue de la conscience de soi morale.

Les traits de caractère et le point de vue délibératif. Quand viser la manifestation d'un certain trait affaiblit l'affirmation de sa possession.

Opposition entre la pitié et l'auto-apitoiement, etc ; éviter à la fois « l'exception de la première personne » et le *dés*avantage de la première personne.

Les instabilités qui apparaissent quand on s'applique à soi-même certains termes moralement évaluatifs.

Paradoxes de l'auto-censure

Dr Johnson et l'auto-censure qui permet à l'individu de « montrer tout ce qu'il est prêt à sacrifier » ; prendre un point de vue extérieur sur soi-même, pour à la fois se juger et s'épargner. L'auto-accusation comme disculpation déguisée.

Dans ces exemples de formes d'auto-critique qui s'autodétruisent ou impliquent de « se prendre pour objet » d'une manière quelque peu illégitime, il semble qu'on a du mal à diagnostiquer ce qui ne va pas. Il nous faut un cas plus détaillé pour examiner exactement comment quelque chose qui mérite le nom d'« objectivation de soi » contribue à saper l'état objectivé.

Le « remarquable débauché », « avoir des remords de s'être loué d'avoir eu des remords ».

Considérer son état psychologique comme un indice sur soi-même et réfléchir à sa portée expressive.

Exploiter la différence entre les « simples » croyances et les autres attitudes. La honte considérée non seulement comme une attitude envers une proposition, mais comme une attitude impliquant des modèles caractéristiques d'attention et d'expérience. L'importance de ces dimensions vécue et temporelle pour l'évaluation morale des attitudes et des réactions de quelqu'un.

Mais alors que ces mêmes différences entre les croyances et les autres attitudes (comme la honte) peuvent sauver le débauché de l'incohérence pure et simple, en même temps, elles sont telles qu'il est plus difficile pour lui d'atteindre une interprétation rédemptrice de sa réaction. Car le « mérite » en question dépendait de la honte éprouvée, comme orientation de l'individu, et c'est cet aspect que ses réflexions sont en train de détruire (même lorsqu'il conserve la simple croyance).

L'incorporation et la lecture expressive

L'interprétation équitable. La défense du débauché en termes de droit et d'obligation envers « l'ensemble des indices » relatifs à son cas. Mais ce principe épistémique lui donne-t-il le droit de tirer une conclusion de l'interprétation expressive de sa honte ?

Les exigences conflictuelles du Principe Impersonnel.

Incorporer sa honte à l'ensemble des indices peut sembler irréfutable du point de vue épistémique, mais cela suppose d'avoir intérêt à faire appel aux indices pour résoudre la question. Mais la conclusion expressive à laquelle il tente de parvenir dépend du degré de fermeté de sa réaction, celle de la honte elle-même.

Dès lors, en se disposant à une interprétation expressive de sa réaction, il [le débauché] rouvre la question de savoir quelle est cette réaction, ce qui modifiera nécessairement les conclusions expressives qu'il pourra en tirer. Car en cherchant à attribuer un mérite à la réaction choisie, il la déstabilise, et suspend ou diminue ainsi sa portée expressive.

Pas assez de Je ?

Opposition entre la réflexion morale en première personne et l'auto-évaluation du point de vue d'un Autre imaginaire. George Eliot et les tentatives pour fuir sa responsabilité à travers la culpabilité égocentrique, l'intériorisation d'un observateur moral.

Williams et l'exercice en première personne du culte des vertus, exercice qui n'est pas *assez* tourné vers le moi ou pas de la bonne manière. Opposition entre la position de l'agentivité et la position de la prédiction ou de l'évaluation.

Sartre sur les « irréalisables »; les limites de la vérité selon son idée que « le caractère n'a d'existence distincte qu'à titre d'objet de connaissance pour autrui. »

Réconciliation des revendications d'impersonnalité avec les exigences respectives des perspectives en première et en troisième personnes.

REMERCIEMENTS

Le temps que j'achève la rédaction de ce livre, l'Université de Princeton et l'Université de Harvard m'ont offert un congé sabbatique, ce dont je leur suis très reconnaissant. J'avais en plus la chance d'être attaché au National Humanities Center en 1994-1995, et au Princeton University Center for Human Values en 1998-1999. Je remercie ces deux institutions de m'avoir ainsi offert ce temps et ce cadre, et aussi le groupe de collègues que j'ai côtoyé pendant un an.

De nombreuses personnes m'ont encouragé dans ce projet de bien des façons, parfois par des commentaires et des corrections spécifiques, parfois dans le cadre de séminaires, et parfois au cours d'une conversation ininterrompue durant plusieurs années. Il m'est impossible d'entamer le tri de ce que je dois à toutes ces personnes, et dans certains cas, ma dette remonte en fait à loin. Mais je veux remercier Cynthia Baughman, Marcia Cavell, Stanley Cavell, Jennifer Church, John Cooper, Garrett Deckel, Luca Ferrero, William Flesh, Juliet Floyd, Harry Frankfurt, Margaret Gilbert, Timothy Gould, Randall Havas, Pamela Hieronymi, Mark Johnston, Christine Korsgaard, Adam Leite, Beatrice Longuenesse, Ed Minar, Alexander Nehamas, Fred Neuhouser, Jeff Nunokawa, George Pitcher, Jim Pryor, Laura Quinney, Joseph Raz, Tom Reinert, Amelie Rorty, T.M. Scanlon, Sydney Shoemaker, Angie Smith, Michael Stocker, Barry Stroud, Susan Sugarman, David Velleman, Jonathan Vogel and Steven Yalowitz. Et bien sûr, je remercie Borgna Brunner, qui a été présente jusqu'aux dernières étapes.

Je suis profondément reconnaissant envers Jonathan Lear, Mary Mothersill, Martin Stone, Jennifer Whiting et George Wilson qui ont relu le manuscrit intégral. Leurs réponses ont été cruciales pour me permettre d'aller jusqu'au bout et de mettre un point final à ce livre.

Ann Wald et Ian Malcolm de Princeton University Pressont ont été un indéfectible soutien tout au long de ce chemin et je les en remercie.

Je remercie Oliver Carling de m'avoir aidé pour les épreuves finales.

AUTORISATIONS

Le présent ouvrage comprend des éléments de publications antérieures qui sont reproduites avec l'autorisation des éditeurs originaux : « Making up your Mind : Self-Interpretation and Self-Constitution », *Ratio*, December 1998, copyright Basil Blackwell Publishers, Ltd. ; « Impersonality, Character and Moral Expressivism », *Journal of Philosophy*, November 1993 ; « Interpretation Theory and the First-Person », *Philosophical Quarterly*, April 1994, copyright : The Editors of the Philosophical Quarterly, Basil Blackwell, Ltd. ; « Self-Knowledge : Discovery, Resolution and Undoing », *European Journal of Philosophy*, 1997, copyright : Basil Blackwell Publishers, Ltd. ; « The Authority of Self-Consciousness », *Philosophical Topics*, 1999-2000 ; « Frankfurt on Identification : Ambiguities of Activity in Mental Life », in *Contours of Agency : Essays for Harry Frankfurt*, edited by Sarah Buss and Lee Overton (MIT Press, 2001), copyright : MIT Press.

TABLE DES MATIÈRES

ACHEVÉ D'IMPRIMER
EN DÉCEMBRE 2013
PAR L'IMPRIMERIE
DE LA MANUTENTION
À MAYENNE
FRANCE
N° 2138840G

Dépôt légal : 4e trimestre 2013